本书由辽宁省高等学校一流特色学科（第二层次）专项经费资助出版

XIAOFEI WENHUA BEIJING XIA
QINGSHAONIAN JIAZHIGUAN YANJIU

消费文化背景下青少年价值观研究

杨淑萍◎著

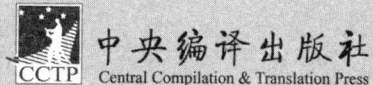

图书在版编目(CIP)数据

消费文化背景下青少年价值观研究 / 杨淑萍著. —
北京：中央编译出版社，2015.8
ISBN 978-7-5117-2734-3

Ⅰ．①消… Ⅱ．①杨… Ⅲ．①青少年-价值论(哲学)-研究-中国-现代 Ⅳ．①D432.62

中国版本图书馆 CIP 数据核字(2015)第 154942 号

消费文化背景下青少年价值观研究

出 版 人：	刘明清
出版统筹：	董 巍
责任编辑：	曲建文
责任印制：	尹 珺
出版发行：	中央编译出版社
地　　址：	北京市西城区车公庄大街乙 5 号鸿儒大厦 B 座(100044)
电　　话：	(010)52612345(总编室)　(010)52612363(编辑室)
	(010)52612316(发行部)　(010)52612315(网络销售)
	(010)52612346(馆配部)　(010)66509618(读者服务部)
传　　真：	(010)66515838
经　　销：	全国新华书店
印　　刷：	北京天正元印务有限公司
开　　本：	710 毫米×1000 毫米　1/16
字　　数：	274 千字
印　　张：	15.75
版　　次：	2015 年 8 月第 1 版第 1 次印刷
定　　价：	48.00 元
网　　址：	www.cctphome.com　　邮　箱：cctp@cctphome.com
新浪微博：	@中央编译出版社　　微　信：中央编译出版社（ID:cctphome）
淘宝店铺：	中央编译出版社直销店（http://shop108367160.taobao.com）

凡有印装质量问题，本社负责调换。电话：010—66509618

目　录

绪　论	1
一、研究的缘起及意旨	1
二、核心概念界定	3
三、中西方相关研究述评	4
四、研究假设	17
五、研究理路及主要方法	18

第一章　消费文化的阐释 … 20
　一、消费文化的涵义 … 20
　二、消费文化的结构 … 24
　三、消费文化的内在价值悖论 … 26
　四、消费文化的社会功能 … 30

第二章　消费文化背景下青少年的道德观 … 36
　一、青少年的道德观 … 36
　二、消费文化影响下青少年道德观的特点 … 37
　三、消费文化对青少年道德观的消极影响 … 43
　四、消费文化蕴含着丰富的德育资源 … 48
　五、消费文化背景下学校德育之改革路向 … 57

第三章　炫耀性消费与中学生的自我认同 … 63
　一、炫耀性消费与自我认同 … 64
　二、调查样本与分析思路 … 72
　三、中学生炫耀性消费的显著特征 … 73
　四、炫耀性消费对中学生自我认同的影响 … 79
　五、中学生炫耀性消费生成的因由 … 87
　六、炫耀性消费之教育应对 … 97

第四章　消费文化背景下青少年的金钱观 ……………………… 101
　　一、关于金钱观的研究 …………………………………………… 102
　　二、青少年金钱观研究的价值 …………………………………… 109
　　三、青少年金钱观的调查过程 …………………………………… 110
　　四、青少年金钱观的总体特征 …………………………………… 111
　　五、青少年金钱观的差异性 ……………………………………… 113
　　六、青少年金钱观的教育与引导 ………………………………… 117

第五章　消费文化背景下农民工子女的消费观 ………………… 121
　　一、农民工子女及其城市融入问题 ……………………………… 122
　　二、农民工子女消费观的研究价值 ……………………………… 125
　　三、调查对象与调查工具 ………………………………………… 129
　　四、农民工子女的消费观特点 …………………………………… 133
　　五、农民工子女消费观的差异性 ………………………………… 138
　　六、农民工子女消费观中凸显的问题 …………………………… 145
　　七、农民工子女消费观的教育与引导 …………………………… 150

第六章　消费文化背景下高中生的成才观 ……………………… 158
　　一、成才观的涵义 ………………………………………………… 158
　　二、学生成才观的探究 …………………………………………… 161
　　三、高中生成才观的研究思路与方法 …………………………… 168
　　四、消费文化背景下高中生成才观的整体特征 ………………… 170
　　五、高中生成才观的差异性 ……………………………………… 180
　　六、高中生成才观中的消极倾向 ………………………………… 189
　　七、高中生消极成才观溯因 ……………………………………… 193
　　八、消费文化背景下高中生成才观教育 ………………………… 198

第七章　消费文化背景下女大学生的婚恋观 …………………… 208
　　一、女大学生婚恋观遭遇消费文化 ……………………………… 208
　　二、女大学生婚恋观的调查 ……………………………………… 209
　　三、女大学生婚恋观的现实特征 ………………………………… 210
　　四、女大学生婚恋观折射出的问题 ……………………………… 224
　　五、女大学生婚恋观的教育干预 ………………………………… 229

参考文献 ……………………………………………………………… 233

前　言

消费文化作为消费社会系统的文化凝结，构成了当代人们不可回避的社会文化背景，并以一种生活文化样态介入人们的生活世界和观念世界，影响着人们的价值观念和生活态度，也深刻地影响着年轻一代的健康成长与发展。因此，关注和研究消费文化与人们精神世界的关系，了解消费文化以何种方式、何种机制作用于我们的生活世界和精神世界的，不仅有助于人们更清晰地认识和了解消费文化及其社会功能，更有益于人们深刻剖析消费文化影响下自己的价值观念和生活方式，在不断提升自己的物质生活质量的同时，更为注重精神生活品质的升华。正是基于此，消费文化引起学界的普遍关注，不仅是经济学领域，也激起了社会学、哲学、政治学等领域学者的研究热情。但从关注的人群来看，主要指涉的是成人群体，基于未成年人的研究较少。而对于未成年人而言，由于其思维水平尚不成熟，社会化水平还较低，正处于身心发展的关键时期，环境因素对于他们的自我概念形成具有至关重要的影响，直接关系到其价值观念的确定和生活方式的选择。而消费文化所内涵的冲突性价值取向，易于导致青少年陷入价值选择困境而出现行为失范。故笔者将研究的视点集中于青少年群体，运用理论研究与实证研究相结合的方法，对消费文化背景下青少年价值观进行解构，对青少年的不同生活领域的价值观的现实状况进行了调查研究，揭示了消费文化影响下青少年不同性质价值观的时代特点和突出问题，并从教育学的学科视角，按照规范分析的研究逻辑，提出相应的价值观教育和引导策略，构成了本书的主体内容，以为青少年价值观教育和引导实践提供有益的借鉴与指导。

由于价值观涉及社会生活领域的各个方面，是一个复杂的系统，如果将其作为一个整体概念研究的话，难以对青少年的现实生活提供富有针对性的指引，脱离本研究改善青少年学生现实生活状况的初衷。因此，本研究将价值观进行解构，选择受消费文化影响较大的对青少年学生的真实生活关系更为密切的几种价值观作为分析研究对象，以期为破解青少年学生所遭遇的现实价值困境提供更具针对性、可行性的教育和引导策略。基于此考虑，本书中主要涉及的价值观包括道德观、金钱观、消费观、成才观及婚恋观。从内容结构看，共包含八个部分：绪论部分主要介绍了本研究的缘起、意旨及研究的思路与方法；第一章消费文化阐释，从理论维度厘清消费文化的内涵、结构与功能，并对其蕴含的冲突性价值进行了深入分析，以便分析其作用于青少年不同价值观念的机制和方式；第二章消费文化与中学生的自我认同，以中学生为样本，研究了消费文化对中学生自我认同的影响路径和结果，并通过归因分析提出校正策略；第三章消费文化背景下青少年的道德观，深入剖析了消费文化对青少年道德观所产生的双重影响，归纳出消费文化影响下青少年道德观的特点，并以辩证的逻辑，分析了消费文化中所蕴含的积极德育资源和消极影响因素，据此提出学校德育策略；第四章消费文化背景下青少年的金钱观，研究了消费文化裹挟中青少年学生金钱观的总体特点及其问题，提出教育引导策略；第五章消费文化背景下农民工子女的消费观，以城市中的青少年农民工子女为对象，研究了消费文化影响下农民工子女消费观的特点及其对农民工子女身心产生的深刻影响，从大教育角度提出教育干预策略，消解消费文化对农民工子女消费观产生的消极影响；第六章消费文化背景下高中生的成才观，调查研究了消费文化影响下高中生成才观的取向特点，分析了消费文化对高中生的成才观所造成的消极影响，引导学生树立积极、健康、理性的成才观；第七章消费文化背景下女大学生的婚恋观，调查研究了消费文化影响下，女大学生对恋爱、婚姻问题的基本认识和看法，总结了当代女大学生的婚恋观特点，揭示了消费文化对女大学生婚恋观造成的困扰和误导，引导女大学生形成积极的婚恋观，追求注重精神境界和内在需求的婚恋生活。

  本书是在笔者所承担的全国教育科学"十一五"规划课题"消费文化对青少年道德观的影响及学校德育策略研究"（DEA100220）和教育部人文社科一般项目"消费文化对中学生价值观的影响研究及近教育干预策略研究"（12YJA880147）的课题研究成果基础上形成的。研究过程中，辽宁师范大学教育学院教育学原理专业的硕士研究生冯珍婷、张晶、孙丽丽、郭文文、韩凤仪等同学参与了文献资料的搜集、实地调查及调查数据的处理与分析，在此对她们的辛勤劳动与付出表示衷心感谢。

  消费文化是一个复杂的概念，涉及的学科面很宽泛，要准确地理解和诠释其内涵及其社会运行机制，既需要经济学的学科基础，也需要哲学、社会学、文化学、政治学、管理学等学科知识。就笔者的学术积累而言，相距甚远，因而只能粗浅地对消费文化的现实表象进行解释学意义上的粗浅分析，难以企及其深层机理。因此，本书主要运用的是实证研究的方法，对所涉及的论题的分析相对于理论研究而言还比较浅表，所涉及的价值领域也比较有限，只是在此起一个抛砖引玉的作用，希望消费文化对青少年生活世界所产生的深刻影响能引起各学术领域和更多学者的普遍关注，以关照青少年的健康成长！

杨淑萍

2015年4月4日 于大连

绪 论

一、研究的缘起及意旨

随着社会经济结构的不断变迁,社会的整体结构发生了深刻的变化,工业文明、后工业文明已取代了农业文明,生产型社会已向消费型社会转变,支配和主导人们生活模式的生产性文化也逐渐被消费文化所取代而淡出人们的生活视野。消费文化作为一种日常生活形态的世俗文化,是伴随着工业文明和消费社会的出现而出现的,是人们在长期的消费生活实践中逐渐形成的一套价值观念系统和话语系统,是人们认识和理解现实社会生活、形成特定生活模式的内在指示标准。随着市场经济的不断发展和完善,消费已成为人们建构自我生活模式、标示自我的最基本的活动,由此所形成的消费文化也以一种日常文化样态浸透于人们生活的方方面面,成为人们认识自我、理解世界、建构自我生活方式的隐性价值指示系统。这一文化以一种不可规避的生活文化形态充斥于社会的各个角落,构成了青少年学生成长的外部环境。作为连结儿童期和成年期的青少年群体正处于人生的动荡期,自我同一性矛盾比较突出。消费文化既可能成为促进他们自我发展的积极性因素,也可能成为加剧其自我同一性矛盾的消极性力量,进而影响青少年学生正确价值观的形成。因此,研究消费文化背景下青少年价值观问题,客观认识和分析消费文化,揭示消费文化对青少年学生价值观所造成的困顿和影响,发掘消费文化中积极伦理价值,通过教育干预消解消费文化对青少年学生的价值成长所造成的消极影响,是在消费社会背景中帮助青少年学生摆脱价值困境,促进其健康成长的必然路径,这也正是本研究的立意目的和基本追求。

不可否认,消费文化作为一种大众文化不仅构成了青少年学生成长与发展的现实环境,也是学校教育的宏观环境,对青少年学生的价值观念系统和生活方式产生着深刻的影响，也影响着学校教育的改革与发展。本研究在系统深入剖析消费文化理论的基础上解构消费文化，重新厘定消费文化的内涵，分析消费文化的特点，探究消费文化作用于青少年学生价值观念系统的特定机制，并结合学校教育道德教育的内容及价值标准对现实生活的关照程度，研究消费文化背景下学校道德教育对青少年学生价值观形成所产生的实质影响，审视学校道德教育内容体系与方法系统与青少年学生所面临的价值困境的契合度，改变以往道德教育研究就教育谈教育的做法，从社会文化与学校教育的互动性切入，在坚持教育本真追求的基础上，研究价值多元背景下、消费文化裹挟下，教育环境、教育主体、教育中介等教育要素所受到的冲击对教育改革与发展所提出的要求，以期建构科学合理的学校道德教育体系，提升学校道德教育对现实问题的回应力和解释力，充分发挥学校道德教育在青少年学生人生观、价值观形成中的主导作用，通过学校富有成效的道德教育引导青少年学生走出消费文化对其价值生成系统所造成的困扰，弥合青少年学生现实价值观与社会主义核心价值观之间的差距。

以往教育研究中关于消费文化的研究大多是停留于仅将消费文化作为一种社会消极价值系统来分析，消费文化影响主体亦多是大学生。中小学生作为未成年的青少年群体反倒较少受到关注。而研究过程中也基本遵循这样一种惯例：即从学校道德教育自身的内在逻辑出发，分析道德教育本身存在的诸如内容、方法与目标之间的某种冲突或矛盾，进而提出重构道德教育内容与方法的策略。这一研究范式实质上是以教育者为本的取向，忽视了道德教育中受教育者作为道德建构主体应有的话语权，即便进行了实证调查研究，由于受前提假设的限制，所获取的资料要么失真，要么分析中加入了研究者的价值过滤，因而所提策略不具可行性。因而本研究从关注青少年学生的生活状况入手，以客观的态度分析消费文化背景下，青少年学生的价值系统生成和发展状况，揭示消费文化对青少年学生价值系统所产生的影响，包括显在影响和潜在影响，正向影响和负向影响，以从生态理论的维度，分析学校德育与消费文化的关系，寻求学校德育的改革路径，提升德育理论对德育实践的回应力与解释力，为相关的教育决策提供理论依据和实践策略。

价值观是一个复合系统，包含的内容非常丰富，形成过程亦非常复杂，受到诸多因素的影响。按照复杂理论的解释，这些因素没有主次之分，任何一个方面、一个环节的影响都可能引起主体价值观的改变，因此，影响因素是一个系统。青少年学生的价值观亦不是自然生发的，也不是外在规则强行灌输的结果，而是个体内在状态与外在环境交互作用的结果。消费文化作为青少年学生价值生成的外在环境构成部分，必然对青少年学生的价值系统和价值观念产生这样那样的影响，这种影响与青少年学生的自身价值取向和学校教育目标可能是同向的，亦可能是冲突的。但无论作用方向如何，消费文化都不可避免地成为青少年学生价值观形成与发展中不可忽视的影响因素，所以帮助青少年学生应对这种影响不仅是学校道德教育的责任与使命，也是本课题研究的根本目标。

二、核心概念界定

消费文化是一种与生产文化相对应的文化样态，是指人类社会发展到一定历史阶段后，消费活动成为人们社会生活的支柱性活动，人们在消费活动中所表现出来的消费理念、消费方式和消费行为的总和，其本质是人们认识、理解、诠释生活意义和行为观念的价值系统和话语系统的总和。属于"商业文化"范畴，遵循"价值多元"的文化逻辑和"利益至上"的市场逻辑。消费文化通过其文化刻印功能和文化塑造功能，潜移默化地影响着人们的思想、情感、态度和行为方式，改变着人们的价值判断和道德观念。

价值观是人类文化的核心，是"人们基于生存、享受和发展的需要对某类事物的价值和普遍价值的根本看法，是人们所持有的关于如何区分好坏、对与错、符合与违背意愿的总体观念"[①]。可以说，价值观是深植于人心的一套价值标准，是主体思想的反映，是主体对社会生活的创造性理解与把握。每个个体作为价值主体其社会生活涉及的内容非常广泛，所涉及的价值观念类型也较宽泛，宏观上包括政治、经济、文化等领域的价值观，中观上也包括如何处理个体与他人、与社会、与自然等方面关系的价值观，微观层面上仅指本体意义上价值观，即人对自己的有用性或效用的判断标准。因此价值观的范畴也非常宽泛，宏观上包括政治观、经济观、文化观等，中观层面上包括道德观、生命观、成才观、婚恋观等内容，微观上仅指人生价值观。本研究重点从中观层面上应用这一概念，主要从影响青少年学生自我发展这个角度来界定青少年价值

---

① 吴向东：《论价值观的形成与选择》，《哲学研究》2008年第5期。

观的范畴。而在所有的价值观结构中，道德价值是价值观的核心内容，因为道德作为调节人们社会生活的基础性规范，是其他一切价值规范的基础前提，可以说，其他所有价值观的形成都不可避免地受到道德价值观的支配和影响，或者说道德观决定着其他价值观的形成方向，并为其他价值观的形成提供合法性依据。当然这里的合法性并非指法律意义上的成文规定，而是指人们约定俗成公认的一套道德标准。因此，本研究中消费文化对青少年的道德观的影响是重点研究内容。

三、中西方相关研究述评

（一）关于消费文化的相关研究

1. 西方的主要研究

由于科技的进步、生产力水平的飞速发展以及经济的繁荣，西方资本主义国家较早地由生产型社会迈入了消费社会。而消费社会在物质极大丰富和经济飞速发展的同时，也相继引发了一系列的社会问题，引起众多学者对消费社会和消费文化的关注，产生了一批堪称经典的研究成果。

（1）凡勃伦的炫耀性消费理论

美国著名的经济学家凡勃伦是早期关注消费社会问题的人物之一。他在其代表作《有闲阶级论》一书中根据自己所处时代的特点、人们追求时尚消费品的现象，提出与其"炫耀性休闲"观点相对应的"炫耀性消费"的概念。他指出："想赢得及维持人们的尊重，光靠拥有财富或权力是不够的。财富或权力必须提出证据，因为唯有取得证据才享有尊荣。"[①] 因此，人们只有通过消费才能维持自己的尊严。在凡勃伦看来，"炫耀性休闲"挥霍的是时间和精力，而"炫耀性消费"挥霍的则是财物，但这两者都可以为消费它们的人赢得声誉。由于凡勃伦所处时代的经济发展程度的限制，当时的物质产品远没有今天这样丰硕，因此凡勃伦所论述的"炫耀性消费"主要是指"金钱竞赛"，人们

---

① ［美］凡勃伦：《有闲阶级论》，李华夏译，中央编译出版社2012年版，第36页。

通过一种歧视性的对比来维持自己的尊严。而"金钱竞赛"和"歧视性对比"又是凡勃伦所认为的促成"炫耀性消费"的两种动机。凡勃伦认为这种"炫耀性消费"不仅仅是有闲有钱阶级的生活方式,也会逐渐殃及低收入阶层。一些低收入家庭为了避免被周围人的轻视也会尽其所能地进行"炫耀性消费",以维护家庭的声誉。如此以来,社会上存在两种消费方式:一种属于家庭内部的消费,通常比较节俭;另一种是家庭外部的消费,即大庭广众之下的消费,目的是给别人看的,因而奢华浪费成为其显著特点。凡勃伦研究发现有闲阶级为了炫耀自己阔绰的身份和财富以彰显自己与众不同的社会身份和地位,除了自己休闲和消费外,还将大量的金钱财富投入于其门客、仆人和女眷等,将他们打扮得珠光宝气,使他们脱离直接的生产劳动。凡勃伦称这种通过下人的休闲和消费显现主人身份地位的方式为"代理消费"和"代理休闲",这是资本主义社会中有闲阶级的一种奢侈的生活方式,通过豢养的"代理消费"、"代理休闲"人群的多寡和消费及休闲的水平显示其主人的富足程度和社会荣誉地位。凡勃伦的"炫耀性消费"理论虽在刚提出时并不为其他研究者所接受,但随着消费社会的渐趋成熟,其理论的重要价值也逐渐显露出来,特别是他对学术、礼仪等方面炫耀性消费的论述以及对服装如何体现支付能力、工薪阶层为何喜欢仿冒品等方面的分析,都为后来研究消费社会现象和消费文化提供了重要的理论积累和相关支持。

(2) 法兰克福学派关于消费文化的研究

20世纪二三十年代以大众文化批判理论著称的法兰克福学派也开始关注并研究现代消费社会和消费文化。其研究取向主要是将消费文化置于批判性分析的立场展开的。其代表人物霍克海默和阿多尔诺曾针对消费社会的文化产业化提出了"文化工业"的概念。在他们看来"文化工业"是只重利润的,其生产的唯一目的就是让人们消费。而由文化工业所造就的大众文化实质上对公众进行的一种消费性塑造,并通过大众传媒的广为传播和宣传使其具有了意识形态功能。在大众文化的型塑下,消费者在追求时尚和流行中丧失了主体性。可见他们的消费文化理论生成于"文化工业"理论。他们认为:"摆脱了前资本主义秩序的束缚之后,启蒙并没有创造出一种多样化的解放的文化,却走向了它的反面,形成了遍及全社会的工业极权主义,文化也没能逃脱这种极权主义的厄运,就连娱乐本身也变成被工业化的东西了。"① 西方资本主义社会中文化工业使消费成为人们衡量自由与幸福的重要指标,但事实上资本主义社会中的消费并非自由意义上的消费,而是被生产商、制造商和广告商所控制和操纵的消费。这种被操纵的消费非但难以给人们带来预期的幸福,反而致使人们因为不断被激发的购买欲望而陷入困境。法兰克福学派的另一代表人物马尔库塞针对消费社会中人们是如何被操纵和控制的展开了深入的研究,形成了堪称经典的著作《单向度的人》。他重点分析了科学技术和技术理性在消费社会中是怎样通过机械、广告和大众传媒等来控制和奴役大众,进而使人异化为"单向度的人"的。在他看来由于技术的进步使原来与大众文化相对立的高雅文化被逐渐肃清,形成了单向度的文化。马尔库塞还通过区分人的真实需求和虚假需求,揭示了消费社会的欺骗性,指出消费社会通过媒体、广告等制造的影像世界,创造着人的虚假需求,通过这种虚假需求实现着对人的无形操纵和控制,人们往往把虚假的需求当作真实的需求去追求,使得个人在政治、经济、文化等方面都成为物质的附庸,呈现出单维化、畸形化的特征。而同领域的另一位代表人物弗洛姆则将研究的重点集中于"异化消费"现象本身。在他的研究中运用了很多弗洛伊德的精神分析理论来对人们异化消费的成因、特征、危害与消除途径进行了详细的分析和论述。法兰克福学派的学者们对消费社会和消费文化的研究是开创性的,对于这一较新形式的文化,他们通过对艺术、生产、广告、娱乐、大众传媒以及消费品等事物的分析,并结合资本主义社会的政治经济制度,对消费社会和消费文化进行了深刻的研究,形成了一系列重要的理论。虽然在研究的过程中也存在一些不足之处,如阿多诺低估了个体的主体意识,对大众文化过于否定;马尔库塞对技术的批判不够深入,过于简单等,但总体上看,法兰克福学派的这些理论对当时乃至后来的消费社会及消费文化研究产生了深刻的影响,大众文化也在此基础上得以发展,文化研究者的视角更加关注现实生活,对消费社会的研究也逐渐由关注生产领域转向了关注消费领域。

(3)布迪厄关于消费文化的研究

法兰克福学派"精英主义"文化理论是建立在对大众文化的轻视和批判基础上的,其研究取向为人们提供了反思大众文化的资源,引发了人们关注和探

---

① 周笑冰:《消费文化及其当代重构》,人民出版社2010年版,第11页。

究大众文化理论的兴趣，激发了人们研究消费社会中商品文化化和文化商品化的热情和乐趣。以"大众主义"的价值中立分析视角对大众文化进行系统研究一度成为西方社会学研究领域的重头戏，随之对消费社会和消费文化的现代主义和后现主义研究迅速兴起。法国社会学家皮埃尔·布迪厄率先用"惯习"、"品味"、"生活风格"、"文化资本"等概念对社会各阶层的文化消费进行了精辟的社会学分析。布迪厄指出，消费文化是一种生活风格的体现，是一种结构性条件内化为社会主体的"惯习"的结果，是不同社会阶层的"品味"在消费领域的实践。并揭示了经济资本和文化资本之间的关系，他认为特定的社会品味、消费偏好和生活方式等皆与特定的职业、阶级结构有相应的关系。布迪厄的研究奠定了消费文化的"生活风格"的文化内涵。

（4）鲍德里亚的消费符号理论

反法兰克福学派的另一著名人物法国的著名社会学家让·鲍德里亚从符号学和政治经济学的视角，以定性研究方法对现代消费社会进行了系统而深入的研究，形成了《物体系》、《消费社会》等著作，形成了其消费符号理论，对西方消费文化研究领域产生了深远的影响。鲍德里亚的研究表明，消费社会中的消费不再是传统意义上与生产活动相对应的对于产品的吸收和占有，而是一种"能动的关系结构"，消费对象也不再仅仅指向物品本身，也包括针对消费者周围集体和周边世界的意义。消费也因此被定义为"一种控制掌握符号的系统行为"。人们通过符号所制造出来的某种"差异性"来满足自己的心理需要，但这种需要事实上是一种"伪需要"，因为它们并非出自于生产生活的现实需求，而是由人们追求差异的心理所制造出来的。其中为大家所推崇的时尚消费便是一种最典型的符号消费。人们通过消费物品的时尚性和它所体现的符号意义把人们归属到不同的社会阶层，也就是说人们是通过符号来确认自己在社会中所处地位的。"按照鲍德里亚的理解，符号消费绝不仅仅是为了简单的吃饱穿暖而已，它其实是消费者的一种'自我实现'，或是为了体现'自我价值'的消费，也包括'炫耀'因素在内。"[①] 鲍德里亚在《消费社会》中指出，"我们处在'消费'控制着整个生活的境地"，而物的丰盛又是消费社会的前提。因此在书的第一部分他就通过描述杂货店、大型商场和货船来向我们展示了一个物质产品极大丰富的社会消费场景，进而分析了消费社会中的消费符号化过程及

---

① 孔明安：《从物的消费到符号消费——鲍德里亚的消费文化理论研究》，《哲学研究》2002年第11期，第71页。

逻辑，对传播甚至制造消费文化的大众传媒以及现代社会中的休闲生活进行了深刻的分析与批判。鲍德里亚的消费符号理论不仅是其消费理论的核心架构，也是其消费文化研究的核心内容，改变了以往研究中一味地批判和抨击消费文化的研究取向，从符号学的意义上探究消费符号化演进的逻辑和路径，为消费社会和消费文化的进一步研究提供了一个崭新的视角和重要的理论支持。

(5) 费瑟斯通和詹明信的后现代主义消费文化理论

迈克·费瑟斯通在以往研究的基础上，将消费文化与后现代主义结合在一起进行分析阐释，指出，消费文化，顾名思义，就是消费社会的文化。基于"大众消费运动伴随着符号生产、日常体验和实践活动的重新组织"的假设，费瑟斯通指出，消费文化的一个重要特征就是商品、产品和体验可供人们消费、维持、规划和梦想。但对一般大众而言，能够消费的范围是不同的。这里消费绝不是仅限于商品的使用价值，"消费文化中的趋势就是将文化推至社会生活的中心，不过它是片断的不断重复再生产的文化，难以凝聚成为占主导地位的意识形态"[①]。费瑟斯通认为消费文化产生于现代性内部，却具有后现代性的显著特征，"比如说，遵循享乐主义，追逐眼前的快感，培养自我表现的生活方式，发展自恋和自私的人格类型，这一切，都是消费文化所强调的内容"[②]。但他也从日常生活入手，提出了消费文化使"日常生活审美化"。当然，费瑟斯通强调后现代文化和消费文化是相互影响的，在他看来艺术中与后现代主义相关的特征就是艺术与日常生活、高雅文化与大众文化之间不再有明显的差异，他认为"后现代主义从消费文化中吸收了生活的审美呈现方面的许多特征，认为美的生活就是道德的善的生活，它毋需涉及人性与真实的自我。生活的目标就是对新体验、新价值、新用语的无止境的追求"[③]。而消费文化也由于符号专家的生产、传播和操纵，很大程度上吸收了后现代主义的艺术化元素，使时尚、潮流成为消费文化中的重要成分。按照费瑟斯通的观点，"大众消费伴随着符号生产、日常体验和实践活动的重新组织，引起了风格杂烩、文化失序和分层消解的倾向，颠覆了传统文化的固有的光环，成为超越现代的

---

① ［英］迈克·费瑟斯通：《消费文化与后现代主义》，刘精明译，译林出版社 2000 年版，第 165—166 页。
② ［英］迈克·费瑟斯通：《消费文化与后现代主义》，刘精明译，译林出版社 2000 年版，第 165 页。
③ ［英］迈克·费瑟斯通：《消费文化与后现代主义》，刘精明译，译林出版社 2000 年版，第 182 页。

运动。而后现代主义所关注的大众文化、形式与称号、影像、无秩序、生活的审美呈现等等,恰恰是消费文化的特征"①。费瑟斯通正是从后现代主义视角阐释了消费文化的概念,研究了消费文化与生活方式、宗教信仰、全球文化失序等方面的关系,解决了对消费文化初始研究中所面临的困顿。该理论着眼于后现代社会的日常生活和消费实践,重视消费者在消费过程中的能动性的发挥,特别是他所提出的"日常生活审美化理论"和关于"新型文化媒介人"的阐述更是为消费文化的研究提供了一个新的分析视界。

詹明信也是以后现代主义视角探究消费社会问题的著名学者之一。他从晚期资本主义社会文化的后现代转向入手,指出文化转向的作用是把文化上出现的新的形式与一种新型的社会生活和新的经济秩序联系起来——这种新型的社会生活和新经济秩序经常委婉地被称为现代化、后工业或消费社会、媒体、景观社会。这就是所谓的后现代消费社会,媒体在这个时代扮演着社会秩序和文化价值缔造者的角色。消费、媒介和文化相互融为一体,难分彼此。②詹明信认为消费社会已经打破了传统艺术和生活的界限,艺术成为商品已成为普遍的文化景观。雅俗的界限消失了,文化越来越倾向于商业形式,日常生活的审美化成为文化的主流。因而他认为"文化正是消费社会本身的要素,没有任何其他社会像这个社会这样,为记号和影像所充斥"。在这一过程中,现实不断形象化或影像化,戏仿、拼贴、碎片化、怀旧成为影像表征的主要方式,日常平凡的消费品与奢侈、奇异、美、浪漫日益联系在一起,使他们原来的用途或功能难以被解码出来。

(6) 西莉亚·卢瑞的消费文化理论

西莉亚·卢瑞在费瑟斯通后现代主义消费文化理论的基础上,从社会学和文化学的视角厘定消费文化的内涵,指出消费文化是物质文化的特殊形式,其中的消费已突破了传统经济学意义上作为生产之终结环节的消费的含义,而演变成为"人们根据自己的目的转化物品的方式",即一件物品的消费"既是消费又是生产,既是破坏又是生成,既是解构又是建构"③。消费的这一内涵

---

① 单世联:《作为文化变迁标示的"后现代":一项反思性研究》,《文化研究》2006年第2期。
② 周笑冰:《消费文化及其当代重构》,人民出版社2010年版,第17页。
③ [英]西莉亚·卢瑞著:《消费文化》,张萍译,南京大学出版社2003年版,第1—2页。

的确定打破了单纯以经济标准划分和理解社会阶段的固化思维,使我们可以从更广阔的视角、更灵活的方法来研究社会变化及其影像社会变化的各因素。卢瑞正是基于消费的这一社会内涵,研究现代欧美社会中作为物质文化特殊形式的消费文化的特点及商品流通、生产和消费体制或价值体系的变化、消费者与消费活动和生产活动的关系及文化中介人、文化商品的使用等在消费文化风格形成中的作用,指出在消费社会中,财产已经成了个人素质、情感和利益的重要标志,经济地位在某种程度上限制了个体参与消费或实际选择的自由,人们不仅可以将个人身份理解为与物质财产相关,而且消费文化本身也是一种占有,不同的社会群体在消费文化的出现过程中占有不同的地位。从这个意义上讲,消费文化给身份政治创造了条件。

卢瑞的研究表明,"消费文化已经通过提供一系列的专业知识促成了一种越来越明显的对自我认同的反省关系,例如:有关生活方式、品味、健康、流行服装和美容的知识,个人可以利用这些知识来提高自己的身份。这种与自我的反省关系可以理解为反映了个体的自我设计过程。人们通过技术的、社会和美学知识认识了这种反映,也许特别是后者。因而,它促成了美学与伦理在日常生活中的联系"[①]。

从西方学者关于消费文化的研究视野和研究路径看,他们主要从哲学和社会学的视角,从意识形态和消费实践两个纬度来分析消费文化及其与社会发展的关系。西方的消费文化研究植根于资本主义社会经济之中,主要指涉的是商品生产过程中商品符号所代表的文化意蕴,具体消费实践对商品生产者的意识形态的转化方式,以及不同社会阶层的消费习惯和文化禀性在社会文化建构中所发挥的作用等。这种研究源于资本主义经济发展进入消费社会之后所引发的一系列社会问题,因而研究取向上基本秉持一种批判和质疑的态度,关注的主要是消费文化的负面效应。尽管费瑟斯通、卢瑞等学者在研究中也已意识到了消费文化中蕴含着一定的积极社会伦理和建构性功能,但并未以此为研究重点进行深入探究。而将消费文化视为消极性社会文化的假设虽然对于克服和消解消费文化对人们的工具性操作和控制有着重要意义,但也因此忽视了消费文化作为反映消费社会生活的世俗文化样态所具有的建设性功能,使其应有的社会功效难以充分释放。

---

① [英]西莉亚·卢瑞著:《消费文化》,张萍译,南京大学出版社2003年版,第8页。

2. 国内关于消费文化的研究

消费文化本质上是市场文化，是伴随着市场经济的发展与成熟而逐渐显现的。由于中国市场经济发育和形成较晚，相应地消费文化的相关研究也较西方要晚很多，从上世纪80年代中后期即改革开放之后才开始起步。随着社会主义市场经济体制的建立与渐趋完善，社会经济产业结构发生了深刻转型，生产型社会逐渐为消费型社会所取代，消费越来越成为人们日常生活中的核心活动，相应的反映人们经济生活领域中的这一变迁的消费经济学理论和消费文化也逐渐由学术研究的边缘性主题走向了学术研究的中心视野，成为学界研究的热点问题。

(1) 关于消费文化内涵及功能的研究

于光远教授是我国较早开始研究消费文化的学者，他主要是从消费中的文化意义上来理解消费文化的。因而他认为要认识和了解消费文化，至少要从两个方面来理解：一是消费品生产的文化，包括直接生产也包括消费品的流通；二是消费消费品中的文化。由于人的消费品范围极为宽泛，因而消费文化的内容也是极为丰富的。于先生依据消费品作用于人的方式将消费品分为四大类：第一类是"进身货"，指的是和人的机体发生物质交换的（或说起化学变化的）东西，包括食物和药品；第二类是"包身货"，指构成人们生活的人工环境的东西，包括衣服、鞋、家具、基础设施、公用设施等；第三类是"显身货"，即用来显示一个人的社会地位、性格、爱好、审美观念的东西；第四类是"发身货"，它们的作用是使消费者的性格、才能得到发展和表现，如学习资料等。基于此，消费文化也必然涉及诸如饮食文化、医药文化、衣着服饰文化、住宅建筑文化、体育文化、娱乐文化、表演文化、旅游文化和嗜好文化。[1]为人们认识和理解消费文化提供了生活化的视角。于光远教授在后来的研究中又提出了"四种消费品"理论，这个理论把生存资料作为第一种消费品，享受资料作为第二种消费品，把交通工具和通讯工具作为第三种消费品，而把"近代发展的资料"作为第四种消费品。[2]他认为随着市场经济的迅猛发展，第三第四种消费品已取得了显赫地位，使社会生产力的发展有了新的规律

---

[1] 于光远：《谈谈消费文化》，《消费经济》1992年第1期。
[2] 于光远：《关于我的"四种消费品"理论》，《北京联合大学学报（人文社会科学版）》2010年第2期。

性。他认为第三种消费品可以生产出时间,生产和使用它越多,社会生产力就提高。但他指出现代交通工具是从外部大大提高社会生产力的,而第四种消费品即"近代发展的资料"则是从内部提高社会生产力的。于先生这里所谓的"近代发展的资料"指的是科学研究、现代化认识工具等,诸如教育劳务、教育用品、电脑和网络等等。对这些东西的消费和使用本身就是在提高社会生产力。于教授的这一理论为我们动态地理解消费文化在社会运行中的影响及功能奠定了基础。

尹世杰教授则是从广义文化的视角分析消费文化的,他认为消费文化语境中的消费既是一种经济关系,也是一种文化现象。消费文化是在消费活动中所产生的物质和精神财富的总和,亦是人们消费实践活动的智慧结晶,至少包含三方面内容:"一是消费环境。优美的自然环境,使人心旷神怡,当然反映一种文化;优美的人工环境,使人得到美的享受,艺术的享受,也是一种文化的反映。二是消费品(包括劳务产品)。质量好的,优美的消费品,无论是造型美、色彩美、装饰美、素质美等,都反映一种文化。特别是高雅的精神文化产品,能以艺术的魅力使人潜移默化,更反映一种文化。在商品经济条件下,商品和劳务产品越丰富、质量越高,反映的文化色彩越浓。三是人们的消费活动,也反映一种文化。人们消费那些含有文化意味的物质消费品和精神文化产品,这本身就是一种文化现象。人们更好地进行消费,改善消费方式,提高消费效果,特别是多消费那些高层次、高质量的享受资料、发展资料,提高消费中的科技含量、艺术含量,这就更体现一种高层次的文化了。"① 尹教授从文化的社会功能方面分析了消费文化的经济功能和社会性功能,指出消费文化,特别是高层次的精神文化,能培养人们高尚的品德、高雅的情操,能开拓人的智力,提高人的整体素质。因而提出通过消费和提高其中的文化含量可以提高劳动力和生产力的水平,从而促进经济发展即是消费文化的社会功能;另外,强调通过增加消费中的文化含量,还能树立良好的社会风气,增强社会的文明程度。此外他还以国际化视野分析了消费文化的总体发展趋势将会是智能化、艺术化、健美化、世界化,将带动人的全面发展和社会的全面进步。同时也揭示了我国在消费文化影响下出现的一些不文明、不健康,低文化、无文化、反文化的现象,指出这些现象并非消费文化的必然产物,而是市场经济发展不成

---

① 尹世杰:《略论消费文化学》,《经济科学》1996年第6期。

熟的负面结果，因而主张建构一门专门研究消费文化的学科——消费文化学，研究消费文化的特点、内部结构、功能及其形式变化、发展趋势和规律，以充分发挥消费生活中文化因素的作用，提高消费的文化含量，促进全社会文明程度的提高和社会主义市场经济的全面发展。尹世杰教授从文化的广义内涵上研究消费文化，不仅拓展了人们认识和看待消费文化的视野，也改变了单一地将消费文化置于否定和批判地位的传统研究立场，使消费文化研究的取向更趋多维。

杨魁和董雅丽在梳理和研究前人关于消费文化的相关研究的基础上，从消费文化与文化消费关系的角度指出："消费文化就是人类所创造的各类消费相关因素的综合。文化中那些影响人类消费行为的部分，或文化在消费领域中的具体存在形式，都可称之为消费文化。同时人类在消费实践中又会不断形成新的消费文化，为文化总系统注入新内容。"① 并据此将消费文化分为表层、核心层和连接层三个层次。表层是消费文化中的物质文化，由各种物质消费品和精神文化产品及劳务所构成，可以标示不同时期、不同国家和不同地区消费文化的发达程度和发展状况；核心层是观念层面的文化，特指消费文化中的精神文化，是消费的指导思想、消费价值取向、基本的消费观念、消费目标追求和道德观念等，这一层面的文化是揭示消费文化的基本发展状况和发展趋势的重要因素；连结层是消费文化中的制度文化，包括消费环境、消费的组织架构、消费的具体方式和消费行为的规范力量等，通过现实消费状况的研究可以把握人们以什么方式、途径和手段去消费社会的各种消费品。依据消费文化的这一内涵框架，根据经济社会发展阶段，分析了前现代社会、现代社会和后现代社会消费文化的特点，从社会、经济、文化的联系中，从大众传媒的特点、功能及对消费文化发展的影响中，探讨消费文化的演变趋势与发展规律。在此基础上，对中国目前的消费文化发展状况进行历史溯源和现实剖析，阐明了中国消费文化的发展走向以及在中国消费文化发展中媒体所应承担的责任和扮演的角色，从而推动中国消费文化的健康发展。

（2）关于消费文化内容的研究

消费伦理是消费文化的核心内容，引领着消费文化的整体发展方向。何小青教授在其著作《消费伦理研究》中，将消费文化定义为一种表达某种意义或

---

① 杨魁、董雅丽：《消费文化——从现代到后现代》，中国社会科学出版社2003年版，第32页。

价值观念的符号系统。依据这一界定，她认为人们在生活中进行的物质和精神消费的活动以及人们的消费心理、价值判断、行为准则等都是消费文化的内容。[①] 消费伦理是评价、调节消费中消费主体行为和价值取向的标准以及消费主体所应遵循的伦理原则和道德规范的总和，因而它是消费文化中的核心部分。何小青教授通过对消费伦理的历史嬗变、消费伦理的价值冲突与选择、消费伦理建构的基本维度和原则等问题的探讨与分析，丰富了消费伦理的理论内涵，并从实践的层面研究了消费伦理与生态环境、消费伦理与消费文化、消费伦理与消费教育的内在关系，探寻消费伦理与构建和谐社会的有机结合点，以消费伦理建设促进社会和谐发展。

消费方式也是消费文化的重要构成，直接反映人们的消费观念。鲍金是从生存论的角度来看待现代的消费方式的，他指出与传统的以自给自足为主的消费方式不同，现代消费是通过市场交换来实现的。消费生存论正是在消费方式从传统到现代的过渡中彰显出来的。这里他所说的消费生存论是就现代消费方式的基本视界和根本主题而言的。传统消费方式的基本视界和根本主题是生存主义，集中于"能否生存"的问题；而现代消费的基本视界和根本主题则发生了从保证基本的生存向追求更自由的、更优良的生存的变化，它关注的是"如何生存"的问题。他介绍了个体主义消费方式、经济主义消费方式和文化主义消费方式这三种流行的消费方式，并对其进行了反思。他认为生存变化在消费品上大体分布在三个层面：一是消费品的物质构成；二是消费品的技术构成；三是消费品的文化构成，即文化含义、符号象征价值。而消费主义就是超越了现实生存的需要而不断追求欲望满足的生存方式和价值观。只有获得物质财富、消费高档商品才意味着成功，也是消费主义所认为的生存意义和价值尺度。[②] 因而认为反映消费品的文化构成的消费文化是导致消费主义生存价值观的重要原因。显然这一观点也是将消费文化视为资本主义消极价值观予以评价和批判的。

消费主义是消费文化的内在价值构成，也是消费文化备受责难的根源所在。刘福森、蓝海认为"挥霍性"是消费主义价值观最典型的特征。农业社会的消费只为满足需要，但在工业社会中，消费的价值尺度发生了根本的改变。消费品的消费价值不再是其所具有的使用价值，而是为人们所推崇的"时尚价

[①] 何小青：《消费伦理研究》，上海三联书店2007年版。
[②] 鲍金：《消费生存论——现代消费方式的生存论阐释》，中央编译出版社2012年版。

值"。所谓"时尚",就是赋予了商品以符号意义,使它们成为诸如成功、身份或社会地位等的象征,从这个意义上看,时尚具有为社会提供消费价值尺度的社会功能。人们不仅是在购买商品时以时尚与否为尺度,而且在消费商品时,只要它背离了时尚,即使仍具有使用价值,也还是会被废弃。① 同时指出,在消费主义文化形成中广告发挥了至关重要的作用。

(4) 关于消费文化生成的研究

杨魁、谢锐认为后现代媒体对于消费文化的生成与传播产生了深刻而广泛的影响。在论文《后现代媒体对消费文化传播的影响》中,他们从广义和狭义两个角度界定消费文化的内涵,认为广泛意义上讲,人们在日常消费活动中所体现出来的文化就是广义上的消费文化;而在消费社会中创造出来的、对人们的消费起到保障和制约规范作用的文化则是狭义上的消费文化。无论从广义上还是狭义上理解消费文化,后现代社会媒体及其传播方式都发挥了重要的作用,因为后现代媒体是通过不断制造欲望来强化消费文化观念的传播与建构的,并通过融入女性主义和后殖民主义等意识形态实现对消费文化的传播与推广。可以看出,杨魁、谢锐的研究主要是将消费文化置于后现代社会场域中,视为一种易于对人们的精神生活造成负面影响的文化样态,"后现代消费文化为了达成生产的最终目的,极力扩大消费,制造消费欲望。而制造欲望不是要改变买方的肉体结构(这无法直接达成),而是改变买方的心理结构——即买方对物品、消费行为的意识形态。为了让大众不断产生消费欲望并心安理得地消费,就需要对其进行长期潜移默化的消费意识灌输,而资本主义能使清教徒式的节俭和积累资本的传统观念转变为享乐主义和消费主义至上的观念,就是对大众持续渗透消费意识的结果"②。因而强调要重视现代媒体的社会劝导作用,倡导媒体文化建设,避免大众媒体的消费主义化影响。

罗钢、王中忱在《消费文化读本》中不仅采用历史研究方法梳理了消费文化的生成和发展的进程,揭示了消费是如何踩断传统的社会结构和实现对人的改变,而且首次系统深入地研究了不同学科视界中的消费文化,并探究了政治经济学、社会学、人类学和符号学等学科在消费文化中是如何联结的。在对西

---

① 刘福森、蓝海:《消费主义文化价值观的后现代解读》,《自然辩证法研究》2002 年第 9 期。

② 杨魁、谢锐:《后现代媒体对消费文化传播的影响》,《科学·经济·社会》2008 年第 1 期。

方学者关于消费文化研究的系统梳理中,揭示了西方消费文化对社会结构所造成的破坏和解构,以及对人的社会生活和价值观念所造成的影响,为人们全面认识和理解消费文化,尤其是站在本土文化意义上理解消费文化具有重要的指导意义。

虽然消费文化的研究在我国起步较晚,但取得了不菲的研究成果。这些研究大多集中于社会学和经济学领域,且主要是以西方的消费文化理论和研究视角为研究主线和逻辑分析框架展开的,理论层面的研究居多,立足我国经济社会转型实际从关联性角度研究消费文化是如何介入人们的现实生活以及如何影响和改变人们的生活观念的实践研究还比较少,尤其是社会转型过程中消费文化对未成年人的价值系统所产生的冲击与影响,更是鲜有关注。

(二)消费文化与青少年成长的相关研究

总体来看,国内外关于消费文化的研究主要集中于消费文化与社会的宏观关系的层面,着重分析消费文化作为一种价值观念对社会秩序和人们的生活实践产生着或正面或负面的影响。基本是以宏观价值分析为主,对于消费文化如何作用于或何种程度上作用于未成年群体鲜有关注。近年来,虽有学者开始关注消费社会中未成年人的生存状况,但基本是就消费论消费,主要是从青少年的消费观、消费意识等层面揭示青少年在消费中存在的不良倾向和价值取向,很少从消费文化与青少年价值观形成的互动关系层面进行系统地研究,因而所提教育策略针对性、可行性较低。对消费文化作用于未成年青少年群体价值观念较具影响力的研究成果,首推刘济良教授的《论消费文化对青少年价值观的消极影响及其教育对策》一文。该文首次较系统地分析了以消费主义价值观为核心的消费文化对青少年价值观所造成的消极影响,在他看来消费文化以充斥着商业气息、市场规律为逻辑,以影响普通大众为对象,以放弃和疏离文化中的崇高感、悲剧感、使命感、道德感、责任感为特征,以追求消费、享乐为目的,对青少年的价值观产生了重大的影响。它把一部分青少年塑造成了缺乏思想深度、没有价值追求、失去思维主动、丧失批判精神、情绪反应浅显的"单面人"。为此,他指出价值观教育要自觉控制消费文化对青少年的消极影响,引导青少年注意提升自己的人文精神,教育青少年形成正确的消费观念。[①]刘济

---

① 刘济良:《论消费文化对青少年价值观的影响及其教育对策》,《信阳师范学院学报(社会科学版)》2002年第3期。

良教授的研究关注的也是消费文化中的消极因素，并没有对消费文化作为一种客观的社会存在进行整体性的解构和辩证的分析，因而其研究也是不周全的。我国青年学者班建武教授从符号消费的维度，运用访谈法，深入系统地研究了青少年符号消费对青少年身份认同所产生的深远影响，指出消费社会中人们的消费环境和消费方式都发生了改变，这种改变不仅反映在人们生活方式上，也反映在人们的精神世界中，对于处于自我同一性形成的关键时期的青少年而言，这种变化形成了新的认同话语和价值体系，使青少年的自我认同呈现出新的时代特征。研究青少年在消费中形成的自我认同特征，有助于学校教育采取恰切的教育内容和教育方式，以增进学校教育的实效性。班建武学者的研究无疑开拓了学校道德教育研究的新视域，为消费社会情境中的学校道德教育实践提供了理论指引和实践启示。但这一研究关注的只是消费方式对青少年自我认同造成的影响，仅为消费文化影响青少年价值系统的一个方面。消费文化作为消费社会中的文化，除了消费形式维的内容外，还包含了物质维和观念维的内容，对青少年价值系统所造成的影响也是多重、多维的，需要在厘定和剖析消费文化特定内涵的基础上，立体、多维、辩证地研究消费文化对青少年价值系统造成的深刻影响，以探求富有针对性的教育干预策略。

四、研究假设

消费文化作为现代社会中一种世俗文化构成了个体生存与发展的文化环境，直接影响着人们尤其是青少年的价值判断和价值选择。依据西方自由主义经济学家哈耶克的观点，计划经济是通往奴役之路，消费者的利益，只有在市场经济中才能得到保障，市场不是一种外在权威，而是一种非个人的社会机制和社会合作方式。中国从计划经济向市场经济转型过程中，改变的不仅仅是经济体制，更深刻的变化是人们的价值观念、伦理道德、生活态度和生活方式上的，因而所面临的价值困境和冲突也是前所未有的，这对于青少年的成长来说无疑是极为关键的影响因素。青少年身心发展具有未完成性，他们缺乏对消费文化的批判意识和辨别能力。生发于消费社会的消费文化所传递的生活方式和价值观念植根于市场文化和个人主义，将道德的根基建构在自我利益之上而不是"对他人无条件的责任"和对他人福祉的关心上。这种扎根于人的欲望中的意识形态与传统以勤劳节俭为取向的价值系统形成鲜明的反差，使青少年群体的道德观进而整个价值观系统处于茫然与混乱境况，在社会生活中、人际交往中易于秉承"个体利益最大化"的处事原则，使其价值观形成与发展陷入功利泥沼。

本研究认为消费文化作为消费社会中为人们的日常行为方式和生活模式提供基本价值支持和解释的价值系统和话语系统，并非一定是一种消极存在，其中必然蕴含着丰富的有助于社会发展的支持性因素。因此，武断地将其视为一种消极文化加以鄙弃是不科学的态度，小觑了消费文化对学校德育过程影响的广泛性和深刻性，简单地将消费文化置于学校德育改造对象范畴，使学校德育活动建立在一维化的价值标准之上，因而难于对复杂多元的真实价值生活情境提供有效的解释和支持。青少年是介于不成熟和成熟群体之间的一个特殊群体，从人生发展阶段来说，这一年龄段是人生观、价值观形成的关键时期，也是自我矛盾冲突最显著的时期，这一时期自我同一性矛盾顺利解决会成为青少年学生今后人生发展的积极力量。消费文化中所包含的积极因素和消极因素都可能成为青少年学生价值观形成的影响因素。关注消费文化介入青少年学生现实生活的机制，分析消费文化中蕴含的积极伦理价值、道德教育因素和消极价值观，深入剖析造成青少年学生价值困境的内外因素，以寻求有效的教育干预策略，引导青少年学生形成健康的价值观。

五、研究理路及主要方法

（一）研究设计

本研究遵循"解构问题－剖析根源－寻求对策"的思路，从理论和实践两个维度剖析消费文化对青少年学生各种价值观的影响及学校应采取的教育策略问题。一是从理论层面，广泛查阅相关研究资料，综合运用教育学、心理学、社会学等学科理论，分析消费文化的构成要素及其影响青少年学生价值观的机制和路径，反思造成青少年学生价值观冲突与困境的复杂动因与深层根源，并结合现代社会及后现代社会的特点对学校道德教育的价值标准及德育内容、方法进行重新审视，探寻德育改革方向。二是从实践层面，通过问卷调查，并辅之以访谈、典型个案收集等方法，以充分、全面了解消费文化背景下我国青少年学生道德观、金钱观、消费观、成才观等价值系统的整体状况，为理论分析提供实证支持。

(二) 研究对象

青少年是一个介于童年与成年之间的特定年龄段的人群,按照世界卫生组织的界定,青少年通常是指12、13至17、18岁的人群,这一年龄段的人群通常以中学生为主。但随着世界各国对教育的重视程度的提高和整体受教育水平的提升,受教育人口的受教育年限也不断延长,这意味着个体真正步入社会的实际年龄已大大向后延伸。这一现象也说明虽然当代人口的总体知识水平在不断提升,但其实际社会化水平和社会能力却并未与其年龄呈正比。尤其是近几年来,在校大学生中屡屡发生违法犯罪事件和被伤害事件,反映了大学生由于尚未真正步入社会,其价值判断和选择能力还不高,抵御外来伤害的能力和自我防范能力还较弱,而学校教育中往往因为大学生从生理年龄上已是成人而忽略了其心理年龄和社会年龄的滞后问题,因而在对大学生的价值观教育方面重视不够。这也是导致大学生行为失范和自我保护意识不足的原因之一。基于此考虑,本研究中将青少年确定为初中及其以上的在校学生群体,包括初中、高中及大学在校学生为研究对象,以揭示消费文化境遇中他们的自我认同、道德观、金钱观、成才观及就业观等方面的特点及所面临的困顿与冲突,寻求对应的学校教育干预策略,促使青少年价值观的健康发展。

(三) 研究方法

依据研究内容设计和研究的逻辑理路,本研究采用定性研究和定量研究相结合的方法,以关注现实为旨归,揭示现实生活中消费文化对青少年价值系统所造成的切实影响,并从理论反思的高度提出富有针对性的教育干预策略,以其实质性地改善学校道德教育。故而在具体研究方法上,首先采用文献研究法,搜集国内外相关研究成果,对其进行分类整理、分析,以为本研究提供坚实的理论基础和学理分析依据;其次运用问卷调查法,了解消费文化背景下,青少年道德观、金钱观、成才观和就业观等价值观念的现实状况,归纳和分析青少年价值系统的时代特征,通过 SPSS 等工具对调查数据进行统计处理,分析消费文化中影响青少年价值观形成与发展的主要因素,以寻求有效的教育策略。由于问卷调查本身具有一定的局限性,因而需要采用访谈方法作为辅助性研究方法,以保证所搜集研究资料最大限度地贴近研究对象的真实状况,以保证研究结论的可靠性。

第一章　消费文化的阐释

　　消费文化是伴随着消费社会的出现而逐渐生成的。19世纪中叶美国严重的经济危机使亚当·斯密的"勤俭节欲"型经济政策理念受到重创。以凯恩斯为代表的经济学家认为美国经济危机的根源在于供给过剩，导致这一问题的症结在于人们消费不足，"节俭和储蓄固然是一种美德，但不利于社会发展；浪费和奢侈固然是道德劣行，但对社会有好处"①。建议政府可以通过借钱来投资或消费，以促进经济转向繁荣。时任美国总统的罗斯福采纳了凯恩斯的消费经济理论，推行新政，使美国迅速摆脱经济危机，走向经济繁荣。美国的成功脱困经验成为其他发达国家纷纷效仿的榜样，拉动内需、促进消费成为欧美国家政府经济政策的不二选择。"不消费就衰退"的信条也因此植入人心。于是，各国当局借助各种媒介、广告占据人们的视野、吸引人们的眼球，旨在塑造消费者，促进人们主动、积极、不懈地消费，消费社会由此形成。消费也因此突破了单纯的经济学含义，拥有了丰富的社会学与文化学内涵。与之相适应的具有独特文化品格的消费文化，"将我们熟悉的世界与公共的、社会的、宏观的世界联系在一起，并使后者在很大程度上介入私人生活"②，重塑和改变着人们的价值观念和生活方式。认识和理解消费文化如何介入和影响人们的生活世界，首先需要廓清消费文化的内涵及其生成逻辑，以探究消费文化作用于人们生活世界和价值观念的特定机制。

一、消费文化的涵义

　　从语义学意义上理解，消费文化是由"消费"和"文化"两个词汇所构成

---

① 转引自周笑冰：《消费文化及其当代重构》，人民出版社2010年版，第166页。
② 新磐：《消费文化与现代性》，《国外社会科学》2002年第6期。

的复合概念，对其主体词的性质和定位不同，所理解的消费文化含义自然不同。总体上看，大致形成三种概念定向：第一种观点是从"消耗"、"用尽"等含义上所理解的"消费"。"消费文化"是指以"文化"为对象的消费过程，即将曾经难以用价格衡量的精神产品纳入市场买卖交易的对象范畴，扩大了人们的消费内容和范围。从这一视角看，消费文化即为"文化的消费化"过程。第二种观点是将"消费"作为限定词，以"文化"为主体词的理解，"消费文化"即为"消费的文化"，是在消费活动或消费过程中所形成的特定思维方式、价值观念和行为模式的总合，特指消费活动中所生成的文化现象或是对消费现象和消费活动的文化学理解，以指导社会公众的消费观念和消费行为。第三种观点则是将"消费"和"文化"置于并重地位，即消费文化是一个包含"消费的文化化"和"文化的消费化"的双向互动过程，既指从文化学的意义上认识和理解消费现象和消费行为而形成的一套消费价值系统和话语系统，意味着作为经济运行中间环节的消费活动和消费对象皆超越了其本体意义而富有了文化内涵，也指消费社会中消费对象向精神文化产品领域扩展的趋势和过程，使精神文化产品也具有了商业价值而成为可以买卖的商品，为消费社会中以消费模式建构生活世界提供一种合法性支持。本研究中主要适用第三种理解，即从消费被赋予文化内涵和文化产品的消费化双向纬度认识和理解消费文化的内涵的。

消费文化是与消费社会相伴而生的一种世俗文化形态，是人们在长期的消费活动实践中所形成的认知和行为的总和，其实质是一套以消费为核心建构和重塑人们的生活理念和生活方式的价值系统和话语系统，是为消费社会中人们的现实生活提供观念、价值及合法性解释的意义系统。消费社会背景中，虽然消费被作为促进社会发展的支柱力量而受到公众的普遍重视和支持，但与之相对伴随的消费文化却因其具有培养和塑造追求自我利益、物质享受的消费者而被当作"劣根性"文化一度受到批判和质疑。按照英国社会学家西莉亚·卢瑞的观点，消费文化是物质文化的一种特殊形式，物质文化反映的是物质与人之间的关系，既包含有形物体在日常物质和精神生活中的价值，也包含着有形物体所隐含的符号意义和道德规范。消费文化的特殊性就在于不再简单地将消费理解为物品的终结环节——消耗或用尽，而是"人们根据自己的目的转化物品的方式"[①]。从这个意义上讲消费既是破坏又是生成，既是解构又是建构，相

[①] ［英］西莉亚·卢瑞：《消费文化》，张萍译，南京大学出版社2003年版，第2页。

应的消费文化则是人们在这种"物品转化"过程中所形成的破与立的意义解释系统,不仅是人与物质世界的关系,更涉及的是社会关系和社会秩序。因而消费文化所反映和包含的价值系统并不必然是消极的。因而消费文化是一个中性词,既包括消费品、消费环境、消费方式等实体意义的含义,也包括消费价值、消费道德、消费追求等规范意义上的含义,还包括消费所表征的意义、观念、价值、理想等。分析消费文化的社会影响必须以全面客观认识消费文化的内涵为依据。

(一) 消费文化中的消费既是一种文化产物也是一种文化行为

消费文化语境中的消费是一种转化活动,这种转化既是一种文化产物也是一种文化行为。文化人类学认为:"一个人的欲望受到文化的界定,不同文化背景的人其欲望也会不同,满足欲望的方式也会不同;物品的消费本身就是一种人际关系、社会义务;物品价值的决定在于使用者的判定,而使用者的判定又受到文化的影响。"[1] 消费者使用被赋予了文化意义的商品能够表示不同类别的文化、培养一定的生活价值理念、形成特定的生活方式、建构自我概念,并见证和标记社会变迁。[2] 所以,消费社会中的消费对象已不仅仅是生活必须的物品,也包含了大量非物质性的精神所需品。即便是消费物品也不再仅仅是因为物品的使用价值,更重要的是因为物品所蕴含的文化意义。这种超越商品的使用价值的消费概念已不再是一种经济概念,更重要的是它反映了特定时期社会生活实践和人们的欲求取向。消费也因此而超越了传统对物品使用价值的消耗的内涵,而被赋予了丰富的文化意蕴,从本质上看是一种文化意义的赋予和转化活动。一方面,在消费过程中何种东西可以消费、何种东西不可以消费,以何种方式进行消费等,都受到特定文化传统和风土人情、习俗惯例的制约,另一方面,随着经济社会发展水平的不断提升和物质产品的日益繁荣,人们的消费内容和消费方式也随之不断地改变,逐渐赋予消费以新的内涵,促使人们日常生活文化的不断丰富和发展。

(二) 消费文化语境中的消费品超越了使用价值而具有了符号价值

消费社会中的消费与以往社会的消费所具有的显著差异在于,消费品超越

---

[1] 陈坤宏:《消费文化理论》,台北:扬智文化事业股份有限公司1996年版,第1页。
[2] 陈坤宏:《消费文化理论》,台北:扬智文化事业股份有限公司1996年版,第13—18页。

了其使用价值,而具有了符号价值。注重消费品的符号价值和象征意义,使得消费品本身富有了文化内涵。以往生产性社会的消费看重的是商品的实用性,追求的是商品的使用价值,耐用性是商品的首要价值。而进入消费社会,人们在消费时看重的是商品所表达或标志的社会身份、文化修养、生活风格等符号价值或象征意义,通过体验商品的文化内涵,以突出自己的个性品味。因此,在消费社会,任何物品想要成为消费对象,就必须使自己成为符号。正如鲍德里亚所说的,消费作为当代社会所特有的概念,它不是围绕着需求或效用而进行的,而是一种符号行为或使用符号的方式。符号消费已成为当今社会消费文化的显著特征。人们考量和选择消费对象不再局限于其所具有的使用属性,更直接的消费动力源于其所包含的意象和符号。符号消费最突出的特征是表征性和象征性。"即通过对商品的消费来表现个性、品味、生活风格、社会地位和社会认同。"[1] 可见,通过符号消费,人们消费的不再是物品本身,而是物品符号化后的差异性所具有的特定意义。人们的社会地位和身份也可以通过所消费物品的符号表现出来。符号消费使商品越来越具有了"文化"的意味,内含品味、格调、地位等社会意义,也预示着商品与消费者个体身份之间存在着一种内在的文化关联,对不同物品符号的消费标示着人们的消费层次、生活品味和生活质量。

(三)消费文化实质上凸现的是一种风格化、个性化的生活方式

正如德国人类哲学家蓝德曼所说的:"人是社会的,因为人是文化的创造物,人是个体的,因为人是文化的创造者。"[2] 在消费社会中,人不可避免地被消费文化型塑着,但人又不是被动地受文化规训。消费文化秉持的是个人本位价值观,凸现的是个性和自由,个体在生活方式选择上拥有"绝对"的自主权。消费什么,如何消费,不仅体现了个体的生活态度、精神气质、文化修养等,也反映了个体的创造力。消费文化反映的正是消费符号所体现的话语系统在人们日常的消费活动和生活方式中如何实现对大众的道德、思想、观念的操纵与控制的。"消费是一个系统,他维护着符号秩序和组织完整,它既是一种道德,也是一种沟通体系、一种交换结构。"[3] "通过各种物品,每个个体和群

---

[1] 班建武:《符号消费与青少年身份认同》,教育科学出版社 2010 年版,第 23 页。
[2] 张筱薏:《消费背后的隐匿力量》,知识产权出版社 2009 年版,第 299 页。
[3] 转引自高亚春:《符号与象征》,人民出版社 2007 年版,第 81 页。

体都在寻找着他或她在一种秩序中的位置,始终在尝试着根据一个人的生活轨迹竞争这种秩序。"① 符号消费与传统消费的不同就在于它关注的不是物品的自然效用,而是其在符号系统中与其他符号的差别。这种差别映射着消费者不同的价值观。正是这种相互差异的价值观将人们区隔为不同的阶层与群体,从而使社会自然趋于分层化,社会结构的异质性增强。按照"异质同构"的理论,一方面社会成员总是试图通过特定的消费内容和消费方式反映其所属的社会群体的价值观和核心精神,增强其群体归属感;另一方面个体也希冀通过使用适当的消费品来表达自我,认识自己,在群体中彰显自我个性。正是通过符号消费,个体的自我意识与物品的可能意义之间实现着异质同构,推动着商品的象征意义的不断更新与丰富,实现着对社会系统的控制与整合。

概而言之,消费文化就是伴随着消费社会出现的,表达某种意义或传承某种价值系统的符号系统。这种消费符号不同于一般意义上的满足需求的自然性、功能性的消费,而是一种表达、体现或隐含着某种意义、价值或规范的符号体系,既包含了把无节制的消费、无度的享受、无止境的消遣当作人生的终极意义和最大幸福的消费主义价值观,也隐含着平等、公正、诚信等积极健康的消费伦理和社会道德法则,是塑造和解读现实生活世界的社会文化力量,为消费社会生活提供价值解释和支持。

二、消费文化的结构

文化学理论指出文化具有对社会现实生活进行解释、支持和引导、控制的功能。而现实生活中,文化的诸种应然功能能否真正得以发挥亦然是一个不确定的因素。按照结构功能理论的解释,事物的构成要素及其组合方式影响着事物的整体功能。消费文化作为反映消费社会状况的特定文化,是建构和解读社会秩序与生活世界的价值系统和话语体系,其作用于社会的机制与方式取决于其内在的构成。

消费文化作为社会亚文化的主要形式,具有社会文化的特质,不同的文化观视域中,文化的内涵和构成不同,社会功能及作用方式亦有所不同。目前关

---

① [美]泽瑞尔:《后现代社会》,谢立中译,华夏出版社2003年版,第110页。

于文化的界定非常宽泛，从不同学科视角、不同的维度指向可以产生不同的文化概念。这林林总总的文化概念概括起来不外乎三种文化观念，即实体主义文化观、规范主义文化观和表现主义文化观。实体主义文化观认为，文化是人类所创造的物质财富和精神财富的总和。即文化是人类所创造的、同自然相对应的一切东西，包括人造器具、制度环境、典章习俗、语言文字和精神产品，是从人类是文化性存在的视角来界定文化内涵的，是最广义的文化概念；规范主义文化观则认为，文化是用于支配和调节人的生活方式、社会关系和社会制度的价值规范系统，包括信仰系统、规范系统和价值系统，主要是从精神产品的意义上界定文化内涵的，属于中观层面的文化概念，其中价值规范系统是造成人的行为何以能够模式化、体系化和连贯化的原因；表现主义文化观认为，文化就是语言、文学和艺术等表象或表征系统，用于表现和再现某种意义、观念、价值、理想或情感，是从精神成果的角度界定文化内涵的，是狭义的文化概念。这三种视角的文化界定固然有其特定的道理，但就文化的整体性而言，这三种界定都无法充分揭示文化的整体内涵和特质。价值是文化的核心要素，任何文化都必然是对特定价值的反映；各种实体形态的文化则是特定价值观的载体；表征系统只是文化的专业化的表现形式而非文化本身。基于此，笔者认为，文化从本质上说是一种为实际社会生活提供意义支持的价值解释系统。实体文化、价值规范和表征系统是文化的基本构成要素而非文化本身。依照这一分析逻辑认识和解构消费文化，可将消费文化理解为消费社会中人们的消费生活和消费行为所表达和传递的价值、意义和符号体系的总和，包括三个基本组成部分：一是消费价值系统。即人们在日常生活中所形成的消费观念、消费价值、消费道德、消费逻辑、消费取向等价值规范，这是消费文化的核心，也是指导和支配人们消费行为和消费生活的动力系统；二是被赋予特定文化内涵的商品符号系统和消费方式，这是消费文化的实体形态；三是在消费社会场景中所形成的特定的消费话语及其表现形式，这是消费文化的表征形态。消费价值系统、符号系统和消费话语表征系统构成了消费文化的全貌，并直接或间接地介入社会公众的日常生活，潜移默化地影响着人们的生活态度、价值观念和生活方式，实现着对社会秩序的解构、整合和重构。

三、消费文化的内在价值悖论

文化即生活的样态。消费社会是一个以消费为核心活动来建构社会生活世界的社会阶段,商品成为文化符号和文化成为商品是这个社会的显著特征。在这一社会发展进程中,消费社会隐含了各种冲突性价值观,形成价值悖论,诸如使用价值与消费价值的悖论、主观价值与客观价值的悖论、目的价值与手段价值的悖论、物质价值与精神价值的悖论、真实需要与虚假需要的悖论。[①] 这种悖论也成为消费文化冲突性价值观生成的依据。

(一) 使用价值与消费价值

消费的本意是对人基于生存和发展的实际需要的满足,消费的是物品的使用价值。而在生产社会中,商品的消费价值即为其使用价值,因而商品的有用性是消费的首要标准。只有当物品的实用价值消失殆尽时,其消费价值才会终结,是典型的节约型消费观。而进入消费社会后,消费取代生产成为维持社会发展和建构社会秩序的主要方式,消费也成为刺激经济发展和促进社会财富积累的支柱手段,因而消费的目的不再是为了商品的使用价值,消费本身成为目的。为了不断创造和激发人们的购买欲,消费文化通过赋予商品一定的文化内涵和象征意义,使商品转化为具有社会价值和文化意义的符号,时尚、流行等成为商品消费价值的评价尺度,由此消费背离了商品的使用价值,时尚价值成为商品的首要价值。

(二) 客观价值与主观性价值

客观价值是指由物品的使用价值所决定的价值,主观价值则是指商品所具有的符号价值。客观价值是随着商品有用性和耐用性的减弱而逐渐降低,而主观价值是随着商品的时尚价值的变化而变化。消费社会中基于消费目的,商品的客观价值不再是消费者进行消费选择的首要标准,而商品的主观价值即商品所具有的时尚价值则成为消费者进行消费选择时的首要考虑因素,旨在通过使

---

① 路日亮:《消费社会的悖论及其危机》,《北京师范大学学报(社会科学版)》2009年第1期。

用具有时尚价值的商品来标示自己的社会身份、地位和品味等。尽管商品的使用价值是商品的基本要素,但在消费社会中,商品的时尚价值逐渐背离其使用价值,可以说商品的时尚价值与商品的使用价值呈反向发展趋势,即商品的主观价值越高,则其客观价值就必然越低。这是维持消费社会商品符号系统不断处于更新与发展之中进而促进消费者不断处于购买中的必然逻辑。消费文化是一种符号文化,彰显商品符号意义的主观价值成为消费者在消费中追求的首要目标,反映商品使用价值的客观价值逐渐被其主观价值所遮蔽,求新求变使商品的客观价值越来越被忽略,耐用性和实用性越来越弱,商品的客观价值与其主观价值相脱节甚或背离。

(三) 目的性价值和手段性价值

生产型社会中,生产是经济链条的逻辑起点和终点,消费是生产的手段,生产是消费的目的,即消费是为了更有效地满足人们生产生活的需要。消费社会中,消费成为经济链条的起点和终点,也成为人们组织社会生活的基本方式。从这个意义上看,消费成为目的,而生产则转变为消费的手段,即人们是为了消费而去生产,为了消费而去工作。消费本身成为人们生活的目的,导致人的异化。尽管经济对社会发展具有基础性作用,但从社会发展的宗旨来看,无论在何种社会发展阶段经济发展都不应也不能超越人的发展而置于目的性地位,仅是实现人的发展与社会发展的手段。随着消费社会的到来,人们的消费能力和消费水平的不断提升,人们满足自我发展需要的途径和手段不断得到丰富,社会整体生活质量提高了,推动着个人发展和社会发展。与此同时,消费社会通过商品符号化,将人的发展需求与商品的符号意义联结起来,使人们的各种发展需求无论在物质层面还是精神层面的需求都可以通过商品来满足,消费也由此成为人们表现自我和体现自我价值的基本方式,人们通过商品的时尚价值和品牌符号来评判人的价值,使消费标准逐渐成为体现人的价值的代名词,追逐金钱、提升消费能力也成为消费社会人们的普遍追求,人也因此沦落为商品的奴隶、消费的手段。房奴、车奴、钱奴……人们在追求富足的生活的同时,也异化为消费生活的工具和手段。

(四) 物质价值和精神价值

消费社会是经济发展和积累到一定程度才能达到的社会阶段,以工业文明的迅猛发展和物质的极大丰富为标志。因为消费社会是以创造和刺激人们的消费欲求来拉动经济发展的，因而社会的生产与再生产能力越强大，人们的消费欲求就越旺盛。为了保持社会经济处于持续的增殖过程中，经济学家和生产厂商及媒体通过将文化艺术与商业行为相融合，一方面使物化的商品富有了文化内涵和象征意义；另一方面也使文化艺术具有了商业价值，使精神产品也具有了经济价值，文化艺术可以转化为一种可消费可增殖的经济资本。商品的文化性转化可将物化商品与人们的精神需求之间建立起了关联，使物质商品不仅是满足人们物质生活需要的基本手段，也是满足人们精神需要的主要方式；而文化艺术成果的商品化某种程度上使由知识分子和艺术家所垄断的高雅文化艺术成果通过消费途径走向大众而惠及更多的社会公众；但同时也易于使文化艺术的经济价值淹没甚或取代其社会价值而自贬为与一般物质商品无异的商品，其精神性价值弱化甚至渐趋消解。尤其在消费主义价值观的渗透和诱导下，追求物欲的满足和感官的享受逐渐成为消费社会中部分人们的主要人生目标和最高价值。在物质极大丰富与繁荣的社会背景下，人们的精神世界并没有随着物质生活水平的提升而获得丰富和充盈，相反，物质的丰富带来的是物欲的不断膨胀和精神生活的萎缩和简化。"当人的消费行为被渲染出所谓的性格、审美、人生、价值的特征之时，人的主体性也就丧失了——人被异化为物，此时消费的选择不但没有给人们带来更多的幸福，相反，贪婪的消费却带来更多的问题和苦恼。而消费主义的生活方式剥夺了人们精神上的创造和享受，已成为制约人全面发展的主要因素，人们在过剩的物质生产和眼花缭乱的大众传媒面前，越来越成为精神乞丐。"[①]

（五）真实需要与虚假需要

消费文化是一种被制造文化，在消费文化语境中消费指向的不再是商品的使用价值，而是商品的符号价值。商品的使用价值满足的是人们的真实需要，而商品的符号价值则满足的是人们的意向需要。为了使消费者永远处于"欲购"状态，商品的符号价值通过文化、艺术、媒体等制造手段的综合运用而不断推陈出新，通过唤醒公众的记忆，引发其美好的联想或产生移情与共情的内在情感等，建立起商品符号与购买者意象的联结，从而不断制造着消费者的需要假象，使消费者时刻处于消费的路上。鲍德里亚曾指出消费社会是一个符号

---

① 路日亮：《消费社会的悖论及其危机》，《北京师范大学学报（社会科学版）》2009年第1期。

统治的社会，消费文化反映的正是消费符号是如何通过广告、媒体的劝导与暗示而实现对社会公众的渗透与控制的。在这一过程中，人们基于满足基本生存和生活需要的真实需要已显得不那么重要，相反，那种基于标示自我身份、品味、修养等意象需要的虚假需要被误认为是真实的需要，真实需要和虚假需要本末倒置，人们的需求也因此演变为欲望，需要是可以满足的，而欲望是永远难以满足的，这正是人们消费的不竭动力。

（六）节俭伦理与奢侈伦理

消费社会发展的动力源于人们渊源不断的消费热情和不断提升的消费能力，因而需要不断制造和刺激人们的消费欲望，使其处于激活状态。这必然使商品的使用价值水平降低或低效，流行与时尚成为商品的主要元素。"消费即爱国"、"不消费即不道德"等信条成为劝导人们不断消费的价值依据。这种价值理念必然冲击着传统社会"勤俭节约"的生活伦理，导致"节俭"与奢侈的冲突。任何伦理规范都是特定社会阶段的产物，是社会矛盾调谐的结果。勤俭节约的价值伦理源于农业社会中，社会整体的经济发展水平还较低下，社会积累的物质财富尚不能满足人们的基本生活需要。为了维持人们的基本生存需要和社会的发展与进步，呼吁人们勤俭节约，减少消耗，避免浪费，以积累更多的社会财富，增强人们改造世界的能力。这在当时无疑是社会发展的支持性动力。德国社会学家马克斯·韦伯在其经典著作《新教伦理与资本主义精神》一书中，从宗教教义中寻求促进资本主义经济发展的精神动力，劝导人们勤奋工作、过节俭生活。这对处于资本主义上市阶段的资产阶级经济发展的确起到了推动与促进作用。但随着资本积累的增多，社会生产力水平的提升，这种强调节俭的生活伦理导致资本家将大量的金钱存入银行而不予消费，使得生产因消费水平的过低而受到阻滞，社会经济链条面临断裂的危险。如此以来，个人奉行的节俭美德与刺激需求、发展经济的社会效应之间产生了冲突与矛盾。正如美国经济学家萨缪尔森所说的："对每个单独个人有益的事不一定因而就对全体有益；在某些情况下，个人的精明可以是社会的愚笨。"[①] 英国经济学家凯恩斯从储蓄与投资的角度对"节俭伦理"进行了深刻的解读。他认为，节俭增加储蓄，必然使消费减少，对他本人的收入不至于有重大影响，但他减少的消

---

① ［美］萨缪尔森、诺德豪斯：《经济学》（上册），高鸿业、杜月升等译，中国发展出版社1992年版，第283页。

费需求必然压低消费品的价格，减少目前的投资需求，影响投资者的收入。如果每个人都这么做，势必使总收入减少，其结果是使储蓄与消费两者都减少。①认为尽管奢侈与浪费是劣性道德，但对社会发展有好处。凯恩斯的经济理论为奢侈消费伦理奠定了基础，自此，奢侈消费伦理逐渐成为资本主义社会的主流消费伦理。消费社会中奢侈消费获得了社会合法性，浪费因能不断带动消费而促进社会经济发展已不再是一种令人反感的消极道德，同样节俭也随着人们社会交往方式和生活组织方式的消费化而逐渐被人们所忽略或放弃。然而这种浪费主义消费观必然推广一种以享乐主义与物质主义为特征的消费生活方式，在促进社会经济效益的同时，也易于造成对自然资源和社会资源的过度浪费而破坏人与自然的和谐，对人类社会的可持续发展带来损害。

四、消费文化的社会功能

人类是文化性的存在，"文化体现了人对自然和本能的超越，代表着人区别于动物和其他自然存在物的最根本的特征"②。可以说文化是人类非自然或超自然的存在方式，是人类对社会生活环境智慧反映的结果，对个体和社会具有人格塑造和社会整合与导向的功能。消费文化是消费社会的文化，既包括了消费的文化渗透也包括了文化的消费渗透，正如詹明信所断言的："文化正是消费社会本身的要素；没有任何其他社会像这个社会这样为记号和影像所充斥。"③消费文化通过其文化渗透和刻印功能作用于人们的生活实践，进而作用于社会系统，在对既有社会观念和社会秩序的解构中重建社会价值系统和社会秩序。从消费文化的作用结果看，既有建构性的功能，也有消解性作用。

（一）建构性功能

第一，消费文化具有社会整合功能。消费文化反映的是人们的一种社会参与体验。消费社会的前提是商品的极大丰富，为人们提供了充裕的消费品。这

---

① [英] 凯恩斯：《就业利息和货币通论》，徐毓译，商务印书馆1963年版，第95页。
② 周笑冰：《消费文化及其当代重构》，人民出版社2010年版，第31页。
③ [英] 迈克·费瑟斯通著：《消费文化与后现代主义》，刘精明译，译林出版社2000年版，第124页。

种消费品在给人们的生活带来便捷和享受的同时，也改变着人们的价值观念和生活方式。"如果说，经济意义上的生产供给我们消费品，那么，我们对消费品的消费，乃是在生产一种社会参与体验，即参与某种共同的快乐或基本福利的体验。缺乏这种社会参与体验，意味着我们遭遇了某种形式的社会排斥，并因此而陷入某种形式的社会孤立。所以这种社会参与体验直接影响到我们的自我认同感和社会认同感，影响到我们对自我与群体或社会的关系的定义和态度。在这个意义上，消费活动乃是一种社会语言、一种特定的社会成员的身份感的确认方式。消费也因此成为一种重要的社会整合机制。"[①] 消费文化不仅为大规模的消费活动提供着合法性解释，也直接反映着消费活动给人们带来的这种社会参与体验。人们通过消费活动所获得的社会参与体验，不仅改变着人们对自我与社会、他人关系的认识，也改变着人们获得群体归属感的方式，传统熟人社会关系模式逐渐为消费社会的陌生人关系模式所取代，调节人际关系与社会秩序的方式也逐渐由人情法则向规制法则所转变。

消费文化的社会整合功能还体现在对人际交往关系的影响上。消费社会中的一个显著特征是消费成为人们交际、交往的主要方式，为密切人际关系、拉近人与人之间的感情提供了颇为丰富而有效的方式，有助于社会成员尤其是陌生人之间亲密关系的建立。当然这种方式在密切部分社会成员关系的同时，也易于导致不同消费水平社会成员之间关系的疏离而产生社会关系的断裂，导致社会失序。

第二，消费文化具有创造社会合法性的功能。消费文化既是特定社会消费现象和消费行为的文化学凝练，也是指导特定消费活动和消费行为的价值标尺。可以说，消费文化使属于经济范畴的消费活动被烙上了文化的印记而成为一种社会文化活动。消费什么、如何消费等都受到特定文化传统的制约，由此而形成的特定消费规范、消费禁忌、消费伦理等构成了消费文化的重要内容。从这个意义上讲，消费文化必然反映和遵循着特定社会文化环境中的某种社会合法性，这种合法性不仅是人们消费活动的规约性力量，也是消费活动本身的产物。由于人们的消费对象、消费观念等也会受到社会生产力水平和人们的创新意识及创新能力的影响，一种新型的消费品所映射的审美观念和生活方式往往代表着一种超越传统的新理念和新思维。这种新型的消费理念通过文化意义

[①] [法]尼古拉·埃尔潘：《消费社会学》，孙沛东译，社会科学文献出版社 2005 年版，第 2 页。

上的诠释而转变为大众时尚而获得社会合法性。从这个意义上说，消费文化也具有挑战传统和创造新的社会合法性的功能。消费文化作为对人们消费生活模式的反映，一方面，维护和确证着特定社会文化传统的合法性；另一方面也在为消费型生活方式创造着新的社会合法性，使新型的消费生活方式逐渐普及而成为人们普遍认同和接受的一种常态生活方式。正是在社会合法性的更替过程中，人们的价值观念和行为也逐渐发生了变化。从这个意义上可以说消费文化也是推动社会价值不断更新与发展的积极力量。

第三，消费文化具有间接促进社会公平的功能。消费文化使作为私人领域的个体消费活动演变为一种社会性活动。消费牵动的绝不仅仅是经济，而是整个社会结构的变迁。这意味着个体消费活动影响和改变的不只是自己的生活质量，也影响着他人的生活，进而影响着社会的运行机制。拉动内需、鼓励消费、刺激消费，作为一种经济政策，在促进经济增长的同时，也带来社会资本的积累和公共财政的增加。这一结果一方面有助于社会公共事业的发展，使社会公共服务总体水平不断提高；另一方面通过各种社会保障机制和分配机制，可以保障低收入阶层的基本生活水平，促进社会公平的实现。从这个意义上说，消费文化虽然不具有以公平的方式向社会成员分配产品与服务的功能，但通过对社会公众的消费化塑造有益于提升社会总体发展水平和公共财富积累，继而间接促进社会公平正义的实现。

第四，消费文化某种程度上亦有丰富人们精神生活世界的功能。按照结构功能主义的分析框架，消费文化影响下物质商品和文化娱乐商品都能使人们获得一定的满足感，这种满足感不仅有助于经济利益的实现，同时具有显著的社会价值：人们因这种满足感而寻求与他人分享并建立联系，可以密切陌生人之间的社会关系。这种现象有利于公共道德基础的形成。同时文化的商品化，激发了文化产品创作者的创作热情，激活了文化市场，催生了内容丰富、形式多样的文化艺术产品，这些产品通过消费途径走进千家万户，使人们的精神世界得到滋养。尤其是一些经典文化产品，以不菲的价格走俏市场。对此类产品的消费不仅象征着消费者的社会地位和精神品味，也真正使经典文化艺术在功利世俗的时代焕发出了光华，发挥了净化人们心灵，升华人们的精神境界的效用，起到了陶冶情操、重塑心灵的作用。从这个意义上可以说，消费文化带动了文化市场的繁荣，丰富了人们的精神家园。

（二）消解性功能

尽管消费文化有其积极的效用，但这并不表示消费文化是一种积极的社会文化。作为根植于市场经济的社会文化，逐利性和商业化必然成为消费文化的重要特征。这种强调自我利益、主体意识和个性化差异的文化系统必然给既有的社会价值系统和规范体系造成冲击，一定程度上破坏着现行社会秩序，给人们的生活世界也造成了某些消极影响。

第一，易于导致人的价值的急剧商业化。消费文化本质上是扎根于市场经济的商业文化，秉持的是一种凸现个性、强调差异性的个人主义价值观。"个人至上"成为消费社会中人们普遍的认同。对个人、对自我的强调，使展示自我、凸现差异成为人们的普遍诉求。在这种强调消费标准的价值导向下，人们的评价标准也呈现出消费化的态势，物质、金钱标准逐渐取代多元化的社会评价标准而成为最为权威和流行的评价标准。对时尚、流行、品味的追逐使人们的欲望不断膨胀，挤压和排斥着人们的精神生活。在这样的氛围中，人们的生活世界逐渐呈现出单维化趋势，世俗化与物欲化使人的生命逐渐失去了人性的丰满与光彩，生命价值逐渐异化，物欲的放纵致使人们的精神世界逐渐贫瘠，生活世界对生命意义的价值引导功能逐渐弱化。消费本是满足人们社会生活的工具性手段，而在消费主义价值观的主导下，人们总是通过不同的消费品证明自己，体现自己的社会身份和社会地位，消费也渐渐由实现生命价值的手段演变成为生活乃至人生的目的，致使人本身成为无穷消费欲望得以满足的工具和手段。在这种追逐自我与享乐的价值引导下，生活世界务实化、个性化成为一种趋势，社会的异质性不断增强，社会公共道德的基准线呈现出多样化的趋势道德也越来越成为个人的事情。人们在道德信仰、价值判断、生活方式选择等方面共性标准的淡化使得人的类本质发生异化，社会以个人的形式存在，集体的社会功能渐趋弱化。

第二，易于导致社会结构的断裂。在消费文化的影响下，消费成为社会各阶层竞相争夺的符号资源。上层阶层为了保有自己的优势地位，不断通过奢侈消费，炫耀和提升自己阶层的门槛，以凸现自己阶层的优势；而中下层阶层为了改变自己的阶层出身，不断模仿上层阶层的消费方式，试图以此改变自己的实际阶层位置。这种消费模式带来的直接结果是物价水平的不断攀升，不同群体之间消费水平的悬殊，进而导致低消费群体和高消费群体生活水平和生活质量的巨大差异。不同消费层的人群因为所属群体不同，所掌握和享有的社会资源和生活条件不同,生活水平和人际关系范围、模式及准则也不同。当不同群体的差距达到一定程度时会使低收入者的不公平感增强,拥有和掌控资源能力的差距使低收入者的仇富心理滋生,即会导致社会的不稳定,造成社会结构的断裂。可以说,在消费社会中,随着消费生活模式的普及,传统社会成层体制必然被打破,消费自然而然会成为一种新型的社会分层机制,破坏着既有的社会秩序,建构一种新型的社会层级结构。这种破坏与建构应是同时进行的,当二者不同步时,必然引发社会混乱,导致社会失序。

第三,易于导致社会信任危机。消费文化作为一种尊重个人利益、凸现个体自由的世俗文化,无疑对人性具有解放的功能,使长期被压抑、无视的个体利益和个性自由得到前所未有的尊重和解放。与此同时,消费文化作为一种商业文化,彰显其逐利性本质的消费主义价值观是其基本内容。在消费主义价值观主宰下,商业文化规则和资本逻辑不仅成为人们在商业活动领域和物质生活世界所遵循的基本规则,而且经常被运用于人的精神生活世界,使人类的多种精神需求也简化为单一欲求——消费。在这一逻辑支配下,适用于经济生活场域的等价交换原则渐渐成为人们处理一切生活问题的基本原则,致使人与人之间的关系也因此异化为一种交换关系。金钱成为评判人们成功与否的终极标准,赚钱成为人们直接的生活目标。为了金钱,一些人不惜利用人们的同情心进行坑蒙拐骗,为了钱,父母子女反目、夫妻相背、朋友相欺,这些有悖人伦的现象屡见不鲜,刺激着人们的道德信心和善良情感,践踏蹂躏着社会良知和公众的信任,导致人人自危,戒备、防范心理空前强化,整个社会陷入空前信任危机。

第四,易于导致社会价值观混乱。消费文化本质上是一种倡导个性自由的文化,所塑造的消费者就是拥有自己个性、追求个性化的主体,这不仅是促进商品不断更新换代的动力源泉,而且也是促进人们的价值观念和生活质量标准不断进步与更新的基础动力。可以说,消费文化的传播与普及某种程度上对人们的生命意义和价值观念具有解放意义,不仅为不同价值观的异质共存创造了更为宽松的社会氛围和自由空间,也为人们的自我价值判断与选择提供了更多的自由。而市场上琳琅满目、花样繁多的商品,通过赋予其特定的文化能指而使其与人们的精神需求和意义生命建立起了某种联系,经过媒体、广告的反复强化使各具特色的商品成为特定价值观念和审美情趣的载体和标示物。如此以来,基于满足人们某种需要的商品已超越了其本体功能而具有了价值标示和价值指示功能。消费文化对个性和风格的强调,激活了价值相对主义,使社会核心价值观受到前所未有的冲击，人们的价值选择面临前所未有的复杂情境。在"媒体制造"中，社会的包容性不断增强，社会道德的可容范围不断扩大，价值选择和道德认同越来越成为个人的事，金钱标准在人们的评价标准中占据着越来越重要的地位，价值符号，社会主流价值观逐渐湮没于金钱取向的价值乱涌之中。

　　第五，易于导致人与自然关系紧张。消费文化本质上是一种以满足人的无限享受欲求而获取资本增值的世俗文化。其目的性和意向性明确指向资本利益。在这一目的驱使下，不断刺激人们的欲求，强化人的主体地位和主人地位，大自然成为满足人们层出不穷的欲望的基础资源。在消费主义价值观主导下，人们对于大自然的过度索取甚至掠夺，必然造成人与自然关系的对立与紧张，引发整个生存环境的恶化，给人类带来生存危机。

　　事实上，消费文化作为消费社会中的社会整合机制，其蕴含的积极性社会功能和消极性社会功能的发挥最终都是以人为中介实现的，即消费文化的运行是通过介入人们的生活世界，对每个个体的观念世界的影响进而影响整个社会的，因而探究消费文化作用于人们价值观念系统的机制和方式是抵御消费文化的消极影响的必由之路。

第二章　消费文化背景下青少年的道德观

道德观是人们基于对道德的内涵及价值、功能的认识而形成的一套深植于内心的价值系统，是人们处理人际关系和社会事务所因循的深层准则。社会文化环境是个体道德观的直接来源，也是影响个体道德观形成与发展的根本因素。人类正是"通过文化和在文化中实现为充分的人性的存在"[①]。而消费文化"以一种非政治化的、普遍的伦理、风尚和习俗的形式将个人发展、即时满足、追逐变化等特定价值观念合理化为个人日常生活中的自由选择，因此这种特定的价值伦理体系便构成特定社会制度生产与再生产的特定文化环境"[②]。这对于正处于道德观形成与发展关键期的青少年来说，既可能是其道德观形成与发展的支持性力量，也会带来前所未有的困惑。

一、青少年的道德观

道德观是人们关于何种行为是道德的、判断道德的基本准则是什么的认定与看法。道德观是深植内心的一种价值标准，是人们处理人际关系和社会事务所因循的深层准则。而道德观的形成说到底是由外而内的一个建构过程，受到诸多因素的影响。其中社会文化环境是个体道德观的直接来源，也是影响个体道德观形成与发展的最重要的外在因素。青少年作为一个特定群体，是对介于儿童和成人之间的人生发展阶段的人群的统称。按照罗吉斯的理解，青少年绝不仅仅是一个生理发展的阶段，而是一个获得有效参与社会所必需的态度和信

[①] [法]埃德加·莫兰著：《复杂性理论与教育问题》，陈一壮译，北京大学出版社 2004 年版，第 38 页。

[②] 陈昕：《消费文化：鲍德里亚如是说》，《读书》1999 年第 8 期。

念的过程。① 这一时期也正值青少年道德观形成的关键期。当消费文化构成青少年成长不可逃逸的社会文化环境时，青少年的道德观形成与发展也遭遇了前所未有的困顿。

道德观是人们基于对道德的内涵及价值、功能的认识而形成的一套深植于内心的价值系统，是人们处理人际关系和社会事务所因循的深层准则。社会文化环境是个体道德观的直接来源，也是影响个体道德观形成与发展的根本因素。人类正是"通过文化和在文化中实现为充分的人性的存在"②。而消费文化"以一种非政治化的、普遍的伦理、风尚和习俗的形式将个人发展、即时满足、追逐变化等特定价值观念合理化为个人日常生活中的自由选择，因此这种特定的价值伦理体系便构成特定社会制度生产与再生产的特定文化环境"③。这对于正处于道德观形成与发展关键期的青少年来说，既可能是其道德观形成与发展的支持性力量，也会带来前所未有的困惑。

二、消费文化影响下青少年道德观的特点

在消费文化的影响下，消费既构成青少年现实生活的主要内容，也成为他们解读生活意义和自我价值的新话语，使其道德观呈现出新的特点。

（一）道德认同中的归属感与疏离感并存

在消费社会中，消费对象的范畴超越了生活必须的物品而包含了大量的非物质性的精神所需品。即便是物品也不再仅仅是因为物品的使用价值，更重要的是因为物品所蕴含的文化价值。"消费什么"、"怎么消费"都天然地受到社会文化、风俗习惯及个人价值观念的影响。消费者使用被赋予了文化意义的商品能够表示不同类别的文化、培养一定的生活价值理念、形成特定的生活方

---

① ［美］罗吉斯：《当代青年心理学》，张进辅、张庆林等译，湖南人民出版社1988年版，第6页。
② ［法］埃德加·莫兰著：《复杂性理论与教育问题》，陈一壮译，北京大学出版社2004年版，第38页。
③ 陈昕：《消费文化：鲍德里亚如是说》，《读书》1999年第8期。

式、建构自我概念，并见证和标记社会变迁。① 这种被费瑟斯通称为"文化渗透"的消费，通过商品内涵的品味、格调、地位等社会意义建构起商品与消费者个体身份之间的文化关联。消费对象暗示着消费者的身份地位，消费方式成为展示个体身份地位的重要手段。如此以来，消费品和消费方式成为区划社会阶层的无形标尺。一方面消费者通过选择反映特定价值观念和生活品味的商品和消费方式，将自己融入某一阶级、阶层或群体，以定位其身份，实现其群体归属感；另一方面，消费文化本质上是一种凸现个人价值的符号系统。商品本身的等级性和差异性构成了标示消费者社会身份的编码系统，人们依托这种消费标尺选择和购买自己所需要的消费品，以标示自己的社会身份、文化修养、生活风格等，突出自己的个性品味。从这个意义上看，个体总是试图通过特定的消费品或消费生活方式彰显自己的与众不同，以区别于特定群体或展现自己在群体中的特殊地位。这本质上是一种群体疏离感。在消费生活景观中，这种悖论式的复杂精神需求使青少年陷入群体价值和自我价值表达的矛盾中，表现为道德生活中的一种复杂纠结的情怀。一方面青少年群体普遍对于社会、学校和家庭基于其所属"不成熟社会存在"的社会群体角色认识及定位而长期施予的社会主流道德观及道德典范教育持一种接纳和认同的态度，在道德认知方面多数青少年倾向于依照成年人给定的角色期望标准确定自己的道德价值选择，以寻求符合"青少年"社会角色特征的群体归属感；另一方面，在复杂的消费化生活图景中，社会关系发生了深刻变化，既有的道德规范因缺乏足够的现实调解力和解释力而陷入尴尬境地，使青少年对主流价值观的当代价值产生不自信，同时消费文化对个性的渲染与倡扬恰恰契合了青少年对个性偏好的社会心理特征，使他们在道德实践中极力以一种区别于同辈他人的个性化的方式践行自己的道德观，以突出自我道德存在。这意味着当下青少年群体的道德认同和道德生活实践同质性与差异性并存，归属感与疏离感并存。

（二）道德标准凸现比较性与冲突性

当代消费文化的显著特征是消费的符号化，即商品通过浓缩和聚集各种文化资源和意义资源而超越了其使用价值具有了符号价值和象征意义，消费也因此具有了表意功能和身份识别功能。在此意义上，人们通过消费来表达个人的

---

① 潘艺林：《消费主义能减少"教育不平等"?》，金生鈜主编：《教育：思想与对话》，教育科学出版社2007年版，第125页。

生活态度、价值取向和生活品味，在消费过程中建构着自己的社会身份和自我认同，获取社会声望和荣誉。消费文化正是通过其差异化、等级化的符号系统将社会群体区隔为不同等级阶层。人们为了赢得或保有某种优势社会地位，总是在与他人的比较中确定自己的消费内容和消费方式，比较优势成为消费社会人们追逐的主要生活目标。在消费社会环境中青少年作为重要的消费群体越来越被生产商和消费商所关注，消费文化的各种价值理念也随之介入青少年的日常生活。在消费生活中各种符号化的商品亦成为青少年标榜自我、谋求社会身份与地位、寻求生活意义的重要方式与途径，消费也因此构成了青少年自我表达的现实话语。消费文化所包含的对个人需求的关注、对个体利益的主张、对金钱标准的认可、对及时享乐的坦然等价值使道德的包容性明显增强，道德与不道德之间的非道德空间增大。道德观亦失去了其共性的基础而成为个体自主选择和认同的结果。而消费参照效应也被青少年迁移进道德生活世界，他们对一种行为的道德评判不再坚持用统一化的标准，而是依据与另外一种行为结果的比较来判定。通过比较而形成的道德标准呈现出多元化与多层化的特点。

消费符号化的目的在于激发人们不断攀升的消费品味和消费追求，因此流变性是消费符号的重要特征。消费符号化不断催生着新的商品符号的产生，在推陈出新中不断创造着人们新的需求，引领新一轮的消费浪潮。在这一理念支配下，通过消费符号实现自我表达的人们不断地追逐新产品，以不断占有新的商品符号实现自我社会地位的确认，求新求异求变成为消费社会人们的一种普遍心理追求。这种商业规则正好迎合了处于不成熟阶段的青少年群体的好奇、新鲜的心理特点。在商品逻辑的操纵下，追逐快节奏、新鲜变化、与众不同成为大多数青少年的一种生活态度和处世方式。"消费活动变成了一种对自我形象及欲望的想象性满足。"[①] 青少年藉此确认自我与他人在身心方面的距离。而以消费为主导所形成的新型社会关系异常复杂，生活世界、精神世界、虚拟世界通过媒体与消费联结为一体，构成了现代消费社会人们生活的真实场景，既有的道德观念和道德规范难以应对这种异常复杂的生活图景而渐渐远离了青少年的实际生活。在不同的生活情境中、不同的情绪体验中青少年所因循的道德观念和价值标准往往是冲突的或割裂的。诸如在学校中表现出好学生的标准而在网络世界中却表现为相反的角色特征，映射了青少年道德标准的内在冲

---

① 班建武：《符号消费与青少年身份认同》，教育科学出版社 2010 年版，第 42 页。

突性。

(三) 道德价值趋于平庸化和模糊化

道德作为一种以善恶标准调节人与人之间关系的社会规范，其核心价值是善。而善具有不同层次，这决定了道德的不同境界。即有什么样的善恶观就有什么样的道德观。但不可否认，道德观也要接受社会的不断选择。有助于社会发展的道德观必然会被越来越多的人所接受，反之，这种道德观则难以真正传承。① 道德调节的人际关系本质上是一种利益关系。对于个体而言，道德观涉及两方面的判断，一是自我利益的诉求，二是对他人利益的认识。在人己利益关系认识的基础上形成了舍己为人、利己利人、利己不损人和损人利己等几种价值追求，分别代表了道德的不同层次。而个体道德观的深层标准往往源于社会核心价值。在一个同质化程度很高的社会中，社会关系比较简单，人们最基本的道德追求是求同，即秉持符合社会主流道德价值要求的道德观，社会本位价值观居于主导地位，理想的道德人格是人们的普遍追求。而在消费社会中，消费文化所宣扬的个人至上理念逐渐动摇了社会的同质基础，个性与差异使社会的异质性增强。人们的生活方式、道德规范、审美情趣、甚至文化习惯等都发生了改变。在消费文化影响下，人们在协调和处理利益关系时，总是以个人的现实需要为前提，以满足个体利益为条件。道德的神圣价值逐渐让位于实用价值，社会本位的道德价值观逐渐让位于个人本位的道德价值观，道德开始趋于平庸化。在这样的社会文化变迁中，消费也成为青少年满足需求、谋求个性、确认自我的最主要途径。这也使青少年常常将精神需求和自我价值实现寄托于某种有形的物质的获取、占有，使青少年的立体需求趋于感官化、平面化，造成其精神世界的贫瘠与平庸。这些构成了当下青少年道德人格的基础，与此相适应道德理想人格也逐渐被"常人"世俗化标准所取代，道德价值由崇高走向世俗，由神圣走向平庸。

对商品意义的消费是消费社会人们消费的典型特点，带动的是人们追寻昭示个性化、风格化的生活和生存方式，实质上是通过激发消费欲望传播一种个人享乐主义。在个人至上、享受合理的幌子下，人们开始放逐自己的欲望，尤其在"消费即是爱国"口号的遮蔽下，人们的享乐欲望膨胀到了极致。勤俭节

---

① 茅于轼：《中国人的道德前景》，暨南大学出版社 2008 年版，第 57 页。

约、艰苦朴素、自力更生等传统价值观念已不适应社会现实而渐趋式微,而新的道德价值系统尚未建立,致使人们陷入了前所未有的价值困境。是非善恶标准变得模糊,审美价值发生了扭曲,甚至"显丑"成为一种时尚,不仅是个体张扬个性、吸引眼球、赚取利润的手段,也成为大众消遣的一种时尚方式。使得美与丑的标准不再清晰。这种是非、善恶、美丑观念的变化使青少年的价值判断更趋多元化和相对化,道德与非道德、不道德的标准变得含混不清,坚持何种道德观似乎完全成为青少年自己的事,对某一事件的道德判断因受到具体情境性因素的影响而成为与他人无涉的个人事。道德的相对性得到空前张扬,道德的统一标准却逐渐萎缩。学校所传递的主流道德观却因过于理想化、程式化而无法为青少年所面临的复杂消费社会生活实践提供针对性的调节和指导,使青少年在道德价值选择上往往陷入混乱和不置可否。

(四) 道德情感显现出冷漠旁观

中国传统社会人际关系呈现出由近及远的格局差序特点,人与人之间的交往是一种由己及人、由近及远的模式,人们习惯于将熟人社会的道德情感应用于处理陌生人之间的关系,使人与人之间的关系充满温情和友善。而消费文化是以最大限度地刺激消费欲望为基石的日常文化样态,在这样的价值背景下,通过金钱、消费的中介作用,陌生人之间基于利益攸关的需要而建立起了彼此既相冲突又相依赖的紧密关系。在利益驱使下,熟人之间甚至亲人之间的情感纽带也逐渐让位于金钱、利益。熟人社会逐渐被陌生人社会所取代,亲情、爱情、友情逐渐被冷漠无情所遮蔽。人们一方面普遍对这种"唯利是图"的社会冷漠感到失望,对他人的"麻木不仁"横加指责;一方面又不断提醒自己及家人要谨遵"事不关己,高高挂起"的处事原则,避免"惹祸上身"。正是这种"但求自保"的陌生人心态,消解着社会的凝聚力和信任度。而在消费指标的诱导下,赚钱成为人们最大的追求,消费产品的"日新月异"带动了整个社会的快节奏,人们忙着赚钱、忙着消费、忙着交际……忙碌成为人们显示自己成功的最显眼标尺,也成为消费社会景观中人们生活的一大特点。这种快捷的生活方式使时间成为最奢侈的东西,人们没有时间享受生活,没有时间与家人交流,没有时间陪同老人孩子,造成了诸多的"奈特尔家庭"(NETTEL FAMILY: Not Enough Time To Enjoy Life)(无暇享受生活的家庭)。生活在这样家庭的孩子父母习惯于用消费的方式处理生活中的一切问题,包括雇人照顾孩子的一切。虽然孩子的物质生活条件优越了,但由于缺少与父母的共处尤其是缺少父母的精神关爱，孩子在这样的生活模式中不仅习惯于以"买卖"来满足自己的各种需要，而且易于形成一种片面的价值观：金钱可以解决一切。同时通过消费所营造的舒适生活环境，易于养成孩子做"伸手阶级"的习惯，影响了他对责任、勤劳、孝敬等美德的理解和判断，造成其"索取型"人格。在这样的生活环境中，青少年一方面难免受到多彩多姿物质世界的吸引而追逐物质享受，弱化了其精神需求；另一方面在人格成长中遭遇多重冲突性价值观的困扰，学校教育的无力、父母教育职责的缺位都使孩子面临着价值抉择困境。在媒体的超级展示功能作用下，世间友爱与丑恶同时展现眼前。当宽容、友善遭遇欺骗、冷漠时，失望、挫败与愤慨等各种复杂情感纠结于心，消磨着青少年的道德感，影响着青少年的道德判断，尤其在面对陌生人的需要时，是提供帮助还是选择旁观、是付出爱心还是漠然视之？让他们难于决断。而在司空见惯的"弱势群体"面前，他们因无法判断真伪往往选择冷眼旁观。事实上，社会他人彼此之间的交往模式也在影响着青少年对人际关系的看法，社会环境的整体陌生感和冷漠性使青少年群体面对他人的困苦时能够心安理得、泰然处之。情感冷漠不仅反映在与陌生人关系中，甚至熟人世界或家人之间，也常常如此。所以，在抱怨今天的青少年无情的同时，不妨先反思一下我们的社会环境、家庭环境给孩子带来了什么。

（五）道德方式呈现出务实化倾向

消费文化使整个社会演变为一个交易的大市场。在消费价值主宰下，人与人之间的关系无论熟悉还是陌生都简化为一种交易关系。金钱也因此成为编制现代社会关系网络的"蜘蛛"，人们之间的联系面虽然扩大了，但交往的程度却变得短暂而功利。金钱本是联系陌生人之间的纽带，当这种纽带演变为一种普遍的人际关系网络基础时，不但强化了人们之间的陌生感，也使熟人之间产生了疏离。利益关系使人们之间既相互依赖又相互戒备。电视网络等媒介的复制和重现功能及广告效应，强化了青少年"一切皆可买卖"的商品观念。这种观念影响甚至主宰着他们的生活态度及人生观念。公共道德标准在个人利益的空间中难以找到现实支撑基础。在这样的社会背景下，传统的道德践行手段逐渐被消费化的方式所取代。青少年通常倾向于以金钱、物质的方式表达自己的友善、爱与同情等道德情感。捐款捐物成为学生表达善意的最基本的途径。这种单纯以金钱物质为载体的道德方式实际上是一种与情感无涉的道德方式，很难触动孩子们的道德情感，引起心灵震动，反而以"捐款捐物多少"为评判道德水平依据的做法，易于弱化道德的神圣性，将道德价值量化为金钱物质的价值而将青少年的道德行为异化为商品，导向功利性目的。

消费文化影响下青少年道德观的特点，构成了青少年道德教育的起点。唯有深入分析和揭示青少年道德观的时代特征才有益于探求有效的道德教育策略，寻求学校道德教育贴近实践、贴近生活的改革之路，促进青少年道德观的健康成长。

三、消费文化对青少年道德观的消极影响

（一）消费文化的商业性消弭着青少年的道德感

消费文化是一种以消费话语建构和解读生活意义的价值系统，本质上是一种商业文化，遵循的是通过激发人们的无限购买欲望以获取资本增值的商业逻辑。在这种商业价值观影响下，一方面排斥个人主义的传统道德观受到挑战，追求自我利益获得了合法性；另一方面在经济利益驱使下，商家、媒介通过各式各样的促销策略和广告，劝导、创造着人们的购买欲望，强化着消费对人们生活的主宰作用，使消费主义价值观逐渐蔓延并深入人心成为支配人们购买行为的主导力量。尤其是"超前消费"生活方式的推广使享乐主义价值观普及化。部分人将追求高消费、奢侈消费视为炫耀自我品味和社会地位的主要方式，追求享受，追求奢侈消费、追求自我利益成为他们的人生价值追求。

同时，市场机制的先天缺陷和监管机制的不完善又使一些不劳而获、得过且过的投机者获得了生存的土壤，消解着人们对"利他"、"奉献"等主流价值观的信心。在消费文化的自利性价值观主导下，人们的自利意识空前膨胀，自利与利人之间因缺乏有效的对话机制而导致社会信任危机，这种危机侵蚀着人与人之间的善意，使得人与人之间关系变得冷漠而紧张，甚至仅仅是一种交易关系。以消费方式解决生活中的各种问题成为一种普遍的模式，致使任何东西都被贴上了可交易的标签。商业规则的泛滥使有的人在他人生命面临威胁时，索取救助的价码，见义不为、见死不救、灾难旁观现象屡有发生。而这种现象通过电视网络等媒介的反复呈现使人们由起初的愤怒、不平到后来的冷眼旁观，道德感也在一点点地被消磨掉。同时在金钱驱使下，有人不惜利用社会公众的同情心和善良意志，骗取钱财，甚至谋财害命，无私救助者反被诬陷等，

都极大地伤害了社会公众的道德情感。在良莠难辨的"求助"日常化面前，社会群体一方面产生了"同情"疲劳，一方面由于对是否"骗局"的难以判断而选择了旁观，从而加剧了人际关系的紧张和社会群体的冷漠，导致社会信任危机，社会整体道德感渐趋弱化。"司空见惯"、"明哲保身"成为人们"冷眼旁观"的理由。在这种"旁观者"的社会氛围中，学校的道德教育显得苍白无力，青少年在学校教育中所获得的主流道德观在尚未定型之时就被社会现实所消弭了。

消费文化的商业性以一种日常生活文化样态渗透到人们生活的方方面面，不仅培养着人们的消费意识，服务意识也深入人心。在"一切皆商品"的商业逻辑支配下，服务即商品。服务的目的在于完成交易，实现利润。这种功利化的服务机制改变了人与人之间的真实社会关系，呈现的是一幅程式化、标准化的貌似亲密的模拟人际关系。职业化服务标准使各行各业的从业人员都戴上了一幅职业面罩，不管内心情愿与否，只要在其岗位上就得带上服务者的微笑面具，博得消费者的青睐，换取高利润。人们的真实情感流露空间被挤压，真诚的人际关系在消减。真诚、关爱、尊重、信任逐渐被虚伪、冷漠、自私、敌视所取代。人与人之间的物理距离在不断缩小，但心理距离却日益拉大。"言不由衷"使得人们之间充满了猜忌与戒备。在社会信任严重缺失的背景下，拒绝和排斥陌生他人成为学校提升学生的自我防范意识、达到自我保护目的的主要方式。正如有学者所说："以往的教育强调引导儿童对陌生人要礼貌、友善，现在的教育几乎神经质地引导儿童戒备、警惕，甚至敌对陌生人。"[①] 学校将"社会他人"简单地视为社会的恶是一种夸大陌生人危险的倾向，不仅暗示学生将自己的施德对象局限于熟人社会，也深刻地影响着学生对陌生人的态度，易于抑制青少年与陌生世界交流的愿望，造成青少年适应陌生社会通道的堵塞，影响青少年的社会适应力和与陌生人的交往能力，造成青少年生存能力的不足，某种程度上也强化了社会信任危机和道德生活的贫乏。

（二）消费文化的符码化造成青少年道德观的内在冲突

消费文化遵循的资本逻辑，是通过赋予商品不断翻新的符号意义，将人类有形无形的各种欲求集结于丰富多样、琳琅满目的商品之中，以激发人们的无

---

① 高德胜：《道德教育的时代遭遇》，教育科学出版社2008年版，第101页。

限购买欲望，获取最大经济利润。消费成为一种符号化的系统操控活动，也由此成为一种交流体系，一个明确意义的交流过程，是语言的等同物。人们通过与作为符号的商品发生关系，进而与他人发生关系，如此才能真正进入社会系统。正是通过商品的符号编码系统，消费文化将公众的身份、地位、认同等与其所消费产品的符号价值联结起来，建构并主宰着人们的日常生活和社会秩序。在商品符号的操纵和浸染下，个人欲望的合法性被重建。人们力图通过无止境的消费活动追逐消费符号，彰显自我价值。消费因此由满足人们需求的工具演变为目的本身。由于人的欲求是变化不居的，必然刺激着商品的不断推陈出新、更新换代，流变性成为符号消费的显著特征；而任何一种商品所标示的符码意义都是个体依据自我经验及自我价值系统对所指涉商品进行的一种个性化理解和诠释，因而具有个性化和想象性。个人本位的价值观为个体不断膨胀的欲望提供合理性支持。人们的价值理念、处世态度及道德准则等也随之变化。消费符号的"能指"差异成为区划社会阶层的天然指标。各阶层之间因为消费等级造成的生活方式、价值标准的巨大差距难以在短时期内消除。这种"先天"差距会通过代际"遗传"给下一代。青少年家庭出身的"天然差别"使他们在同样的教育环境中却处处体会和感受着"差别"待遇，就业危机又使"教育改变命运"遭遇现实冲击。付出与得到之间的失衡使许多青少年对"公平"的内涵产生了茫然。在"我买故我在"的理念驱使下，消费成了部分青少年证明自己存在的价值和意义的主要方式。而商品符号意义的享受性、流变性、想象性等使青少年的价值认同趋于物质化、碎片化、幻想化。消费符号区隔的不同群体之间价值观念、生活品质的反差又使青少年因从学校教育中所习得的主流道德观念难以找到现实基点而产生深层的焦虑和迷失，在现实生活情境中青少年的认知性道德观与其意向性道德观之间往往存在冲突。

（三）消费文化的夸示性使青少年的道德观趋于平庸

按照费瑟斯通的观点，"文化渗透的"消费，"涵蕴了个性、自我表达及风格的自我意识和消费者的品味个性与风格的认知指标"。[①] 消费成为炫耀财富、展示自己的金钱、财力和社会地位及这种地位所带来的荣誉和声望的主要途径。消费文化的这种夸示性特征使个人的主体意识被激活并在消费中得以不断

---

① ［英］迈克·费瑟斯通著：《消费文化与后现代主义》，刘精明译，南京译林出版社2000年版，第126页。

强化。在消费文化主宰下，以往由单一文化主导的同质性社会文化结构被打破，社会的包容性、开放性、民主性空前增强，人们可以自由地、平等地选择自己的生活方式和生活态度，并通过个性化的消费生活制造着"我者"与"他者"的差异，以证明自我、表达自我、彰显自我。与此同时，消费文化通过其夸示性功能不断地塑造着人们的虚假需求，以其特定的消费话语系统将人们的"自由"消费选择置于无形的商业控制之下。在消费文化的软操纵下，人们多维、多层、复合的需求均被简化为消费需求，试图通过平面消费满足生命体的立体化需求。尤其在影视网络等媒介的推波助澜下，人们别无选择地接受着商品符号的诱导与驯化，商品的符号价值系统成为诠释地位、品味、格调、时尚、幸福的话语系统，将人们对生活意义、生命价值的追求普遍寄托于消费符号，致使人们的多元需求淹没于符号影像的虚幻模拟中，一味模仿高消费群体的生活方式，使个体失去了对生命本真的把握与追求，人们的生活世界趋于物质化，生活方式趋于平面化，精神追求趋于庸俗化。

消费文化的符码化、夸示性、流变性正好迎合了青少年的求新、求异、求变的心理需求，也为青少年对抗成人权威、展示自我个性、缓解学校压力提供了便捷有效的途径。追星、追逐名牌、追求时尚、新潮、流行等成为当下青少年展示自我风格的主要方式，也构成其现实生活的基本内容，无论物质需求还是精神需求、心理需求，似乎都可以通过差异性的商品得以凸现，金钱似乎也成为践行道德、表达善意的主要符码。这使得青少年的生活模式完全消费化，习惯于以消费标尺和消费模式处理人际关系，将生活品质与消费水平相挂钩，将自我价值与消费符号相联系，其道德观也呈现出扁平化、平庸化的趋势。

（四）消费文化的多元异质性使青少年难以达成道德共识

消费文化凸现的是一种张扬个性、强调差异性的价值观。人们通过不同的消费品证明自己，体现自己的社会身份和地位。这种"存同求异"的价值观瓦解着社会的同质性结构。多元与差异成为城市、乡村、社区、邻里生活的共同特征。这种"多元并存"的理念不仅影响着人们的生活方式，也影响着人们的精神追求和道德观念。道德也越来越成为个人的事情，道德的包容性空前扩大，社会公共道德的基准线呈现出多样化的趋势。人们在道德信仰、价值判断、生活方式选择等方面共性标准的淡化使得人的类本质发生异化，社会以个人的形式存在，集体的社会功能难以形成，公共道德观不易形成。同时，消费文化是一种被制造文化，媒体、广告等在导引人们的消费态度和价值观念中起着决定性的作用。消费文化倡导的是个性自由，消费者个性化的追求不仅是促进商品不断更新换代的动力源，而且是促进人们的价值观念和生活质量标准变化的基础动力。在这一过程中媒体、广告通过花样繁多、新鲜刺激和突破常规的视觉效果抓牢人们的眼球、抢占人们大量的休闲时间而不断混淆着人们的判断，"芙蓉姐姐"、"凤姐"的火爆不仅改变和改造着人们的价值判断标准，而且搅乱了是非善恶美丑的界限，造成社会价值观的错乱。使得处于成长中的青少年面临着前所未有的道德选择复杂情境，多元异质的道德观念并存导致青少年公共道德认同困难，使青少年道德观陷于无所适从的窘境。

（五）消费文化使教育陷入公共性危机

消费文化是一种价值观念及其支配下的行为实践的综合体。消费文化不仅构成了青少年道德成长的外在环境，也构成了学校道德教育的社会环境，通过对学校的教育理念和教师的教育观念的影响而影响着学校道德教育。在消费主义、享乐主义价值的渗透中，消费资源的范围空前增多，时间、空间、空气、水、绿色、宁静等等过去唾手可得的资源现在都变成了需要花钱购买的奢侈品。似乎生活世界的所需所想，皆可通过购买、消费的方式得以实现。如此以来，"金钱万能"的生活观念也随之被传播与推广，无形中腐蚀着学校的办学理念和教师的职业操守。为了获得经费支持，学校所坚持的传统教育价值瓦解，教育发生了质变，失去了原有的教育品味，沦为自由市场的一种商品。不同价码可以购买不同规格和档次的教育，使金钱成为教育过程的主宰，教育平等蜕变为"金钱面前人人平"。[①] 为了赚取外快，某些公立学校在职在编的教师压缩或减少上课内容，通过私下办补习班等方式，将公共教育资源商品化，有偿为学生授课，师生关系亦因此蜕变为交易关系。学校道德教育所传递的主流道德观因缺乏现实支持而脱离学生生活实际。青少年所参与的社会生活实践中难以获得与主流道德观相契合的体验，因此无法将学校道德教育内容真正内化进自己的道德系统而使学校道德教育成为一种与己无涉的形式化教育，甚至仅将其视为一种学科教学，使学校道德教育难以取得预期效果。

[①] 潘艺林：《消费主义能减少"教育不平等"？》，金生鈜主编：《教育：思想与对话》，教育科学出版社2005年版，第125页。

四、消费文化蕴含着丰富的德育资源

消费文化作为一种时代背景,是人们无法回避和逃逸的宏观生活环境,对社会各子系统均会产生不同程度的影响,在解构着既有社会文化秩序的同时也在建构着新的社会文化秩序,推动着社会运行机制的更新与发展。教育作为社会专门的育人系统和文化传播系统,培养的是能够适应社会并能够创造社会的富有时代精神的年轻一代,因而,贴近生活、关照生活是学校教育的应有取向。这意味着传统象牙塔式的封闭办学模式已不能满足创造性人才培养的需要。因此向社会开放、正视社会文化尤其是社会亚文化,在解构、剖析、批判性分析的基础上发掘社会非主流文化中的积极价值,并以主流价值观统整各种非主流价值观,在濡染而非强制的教育过程中实现对学生的教化成为学校教育的本然责任。消费文化作为消费社会中解读人们社会生活的价值系统和话语系统,包含的不仅仅是消费主义价值观,也蕴涵着丰富的市场道德和消费伦理等道德资源,正是依托这些道德资源对社会交往和市场秩序进行着有序的调节和维护,发掘和应用这些道德资源是学校教育提升其回应社会能力、培养符合社会所需要人才的当然选择。然而,就目前的学校德育实践看,消费文化被作为一种消极文化形态而加以批判和屏蔽,使得青少年学生因在学校中所接受的道德教育无法有效调节其现实生活困境而对学校道德教育持怀疑甚至否定的态度。因此消费社会背景下学校必须转变封闭德育理念,将学校置于社会大系统中,在理性审视消费文化的基础上,变"堵"为"疏",将消费文化中积极的德育资源整合进学校德育系统,以提升学校德育与现实的契合度及对实际生活的解释力和调节力,在实质意义上增强学校德育的实效性。

(一)消费文化的误读

"消费文化是同消费社会的整个机制相融合的文化"①,突出的是商品世界及其结构化原则对理解当代社会所具有的核心地位。作为消费社会中的文化,消费文化既包含了把无节制的消费、无度的享受、无止境的消遣当作人生的终

---

① 余璇、陈晓端:《消费文化语境下教师角色的嬗变》,《辽宁师范大学学报(社会科学版)》2007年第3期。

极意和最大幸福的消费主义价值观,也隐含着平等、公正、诚信等积极健康的消费伦理和道德法则,是塑造和解读现实生活世界的社会文化力量。然而,一直以来由于受意识形态等因素的影响,理论界多将消费文化视为资本主义发展的消极产物而加以批判与排斥,导致消费文化的社会支持性功能难以发挥。

1. 将消费文化等同于消费主义

普遍的一种观点是将消费文化等同于消费主义。消费主义是以不断创造和刺激人们的消费欲望为取向的价值系统,这一价值系统"把无节制的消费、无度的物质享受和无止境的消遣当作人生的最大意义和幸福,它使人改变着长期积累下来的高尚道德价值观念,把消费水平当作衡量人的尊严、贵贱、荣辱的尺度"[①]。消费主义遵循的是经济主义逻辑和享乐主义逻辑,前者主张人的一切活动皆是经济行为,经济发展是自我幸福的唯一源泉,后者认为欲望的满足即为幸福,而这两者依托的指标均为消费能力,因而金钱消费成为人生最终目的,导致人的异化。

从这个意义上看,消费主义价值观是一种消极价值观,无疑应予以批判和修正。但消费文化是消费社会中人们整个生活实践的抽象反映,涉及社会生活的方方面面,因而不只包括消极价值观,也包含了大量积极价值观,比如自由、平等、诚信、自主等价值观,亦是消费活动中人们自然而然地达成的道德共识。因而将消费文化等同于消费主义的观点无疑是片面的。而且从生成逻辑看消费主义并不必然是消极的。人们通过消费活动满足自我需要、组织社会经济生活的过程是立足于既有的社会文化根基之上的创造性过程,必然会受到特定社会文化和伦理道德的规约而使其获得社会合法性。消费主义虽然过度强调自我利益和自我享受,但这也是对传统生产性社会中清规戒律长期对人性的压抑、对世俗利益忽视抗议的产物,一定程度上具有人性解放的意义。正如费瑟斯通所说:"消费主义虽然带来了商品的过度膨胀,但这并不意味着神圣性被遮掩覆没了。若我们能注意到在实践中的商品所具有的象征意义,那事情就一目了然了。"[②] 同时,社会系统本身具有自我调控功能,社会压力是道德价值

[①] 刘济良:《论消费文化对青少年价值观的消极影响及其教育对策》,《信阳师范学院学报(哲学社会科学版)》2002年第3期。
[②] [英]迈克·费瑟斯通著:《消费文化与后现代主义》,刘精明译,译林出版社2000年版,第177页。

的重要支柱。"新价值观从不抽象地到来，它们往往与具体的情况、崭新的现实以及新的世界理解一起到来。"① 消费主义对社会既有结构和秩序所产生的威胁必然催生新的社会伦理道德和价值规范，以约束和制衡消费主义的泛滥，将其消极作用限定在可控范围之内，避免其对社会秩序造成破坏性影响。

2. 将消费文化视为浪费主义文化

该观点认为消费文化是一种崇尚浪费、奢侈、过度铺张的文化观念，是资本主义社会为了刺激经济无止境地增长而推广的一种浪费主义生活方式，并以"不消费即不道德"的经济伦理为其披上了社会合法性外衣，致使消费不再是满足人们需要的过程，而成为生产、表达和实现人们无止尽的欲望的过程。诚然，消费文化本质上是一种市场文化，商品的符号化演进是市场追逐利益的自然结果。商品的符号化使商品具有了表意性功能，生产商、广告商、媒介人等将象征手法融入商品的设计、生产、制作和宣传中，建构起商品与人的内在欲求表达间的关联机制，商品符号价值的不断拓展和象征意义的不断升级不断创造和激发着人们的购买欲望，"我买故我在"使消费者成为欲望的接受者和体验者。以拥有标示不同品味的商品符号凸现和竞争社会身份、地位催生了炫耀性消费、面子消费、攀比性消费，人们陷于"购买情结"难以自拔。正是在此意义上，马尔库塞指出丰裕的物质财富成为奴役人们强有力的工具，在这种工具的操纵下，人们将"虚假需求"当作"真实需求"去追逐，使人们最终沦为物质的附庸而呈现出畸形化、单维化的人。② 这一观点看到了消费文化所反映的物质主义商品符号对人们真实生活的操纵和禁锢所带来的威胁和危害，是建立在消费的"使用"、"耗尽"、"用光"的内涵基础上的。事实上，消费文化中的消费突破了作为生产之终结的"消耗"、"用尽"之内涵，而衍变为人们根据自己的目的对物品进行转化的方式，具有了"生产"和"再生产"的意义，西莉亚·卢瑞正是从这个意义上说："一件物品的使用或挪用，通常既是消费，又是生产；既是破坏，又是生成；既是解构，又是建构。"③ 消费并不必然意

---

① ［美］艾伦·杜宁著：《多少算够——消费社会与地球的未来》，毕聿译，吉林人民出版社1997年版，第102页。

② ［美］赫伯特·马尔库塞著：《单向度的人——发达工业社会意识形态研究》，刘继译，上海译文出版社2008年版，第6—7页。

③ ［英］西莉亚·卢瑞著：《消费文化》，张萍译，南京大学出版社2003年版，第1—2页。

味着浪费和耗尽,而成为人们根据自己的喜好、品味等自主组织、建构自我生活世界的一种主流方式。事实上消费文化作为社会建构和调节系统,在鼓励商品生产和消费的过程中也在保护和生产着稳定的社会秩序系统,通过合法品味、分类原则、等级制度与行为得体等潜在价值标准指示着何种群体以何种方式消费何种商品,维护着社会系统的有序发展。正是从此意义上说,"今天的消费文化既不表明某种控制出现了失控,也不表明它是某种更为严厉的控制,而是既掌握了正式控制又把握着解除控制、并在两者之间轻易地转换交切的一种弹性的、潜在的生成结构"①。

3. 将消费文化视为消解性文化

该观点是从文化的消费维理解消费文化的,认为消费文化"不仅指成为商品的文化产品在生产和突出程度上都得到了提高,而且还指大多数文化活动和表意实践都以消费为中介,消费也越来越多地包含了符号和形象的消费。因此,消费文化标示着消费不再是一种效用或者使用价值的简单实现,而是变成了符号和形象消费,其着重点在于有能力无穷无尽地重塑商品的文化或象征层面,使它更适合充当商品符号"②。因而指出文化的碎片化和过度生产是消费文化的核心特征。这一观点是基于消费对文化领域的渗透可能对既有文化秩序所产生的消解性影响的忧虑而提出的,认为消费社会中的文化是碎片化的符号与形象飘移不定的大杂烩,这种没完没了的符号游戏破坏了经年不衰的象征意义和文化秩序的基础。真实的实在转化为各种影像,时间碎化为一系列永恒的当下片断,致使历史感丧失;碎片化的符号与影像难以组织和链接成一种意义叙事,成为一种无序的仿真影像堆砌,成为一种"无深度的平面文化"。而符号与影像的不断翻新和稀奇古怪的混杂成为承载人们当下情感的流行文化的主要元素,高雅文化与流行文化的边界模糊,文化的完整性、系统性、神圣性、高雅性被消解,出现了文化骚乱与失序,使人们面临前所未有的价值选择困境。这种观点看到了消费文化作为一种社会整合机制给社会既有结构和文化秩序带来的冲击,其立论的依据是认同和肯定既有社会结构、社会价值及文化秩

---

① [英] 迈克·费瑟斯通著:《消费文化与后现代主义》,刘精明译,译林出版社2000年版,第39—40页。
② [英] 迈克·费瑟斯通著:《消解文化》,杨渝东译,北京大学出版社2009年版,第105页。

序的合理性。然而传统文化秩序是建立在文化与日常生活相隔离的文化等级制基础上的，文化的神圣性取决于该文化的普及程度和拥有的人群多寡。高雅文化由于其稀缺性和为知识分子或艺术家之类的精英群体所拥有而被置于神圣地位，而生发于普通公众日常生活的市井文化、平民文化、流行文化因其大众性特点而被置于文化底层。文化层次差异也成为社会分层的重要指标，成为人们身份定位的隐性标准，是社会等级化结构生成的文化依据，使社会大众难以享受到优秀的文化成果。而消费文化通过商品的符号化模糊了高雅文化与大众文化的边界，使高雅文化有了更宽泛、通达的表现渠道和反映方式，获得了向经济资本和生活世界转化的通途，使普通社会公众有更多机会享受到优秀的文化成果，而且驱动着知识分子与艺术家们创作更多文化精品以维护其文化精英的权威角色和优势地位；同时，消费文化对风格化生活方式的强调，使人们就像生产、设计、制造和使用艺术品、意念或符号一样通过象征设计手法将高雅文化融于建筑、服饰、休闲、餐饮等领域，使高雅文化惠及更多受众而获得更为丰富的社会生命，成为涵养和升华人们精神境界的重要资源；此外消费者通过富有文化内涵的商品的自由选择组合表达自我，标示自己的身份与品味，通过艺术化地使用商品来创造自己心仪的生活方式，也使日常生活富有了文化内涵和审美意义，提升了普通公众的整体生活品质和生命价值。消费文化表层的破坏、消解引发的文化失序实质上是一种深层的社会建构与整合，从这个意义上讲，消费文化是一种文化创生与整合机制。

（二）消费文化所蕴含的德育资源

据上分析可见，植根于商品经济的消费文化因包含着消费主义价值观而对既有社会结构和秩序具有破坏与解构的一面，但作为消费社会的社会整合与调节机制，消费文化也是一种新型的社会建构性力量，其中所蕴含的积极价值观念和伦理资源使其成为一种不可或缺的道德教育力量。

1. 消费文化蕴含的消费道德和消费伦理是现代德育内容的重要构成

从社会学的视野看，消费文化生发于消费社会，是人们依托消费活动来表达某种意义或传递某种价值系统的符号体系。与纯经济学意义上的消费符号不同，消费文化所指涉的符号体系表达、体现或隐含了某种意义、价值或规范，不仅是暗示、劝导人们不断消费的价值指示系统，也是规约人们的消费行为、维持市场秩序的价值规范系统。因此，从消费文化的价值构成上看，既包含了消费主义价值系统，也包括了消费伦理、消费禁忌、市场道德等积极价值规范，这是由消费文化的市场逻辑所决定的。因为消费文化本质上是一种市场文化，市场交易追求的是"自我利益最大化"，与之相对应的消费文化是一种"需求导向"的文化，通过不断赋予商品新的象征意义和符号价值，建构起商品和消费者身份、地位之间的内在关联，以不断激活和创造消费者源源不断的需求，实现利益的最大化。从这一意义上讲，消费主义价值观是消费文化的本然构成。与此同时市场经济是一种秩序经济，而道德是市场秩序不可或缺的粘合剂。一方面市场经济使人与人之间的依赖程度空前增强，个体的自我利益实现总是与他人利益或群体利益密切关联，盲目放纵自利必然导致市场坍塌，个体利益受损。"人们于是以一种道德的方式遵从着各自获利的驱动力，温和、正直、可靠、诚信和愿于做出妥协便成为在市场上取得成功必不可缺的美德。"[①] 市场道德由此生成；另一方面在市场经济活动中，"实物商品及其生产、交换与消费，需要放在一个文化母体中加以理解"[②]。商品的生产、交换、消费都必然受到特定社会文化传统的规约，形成特定的市场规范、交换伦理和消费道德。这些源于市场经济的消费道德和伦理规范不仅是引导和规范人们消费行为的价值系统，是调节消费社会中各种社会关系、维护社会秩序的重要机制，也是学校道德教育内容的重要构成。

2. 消费文化作为一种社会整合机制不断创生着社会新道德

道德是以善恶标准调节人与人之间关系的规范总合，在不同的社会发展阶段，会有不同的道德要求。生产社会与消费社会的显著区别在于前者是以生产为核心、后者是以消费为核心建构社会关系和生活模式的。与之相适应，生产社会文化强调对工作的投入与执着，生产的目的是为了使用，因而强调产品的适用性、耐用性，相对地勤劳、本分、节俭、淡泊、仁厚等生活伦理深入人心；而消费文化更为看重的是商品的文化内涵，强调的是意义消费，即商品所表达或标示的社会身份、文化修养、生活风格等符号价值或象征意义是激发人们不断消费的动力源泉。在消费社会中人们的身份、地位和自我价值不再是从

---

① ［德］米歇尔·鲍曼著：《道德的市场》，黄承业译，中国社会科学出版社2003年版，第10页。

② ［英］迈克·费瑟斯通著：《消费文化与后现代主义》，刘精明译，译林出版社2000年版，第123页。

熟人评价中或直接人际交往中得以确证的，而是通过购买具有标示功能的商品符号来实现的。这意味着消费社会中熟人之间的直接交往与合作日渐弱化，而以市场或商品为中介的陌生人之间的间接合作与交往成为主流方式，由此产生的新型社会关系和人际交往已不适用于熟人社会中的亲情伦理、人情法则等情感道德来调节。消费文化是一种倡导"自利"的文化样态，市场经济社会的陌生性、动态性、流变性使得人与人之间的联系缺乏稳定性和持久性，促使个体基于维护和保障自我利益的目的去反思消费活动中的人己权益关系和消费需要，从而达成普遍道德意向，催生了具有普遍约束力的道德规范，互利、互惠、共赢等基础道德价值取向成为基本追求。正是这些道德规范的约束和保护，才能促成原本相互漠不关心的人们在市场上的非人格化情形中进行有益的交换。这些源于新型社会关系的道德规范不仅丰富了社会道德系统，也推动着社会道德的不断与时俱进，增强了社会道德对现实生活的调节力。这种新道德惟有通过学校教育才能向未成年学生甚或全社会推广与普及。

3. 消费文化对消费者身份的塑造促进了青少年的道德社会化

建立在市场逻辑基础上的消费文化是一种崇尚自由、个性的风格文化，它以彰显和主张消费者充分的自由权益为前提，"以宽容、主动、民主的姿态鼓励人们追求个性化、风格化的生活方式，为生活方式的选择提供了民主、平等的空间，因而具有民主和解放意义"[①]。这种价值取向通过营销商将青少年学生定位于"最耀眼的消费明星"实现对青少年学生的渗透。一方面通过对青少年群体消费自主权的主张来塑造"可利用的孩子"，使其成长为"在任何文化情境中都可以有所贡献的人"[②]；另一方面通过鼓励社会参与体验，支持青少年学生自主选择能够表达自我、显现自我风格的商品，以展示青少年的独特性。在消费文化的型塑下，被赋予消费者权力的青少年学生，随着其独立消费者身份的建构，追求独立、要求自主也成功地植入他们的头脑。他们不再满足于以父母为中介的代理消费模式，更多地要求以亲自参与、自主决策、自主消费模式来确证自我。而"社会参与体验直接影响着人们的社会认同感和自我认

---

① 任凤琴：《消费文化语境下学校教育民主之反思》，《当代教育科学》2009 年第 19 期。

② Daniel Thomas Cook．*The dichotomous child in and of commercial culture*，*Childhood Copyright*，2005 SAGE Publications．London，Thousand Oaks and New Delhi，Vol 12 (2)。

同感，影响到人们对自我与群体或社会的关系的定义和态度。在这个意义上，消费活动乃是一种社会语言、一种特定的社会成员的身份感的确认方式"[①]。青少年在消费实践中追求的已不再是简单的商品与服务本身，而是商品所具有的标示功能和消费过程中所获得的独立自主意识，在消费活动中，他们原有的社会身份地位差异模糊了，每个个体在消费活动中都得到同等的对待、同样的尊重，个体的自主意识得到张扬，自我表达的需求得以满足，作为社会人的合理性不断得到强化，公平、自由、民主、尊重等也由此深入人心。正如罗吉斯所说的，青少年绝不仅仅是一个生理发展的阶段，而是一个获得有效参与社会所必需的态度和信念的过程。[②] 在消费文化所营造的宽松、自由、开阔的社会环境中，青少年通过时尚化的消费来表明自我存在的价值和理想，在自主参与的消费活动中，体验和感受着有别于主流价值观的各种世俗化价值规范的影响力，这为价值多元背景下青少年道德成长提供了丰富的反思资源及现实支持。"就传授美德而言，实践比任何理论课程都更加有效，后者只能起到补充性作用。"[③] 良好的市场秩序和积极的消费体验不仅能引起青少年对特定商品或品牌的偏好，更重要的是可以增进他们对市场道德和消费伦理的体悟和认同，促进其道德社会化。

4. 消费文化关照日常生活的世俗取向为道德教育的生活化回归提供路向支持

消费文化属于生活化文化样态。一方面通过文化渗透赋予了物化商品精神意义和符号价值，不断激活和创造人们的购买欲求；另一方面通过将作为人类智慧结晶的文化产品商品化，使处于"尊贵"、"神圣"地位的文化产品通过消费渠道走进世俗生活，实现文化资本向经济资本的转化。消费文化之所以能够获得迅速发展就在于它通过消费符号架起了物质世界与精神世界的桥梁，改变了生活实践中物质需求与精神需求相割裂的状况，实现了日常生活中工具理性与表意性的协调与平衡，使人们的不同层面的需求皆可以在市场中找到对应

---

① [法]尼古拉·埃尔潘著：《消费社会学》，孙沛东译，社会科学文献出版社 2005 年版，第 2 页。

② [美]多萝西·罗吉斯著：《当代青年心理学》，张进辅、张庆林译，湖南人民出版社 1988 年版，第 6 页。

③ [德]赫尔穆特·施密特著：《全球化与道德重建》，柴方国译，社会科学文献出版社 2001 年版，229 页。

物，可以通过消费途径得以满足。正如马克思所说，消费社会就是一个一切精神的或物质的东西都变成交换价值并到市场上去寻找最符合它的真正价值的评价时期。① 非物质产品进入消费领域撼动了精神产品不可交易的定律，使人们信守的某些价值观念发生了颠覆，生活方式发生改变，一方面越来越多的社会公众借助于特定的物化商品或金钱来表达自己的善意善心，"原心不原迹"的传统务虚道德观也逐渐被"借迹表心"的务实道德观所取代。另一方面请客吃饭、赠送礼品、集体聚餐、联谊等消费式人际交往活动成为密切人际关系、增进彼此感情、提升群体凝聚力的常规方式，其中所蕴含的交往规则、秩序伦理既涉及亲人、熟人关系，也涉及陌生人之间关系，为人们的真实生活提供世俗化价值关照。

消费文化是一种商业文化，其获得发展的基本条件是对消费者个人利益的积极主张。在这一逻辑支配下，生产商和营销商一方面通过提升商品的品质、设计理念和包装精美程度等赋予商品特定符号价值，建立起商品与特定消费群体的特殊需要、审美情趣相契合的文化联结，以满足消费者身份、品味的需求；另一方面通过优质的消费服务使消费者获得"上帝"的身份及待遇。这种"消费者至上"的价值理念实质上是对个人利益合法性的主张，打破了社会本位价值理念一统天下的局面，个人利益得到普遍尊重和认可。但这并不表示消费社会中没有公共利益或可以以个人利益取代公共利益。从人类的社会性本质看，他人是自我生存的条件，每一个个体既要对自己负责，也要对他人负责，这是社会得以存在和发展的条件，也是自我利益得以实现的根基；从市场经济的本质看，它是以尊重私有财产权为基础的社会合作经济，植根于市场经济的消费文化最终要建构和维护的是一种基于私人权益保护的契约经济和秩序经济，这是社会公共秩序和公共道德生成的基础。但建立在自利基础上的公共道德更强调道德的基础性、互惠性。与圣贤道德相比，这种世俗化、生活型的道德因其惠而不费而更易于被社会公众接受和普及。这为学校道德教育向世俗生活世界回归提供了实践支持。

学校德育旨在培养具有社会所需要品格的人才，因此社会所需人才标准是学校教育培养人才的尺度，消费社会所需要的人才素质应是当下学校教育的基本育人目标。而我国学校教育一直是一种与社会相割裂的封闭人才培养模式，

---

① 《马克思恩格斯全集》第 4 卷，人民出版社 1973 年版，第 79—80 页。

圣贤人才的道德标准始终是学校德育的基本价值追求。道德高标虽然在塑造人的心灵、关照人的精神境界方面发挥了重要作用，但也因其过于超越普通学生的实际道德水平、脱离学生的真实生活情境、轻视个体的现实利益诉求而受到质疑，也因为学校所传递的真理化的道德规范无法为现实道德困境提供有效的行动策略而消解了青少年践履道德的自觉性。因而学校教育应在正视消费社会的基础上，改变单一理想道德取向的教育模式，充分发掘消费文化中的道德资源，合理安排理想道德与基础道德的教育内容比例，以生活化的方式改进德育方法，使道德教育真正焕发出活力。

五、消费文化背景下学校德育之改革路向

消费文化作为一种不可逃逸的时代环境，悄然浸入人们的日常生活，冲击着既有的社会道德观念和价值标准。对正处于道德观形成与发展阶段的青少年来说，这种冲突或矛盾性道德观念并存使他们陷入前所未有的价值混乱和无所适从的情境。如何帮助青少年走出困境，建构健康、积极的道德观是教育的本分也是学校的义务。

（一）反思：教育应保持公共规则与个性自由之间的张力

人的社会性本质决定了人是生活在群体中的，他人是自我生存的条件。即社会本质上是一个"我为人人、人人为我"的相互依存的共同体。这意味着每一个个体既要对自己负责，也要对他人负责；既对自己的生活品质负责，也对所属的群体的共同生活品质负责；既要自利，也要利他；既要追求自我价值，也要追求公共价值。这是社会得以存在和发展的条件，也是公共道德生成的基础。可见道德内在地包含着个人利益和公共利益的协调一致。而传统道德教育中，以社会公共利益为道德的基础，当个体价值和公共价值冲突时，要牺牲个体利益以保障公共利益。这种社会本位的道德观存在着以公共利益替代个人利益、以利他取代利己的倾向。按照利益驱动的原则，个体恪守道德的动力源于自己的利益需求。当然需求或指向物质或指向精神，反映了道德的不同境界。但道德的底线是利他能带来利己的回报。单一地以利他取代利己不符合人性实际，道德成为非常人可企及的理想人格的崇高要求。"存天理、灭人欲"的理念，将个人私欲视为天然的恶，将道德和私欲对立起来，将理想人格作为普遍

要求约束和规范人们的言行举止，尽管起到了培养和塑造一部分具有崇高人格的公众的作用，但也因为对个人利益的敌视而消解了更多普通人践行道德的愿望和热情。

而在消费社会中，基于利益交换的需要，人与人之间的相互依赖空前地增强，尤其是陌生人之间的联系与交往变成了生活的基本模式。陌生人之间的联系甚至超过了熟人之间。陌生社会正在取代熟人社会。同样协调熟人社会关系的"人情"法则正在退出社会舞台，规则和契约成为调控陌生社会的主要手段。法律和道德是最基本最重要的规则。而法律作为刚性规则仅从底线的角度约束和规范人们的行为，往往以损害性后果为法律责任依据，却很难触及人们的心灵，无法激发人们"利他"的情怀。而道德本质上是一种以"利他"为取向的规则系统，旨在限制人的自利性，调动人性向善的光辉，促成社会良知和社会公德的生成。但法律意识和道德意识并非自发生成，需要有目的地引导。而在这一个过程中，教育大有可为。但教育必须进行反思，应适应社会生活的时代变迁，改变传统教育中单一社会本位的道德取向，正视个人利益的合法性，应在公共规则和个性自由之间保持合适的张力，转变以公共利益取代个人利益、以公共规则压迫个人自由的教育取向，以公共规则协调群体权利和个人权利，使道德教育由神圣化、理想化走向世俗化、生活化，在内容选择上更关注青少年的个性自由，更贴近青少年社会生活实际，使他们在社会参与体验中反思，在反思中获得道德成长。

（二）正视：消费文化的裹挟中教育应坚守公共性

消费文化不仅构成了青少年的成长环境，也构成了学校教育的价值环境。在消费主义价值观的裹挟下，学校也发生了变异。一是学校的育人理念发生了异化，育人价值趋于功利化、短视化。学校教育为了适应和满足市场需要，强化对学生的知识和技能培养，注重分数和升学率，将学生的品德发展置于次要地位，甚至可有可无的地位。而且学校道德教育普遍采用一种知识化的教育教学方式，重视各种道德规范的正面灌输，缺乏道德批判思维的培养。这种教育一方面使学生在复杂的道德情境中凭借既有的道德标准和道德经验难以作出判断和选择而出现道德观混乱甚至迷失；另一方面也会因为学校所传递的主流道德观念遭遇社会现实的冷遇，或者说在现实生活中，学校所主张的主流道德观对社会矛盾与冲突缺乏足够的解释力和调解力而弱化了青少年对学校道德教育的信服力。

同时，为了抵制外来的消极影响，学校将"社会他人"简单地视为社会的恶，拒绝和排斥陌生他人成为学校提升学生的自我防范意识而达到自我保护目的主要方式。学校教育中存在着夸大陌生人危险的倾向，这不仅暗示学生将自己的施德对象局限于熟人社会，也深刻地影响着学生对陌生他人的态度，实际上是一种有害于学生人格健康的做法。这种教育容易抑制青少年与陌生世界交流的愿望，造成青少年适应陌生社会通道的堵塞，影响青少年的社会适应能力和与陌生人的交往能力，造成青少年生存能力的不足，某种程度上也强化了社会信任危机和道德生活的贫乏。

二是师生关系发生了异化。在纷繁复杂的社会环境中，青少年生活的常态组织是学校，其道德建构通常是以教师为榜样而形成的。教育实质上是师生之间基于一种"成熟差"而形成的一种不对等的传承与引导关系。教师作为"先知者"处于权威的一方，学生作为"后知者"处于弱势的一方，其终极目的是促进人的全面发展。但在消费文化背景下，学生与教师之间成了教育的消费者和供给者。"顾客即上帝"理念的支配下，教师与学生的传统关系被颠覆，演变为一种消费与服务的关系。教师由强势的一方变为弱势的一方。"学生至上"、"以生为本"的教育理念被曲解为"学生说了算"，一切以学生的需求为指向，至于学生的需求是真实的还是虚假的，是发展性的还是暂时性的，不予考虑，而教师的评价取决于学生的满意度。使教师陷于被动地位，对自己的角色定位出现模糊，对自己的职责认同出现偏差，教师教学目的仅为满足学生的需要，并以此获得自己的发展。使教育"促进人的发展"的功能受到削弱甚至偏离轨道。

所以面对消费文化的影响，教育不应排斥而应正视。在消费文化的裹挟中学校应坚守教育的公共性和人文性，坚守教育的育人操守，发挥教育对社会文化环境的改造与优化作用。在解构消费文化的基础上重新认识其内涵，在培养学生自我保护意识和教会他们正确而有效地与陌生人打交道之间保持平衡。避免夸大一端而制约另一端能力发展的现象出现。这不仅是提升青少年学生客观正确地认识社会和适应社会的能力的要求，更是培养青少年关心、爱护他人，具有抵御和消解社会冷漠、仇视的公共道德品质的必然要求。使学生明白消费文化作为一种社会客观环境，我们无法逃避只能面对，多元价值并存是消费社会中的一种常态，以积极进步的道德观整合协调多元异质的价值观是自己的使命，也是促进社会环境良性发展，消除消费文化的负向功能的必要途径。

学校要在市场浪潮中寻求准确定位，保持教育的公共性，不仅需要学校自身的努力，更需要政府和社会公共组织的政策引导和积极投入，需要营造健康积极的教育氛围，需要不断加强教师队伍建设，提升教师的社会地位和福利待遇，同时要通过政策法规进一步规范和约束教师的职业行为，提升教师的职业素养和师德修养，使教师在商业大潮中、在消费大战中能守护自己的职业操守，真正背负起育人的艰巨使命。

（三）改革：学校道德教育内容应关注和贴近社会现实

消费社会是一个人们一向认为不能出让的东西甚至德行、爱情、信仰、知识、良心等最后都变成了可以交换和买卖的对象的时期，是一个普遍贿赂、普遍买卖的时期，或者用政治经济学的术语说，是一切精神的或物质的东西都变成交换价值并到市场上去寻找最符合它的真正价值的评价的时期。[①] 消费的本质不再是为了满足某种实用性的需要，而是为了确证自我，使自我形象与所购买商品不断相契合。消费不再是生产的继续，而成为主宰生产、拉动生产的动力因素。同时也成为解构和重建社会关系的主要方式。即在消费社会背景下，消费已成为一种积极的建构关系的方式，人们的身份认同已不再依靠所属群体的成员资格，而是依托自己与他人在所消费的物品上的差异来确立自己在社会秩序中的位置及与他人的关系。这构成了学校教育的社会大环境。学校必须正视这种社会变迁给人们社会生活带来的显著影响，人们的生活方式、价值观念、群体意识等都与传统社会有了突出的差别，这构成了今天学校道德教育的宏观背景。学校道德教育不能无视或回避这种变化，而应将其纳入教育框架，进入教育分析和研究的范畴。所以在道德教育内容选择上必须结合这种社会现实，使教育走进学生的生活世界，贴近学生的生存实践，提升道德规范与社会现实的契合度和解释力。基于对学生现实生活世界的关注与关心的教育内容不仅能够引起学生的兴趣，而且由于这种教育是以学生参与体验的现实生活为关注点，因而易于触动学生的内心世界使其自觉反思并在反思中形成自己的道德观和人生观。

（四）澄清：帮助学生确立正确的道德观

消费文化作为一种社会亚文化，其本身存在着不可调谐的悖论，如一方面消费文化支持消费主义价值观，即以等价交换原则和商品逻辑来处理一切问题，追求享受与奢华，提倡享受人生、享受生活，隐含着个人主义、享乐主义

---

① 《马克思恩格斯全集》第 4 卷，人民出版社 1973 年版，第 79—80 页。

和浪费至上的价值追求；同时，消费文化也内在地包含着人际之间的相互依赖性和平等、自由、正义等价值原则。消费文化本质上是一种以平等交换为前提的交换文化，其前提是消费者或者交换者拥有交换的自由和意愿，而且在公平、公正的交换或消费环境中才能实现自由消费。这些相互矛盾或冲突的价值观构成了消费文化的复杂价值体系。而这些相互对立甚至冲突的价值观造成了青少年价值判断的迷惘和困惑。因此，学校教育应帮助学生澄清价值观，在批判分析中不回避矛盾，将道德冲突展示给学生，启迪学生在不同的道德情境中反思各种价值观的道德意义，并在对不同价值观念主宰的行为后果的比较中，澄清是非善恶美丑标准，以确立自己的道德观。

（五）践行：鼓励学生在社会生活实践中依据自己的道德观行动

道德教育的终极目的是培养人们自觉的道德行为。而这种道德行为不是道德认知的必然结果，而是在体验中实践的结果。正是因为由知到行有着一段相当的距离，因而才会有"知行脱节"或"知而不行"的现象，这也正是教育不能单一地强调教授，更重要的是要培养践行道德的行为动机和行为自觉。这需要通过不断参与到现实生活情境，在参与中反思道德，在反思中再次确认自己的道德观，并能坚持依据自己的道德选择去行动，在行动中进一步强化自己的道德观。所以，学校教育应为青少年学生提供更多的道德参与平台和实践机会，在复杂的现实生活中，在冲突性道德情境中引导学生积极进行道德批判性反思，并在反思中使自己的道德观更加明确，鼓励学生依据自己的道德观念而行动，真正实现由道德认知到道德行为的顺利转化。

（六）强化：在道德参与体验中坚定自己的道德信念

青少年的道德观是一个由外而内的建构过程。道德观一旦形成便支配着人的行为。尤其当我们的经济生活的游戏规则发生改变时，孩提时代反复被灌输的价值观对人们如何组织自己的私人生活往往产生着出乎意料的影响。可以说，青少年阶段所形成的道德观可能对自己的整个人生产生着深远的影响。尽管个体道德观的形成是多种因素综合作用的结果，但学校作为专门的教育机构对青少年道德观培养承担着不可推卸的责任。除了将社会核心道德观念传递给学生之外，更重要的是要培养学生依据这种道德观行为的能力和自觉性，使青少年在实践中不断强化自己的道德观。所以，学校在道德教育方式和手段上要进行变革，一方面转变道德教育观念，避免将道德教育的职责狭隘化，仅视为班主任或政教老师的职责，而应将道德教育目标视为学校教育的首要目标，使学校的全部工作都贯穿道德教育目标，所有的教育工作者均是道德教育主体，营造积极健康的校园道德环境，为学生的道德成长提供全方位的支持和帮助；另一方面学校教育要面向社会、联合社会、走入社会，关注社会各种现实问题，积极为学生提供各种参与社会实践的平台和途径，让学生在参与社会实践中体验和反思。在反思中得到启迪，并使自己的道德境界得到升华。此外，学校要利用校园网络、校园广播、刊物等媒介，建立关于道德问题讨论的专门论坛，让大家把自己在实际生活中所遇到的各种价值冲突、困惑与难题放到论坛上大家共同讨论，在讨论中滤清道德观，并坚定自己的道德信念，以此指导自己的生活实际。

第三章　炫耀性消费与中学生的自我认同

随着消费社会的到来，人们的物质生活获得了极大的丰富，消费一改传统作为生产终结环节的角色，而成为人们建构自我生活世界的主要方式和途径，也因此成为贯穿于人们整个生活世界的一种需求。对物质财富的依赖使人们或多或少的患上了"物欲症"，即人们对商品具有一种不可抑制的欲望。而信息技术的日趋发达也使人们的生活方式发生了根本改变，电视、电脑、杂志等媒介信息逐渐渗透到了人们的日常生活当中，使人们的生活世界具有三维特征：一方面是生活世界，即人们亲历的现实生活场景；另一方面是虚拟世界，是现代信息技术和媒体所制造的影像世界；第三维是现实世界的影像呈现，即通过信息技术和媒体将远距离场景发生的事件再现于人们的眼前，拉近人与人之间的物理距离。在这样的环境中，人们的眼界空前被拓宽，不再是仅仅关注自己的生活领域，也时刻与他人共处于同一场景中，时刻关注着他人也时刻被他人关注着，相互的比较与竞争也不可避免。加上媒体对人们消费欲望的不断激活和对消费主义生活价值观的包装、传播与推广，都加剧了人们的消费竞争。"当我的邻居购买了新的商品，我自己的福利水平就下降了，原因很简单，我落后了。为了避免这种下降，我也必须去买这个新产品，这样我就可以跟上了。"① 物欲上的攀比与竞争导致了部分人价值观的扭曲，即不是依据自我内在标准来创造自己的生活世界，而是依据他人的标准来建构自己的生活，于是比较优势成为他们竞相追逐的目标。如此以来，炫耀成为这些人消费的一个重要目的，炫耀性消费也因此成为人们建构自我概念、标示自我身份与地位的重要指标。对于处于自我同一性形成关键性的青少年学生来说，这种无疑会对他们的自我认同和自我概念形成产生显著影响。研究和分析这种影响是消费社会中促进青少年学生自我同一性健康发展的必然要求，这正是本研究的意趣

---

① [美] 比尔·麦吉本：《消费的欲望》，朱琳译，中国社会科学出版社2007年版，第24页。

指向。

在消费社会这一时空环境中,消费也成为中学生实现社会化、建构自我身份、形成自我认同的基本途径。在这一过程中,消费文化作为一种隐性控制系统,对中学生的自我概念建构发挥着至关重要的作用。而消费文化所蕴含的冲突性价值系统也成为影响青少年健康成长的"风险因素",尤其是消费主义价值观所推崇的"炫耀式消费"方式,已随着消费文化的广泛传播而渗透到人们的日常生活方方面面,这对于人生观、价值观尚不成熟的青少年学生来说无疑是一种消极影响因素,易于导致其形成享乐主义、拜金主义取向的人生观和价值观,影响到青少年学生的人格发展。为了消除或避免炫耀性消费对青少年健康发展可能带来的消极影响,本研究在理性梳理、分析炫耀性消费的内涵基础上,采用问卷调查和访谈的研究方法,以青少年中的核心群体中学生为研究对象,调查了解目前中学生消费活动中存在的炫耀性消费状况及其特点,揭示招致这种炫耀性消费的内外动力因素,以期提出有效的学校教育策略,通过学校提供契合学生实际的教育内容和方法,提升青少年学生的价值判断力和正确的行动力,引导学生形成理性的消费观,以在健康、理性的消费活动中建构自我概念,促进自我同一性的完成。

一、炫耀性消费与自我认同

(一)炫耀性消费

1. 国外关于炫耀性消费的研究

炫耀性消费最早出现于19世纪早期发展起来的浮华主义生活方式中。社会上层阶级依仗自己高贵的出身,轻蔑大众,通过构建示范性的生活方式来煊赫自己的身份地位,他们试图通过在休闲活动中使用奢侈消费品,向社会公众展示自己的显赫地位,让自身看起来很"高雅"或"有修养",利用物质商品来维护和炫耀他们的社会权威地位。① 自此以后,炫耀性消费逐渐作为象征社

---

① [英]迈克·费瑟斯通:《消费文化与后现代主义》,刘精明译,译林出版社2000年版,第97页。

会身份和地位的生活方式而被人们所青睐和追捧,也引发了学界的关注。

首次把炫耀性消费引入公众视野并上升到理论层面的是美国著名经济学家凡勃伦,他在1899年出版的专著《有闲阶级论》中首次提出炫耀性消费这一概念,为后来人们研究炫耀性消费提供了理论基础。并据此提出了"凡勃伦效应",即商品价格定得越高就越能引起消费者的青睐,越能畅销,指的是消费者对一种商品的需求程度因其标价较高而不是较低而增加,反映了人们进行挥霍性消费的心理愿望——富人们常常通过炫耀性消费来显示其拥有较多的财富以及较高的地位。他的研究表明在这种炫耀性消活动中,人们消费的目的不是单纯的想要得到某种物质,而是想要获得物质所标示的象征价值,以满足自己的攀比性心理需求。正是基于此,才会出现商品的价格越高,消费者反而越愿意去购买的怪现象。凡勃伦将这种消费称之为炫耀性消费。同时,凡勃伦还研究了炫耀性消费的动机,指出炫耀性消费的两种动机:一种是金钱竞赛,一种是歧视性对比。这两种心理动机的直接目的都不是为了商品的使用性,更确切地说是为了获得对商品的"独占性"来显示自己的富足和比他人更为优越的社会地位,以使其获得心理上的满足。[①] 在炫耀性消费过程中,金钱只是作为一种工具或媒介而存在,商品的价格也只是消费的一种衡量标准,炫富心理才是其根本目的。凡勃伦也研究了炫耀性消费的传播途径,指出:"在现代文明社会中,社会各阶级之间的分界线已经变得越来越模糊,越来越不确定,在这样的情况下上层阶级所确定的荣誉准则很少阻力地扩大了它的强制性影响作用,通过社会结构一直贯穿到最下阶层。"[②] 1950年,哈维·列宾斯坦从经济学的角度依据消费的动机,从产品的功能性与非功能性划分标准出发,进一步探究"凡勃伦效应"的根源,揭示了炫耀性消费对于非功能性需求所产生的外部效应。[③] 20世纪中期,经济学家杜森贝利以分析收入与消费的关系为切入点,提出了著名的"相对收入消费理论",他认为消费者会受到自己过去的消费习惯和周围的消费水准的影响而决定消费,因此消费是相对决定的。据此指出人们之间的消费行为是相互影响的,存在着互相攀附的倾向,指出攀比性消费是炫耀性消费的一个显著特点,为进一步研究和判断炫耀性消费提供了相应依据。

20世纪60年代,伍兹进一步探究炫耀性消费的消费动机,并从认知的角

---

① 孙春晨:《符号消费与身份伦理》,《道德与文明》2008年第1期。
② [美]凡勃伦:《有闲阶级论》,商务印书馆1964年版,第67页。
③ 许璐:《炫耀性消费的动因分析》,浙江大学,2011年。

度，指出人们的消费行为很多情况下是受情绪以及商品背后的象征意义所暗示或支配出现的，他认为商品的象征性意义以及炫耀性消费带给人们的感知声望要比其功效重要得多。继伍兹之后，格拉布和格拉思沃尔于1967年首次将自我概念的心理建构与商品的象征性价值联系起来。[①] 此后，卡梅奥和珍妮基于此理论，指出了商品的信号价值的强弱与消费者购买此种商品的人数成反比，通过炫耀性消费行为区分了从众者和势力者。佩森多夫通过大量的实证研究，从时尚周期出发来探究时尚在炫耀性消费中所起到的作用，从对日常生活用品的时尚性追求来提出判断炫耀性消费的衡量标准。[②]

当代消费社会奠基人布迪厄从商品的符号象征意义的角度出发，认为炫耀性消费是一场符号的斗争，是消费者调动各种资源以便将自己与其他消费者区隔开来的行为，对物质和文化消费品的选择所体现出来的品味和生活风格，构成了人们的社会地位得以区分的符号和象征。[③] 布迪厄从商品的符号的象征性意义出发，通过揭示商品的符号性及其信号价值来建构自我概念。

关于炫耀性消费的实证研究始于19世纪30年代，加拿大经济学家约翰.雷首次从实证研究的视角研究了炫耀性消费的概念，他从虚荣心的角度解释了炫耀性商品的性质和效用，指出欲望以及虚荣心是导致炫耀性消费产生的首要原因。[④]

从西方的研究来看，炫耀性消费的研究从最初对资本主义上升时期上层社会的炫耀性消费现象的关注，到后来对炫耀性消费所进行的理论研究，揭示了炫耀性消费的符号化本质及其动机，为符号消费理论的形成奠定了基础。但这些研究更多是从社会学的角度，透过社会生活实践揭示炫耀性消费的一般规律及其共性特质，而对其如何影响和作用于不同人群的价值观念和内在结构缺乏应有的分殊关注。

2. 国内关于炫耀性消费的研究

国内关于炫耀性消费的研究首先从中国传统文化的根基中寻求动因。叶楚华的研究表明，在"面子"文化的濡染下，中国人无论是贫穷还是富有，花

---

① 袁少锋：《参照群体对炫耀性消费行为影响机制实证研究》，《辽宁大学》2008年。
② 许璐：《炫耀性消费的动因分析》，浙江大学，2011年。
③ 王宁：《消费社会学》，社会科学文献出版社2001年版，第52—81页。
④ 沈洁、郑玉香：《炫耀性消费理论及研究方向》，《经济与管理》2011年第3期。

"大钱"还是"小钱",很多时候不是出于实际需要,而是出于面子心理,"面子消费"成为中国人消费的一大特色。朱晓辉也从中国儒家文化特色出发,探究了当代中国人奢侈消费的动机。他的研究表明中国人的奢侈消费主要出于两类动机[①]:一是个人内在的消费动机,即随着社会的进步与发展和人们整体受教育水平的提升,人们的眼界越来越开阔,人们也越来越注重生活的品质。从这个角度看,很多人高消费、追求品牌,是因为这些产品本身包含的科技含量较高,适用和美观程度都远远优于一般的商品,反映的是人们对消费品的质量和品质的追求。二是社会消费动机,是外在于人的消费动机。因为人是社会性动物,每个个体都是社会公众之一,因而融入社会,获得他人的认同是个人作为社会成员的基本需要。因此,人们在消费时往往选择比较流行的产品,通过消费使自我获得群体归属感;与此同时,个体在获得群体归属感的同时,也希望自己在这个群体中是"与众不同"的。消费社会中一般可以通过对富有个性的、优越性的消费品的消费来凸现自己在群体中的优势地位。从这一角度可以说奢侈消费是人们引起社会关注、建构外在自我的一种方式。莫少群认为炫耀性消费和竞争性消费不仅会影响到社会阶层之间的和谐,也给各个社会成员带来较大的心理压力,导致普遍的社会焦虑和社会排斥。他从关照中国社会实践的维度在中西方消费理念的比较中,指出贫困、温饱、小康、富裕的共存,满足基本的生存需要、追求炫耀性消费、奢侈性浪费的"共时性"是中国社会消费领域的一大"特色"。[②] 尽管我国社会大众的消费力随着收入水平提高而不断增长,但奢侈性消费、排他性的过度占有消费在大众中还缺乏物质基础,也未形成普遍的市场。这种具有消费主义特征的消费主要出现在一些高收入群体或称为"精英"阶层,他们是当代中国社会中的消费主义的实践者。而且他研究发现尽管这种炫耀性、奢侈性消费还没有成为一种普遍现象,但也呈现出由高收入阶层向其他社会阶层扩展之势。

郑玉香、袁少锋和高英在研究炫耀性前置影响模型时,指出了商品的象征意义和参照群体的重要性,其研究结果显示了商品的象征性意义对地位消费有

---

① 朱晓辉:《中国消费者奢侈品消费动机的实证研究》,《商业经济与管理》2006年第7期。

② 莫少群:《当代中国的消费主义现象:消费革命抑或过度消费?》,《南京师大学报(社会科学版)》2012年第4期。

着显著的正向影响。① 蔡美萍从大学生的角度出发，对参照群体在大学生炫耀性消费中的作用进行了进一步的探究，指出在大学生中间，参照群体对于其炫耀性消费的产生有着重要的影响。② 杜佳玲以一般生活形态和名牌服饰购买为市场细分基础，探讨了台湾青少年的服饰炫耀性行为；指出在购买市场上，青少年对于一般生活形态的追求主要集中在对服饰、食品、休闲娱乐等消费品中，在对这些消费品的关注中，青少年会不知不觉的出现炫耀性消费行为，其中参照群体的影响是值得深入探究的。

朱继光在研究炫耀性消费的过程中，指出了在青少年的群体中，炫耀性消费不仅是一种虚荣消费，而且这种消费注重商品的符号价值而非使用价值，消费的目的是为了通过突出人与人之间的差别而获得一种心理上的满足和社会的认同。与此同时，他还指出了炫耀性消费产生的两种归因，一种是内因，青少年成长过程中对于价值观的不确定性以及其成长过程中的心理扩张，是产生炫耀性消费的原因之一。另一种是外因，也就是外部环境包括学校、家庭以及社会因素对青少年的影响，其研究为我们探究炫耀性消费的动因提供了理论依据。③

孙春晨从符号学研究视角指出："炫耀性消费是符号消费强化身份伦理的另一种表现形式。炫耀性消费是指主要为了夸示财富而不是满足真实需求的消费活动，这种消费的动机是谋求某种社会地位。它指向的往往不是物本身，而是物所承载的地位、身份、品味等，即物的符号价值。"④ 从炫耀性消费与个体的关联性来看，炫耀性消费在社会和文化的意义上塑造了消费主体，并由此找到了将单个消费者整合到社会认同中的媒介。即人在满足情感生活需要的同时，还需要得到社会的认可。借助奢侈品消费代表的品味，可以与同类彼此认同，互相欣赏，从而不再感到孤单，获得一种安全感，并在一定程度上摆脱空虚和焦虑。⑤

---

① 郑玉香、范秀成：《炫耀性购买行为的社会心理动因与管理启示——基于中国文化背景的多角度解析》，《北京工商大学学报》2011年第3期。
② 王志章、陈云龙：《新炫耀性消费对当代大学生消费的影响研究》，《中国青年研究》2010年第2期。
③ 陈旭：《虚荣特性、金钱态度对大学生炫耀性消费倾向影响的实证研究》，《厦门大学》2009年。
④ 孙春晨：《符号消费与身份伦理》，《道德与文明》2008年第1期。
⑤ 郑玉香、范秀成：《炫耀性购买行为的社会心理动因与管理启示——基于中国文化背景的多角度解析》，《北京工商大学学报》2011年第3期。

可见，炫耀性消费实质上是一种阶层分明的消费指向行为，是人们为了突破或者维护自我社会地位而进行的消费活动，是一种竞争性的消费。以往关于炫耀性消费的界定都集中在经济学、社会学领域，研究对象也大都是社会中的成年人。本书所指的炫耀性消费是指中学生在日常消费活动中，对于消费内容、消费方式以及消费水平进行刻意的炫耀，在群体中刻意追求与众不同以及倾向于对商品的独自占有，满足其虚荣心并获得群体归属感的一种心理需求的消费行为。

(二) 自我认同

1. 国外关于自我认同的研究

自我认同属于心理学范畴的概念，所以关于自我认同的研究属于心理学论域的主题。国外关于自我认同的研究主要用于阐释人们的意识建构、行为选择及对于价值的追求过程等。最早对自我认同进行研究的是美国著名的精神分析学家埃里克森，他从适应性、发生学、人体结构以及动力学特征上来分析自我认同的结构及其内涵，指出自我认同是指个体在寻求自我的发展中，对自我的确认和对有关自我发展的一些重大问题，诸如价值观、人生观等的思考和选择。并从精神分析学的角度出发，提出了自我认同的"内部归因"理论，认为自我认同是一种复杂的心理现象，是一种对"我是谁"问题答案的探寻，受到个人所处文化背景的影响，在客观上它保证个体与社会道德有效地整合，在主观上则表现为生活的意义感和方向感，具有自我导向的目标意识。他认为青少年时期是自我认同积极建构的关键时期，青少年的自我探索以及自我预期实际上是对"我想要成为什么人"的理想自我的建构，同时，将集体作为青少年自我认同的重要归属条件，他人及社会的认同会使青年人倍受鼓舞。[①] 中学生正处于埃里克森所谓的青春期阶段，正是自我同一性容易出现混乱的时期，此时社会整体环境和集体在中学生自我认同的过程中扮演了十分重要的角色。

吉登斯从社会学的视角，运用结构化理论阐释了自我认同，使自我认同理论获得超越性发展。他认为自我认同是个人依据其个人的经历所形成的，是对自我的一种反思性理解。认为自我认同具有能动作用，在人们创造生活、进行

---

① [美]杰弗里·阿内特：《阿内特青少年心理学》，段鑫星等译，中国人民大学出版社2009年版。

自我反思的同时，也会受到外部环境的制约。据此，他提出了三个重要的结论：第一，人是社会性动物，在社会实践过程中，人们通过与他人之间能动性的互动，通过个体内在的参照系形成自我反思，最终使自我意识与行为和谐的结合在一起；第二，自我认同强调对"我是谁"的探究，个体具有不断发展的社会属性，当自我的思想与行为不一致的时候，自我认同能使自我发展产生动力，这不仅对自我塑型起到了重要作用，更是触动个人社会性发展的重要因素；第三，自我认同的核心是自我的反思与调节，是个体能动地寻求创造的结果。当个体在新的情境中，遇到新的问题的时候，可以通过自我认同来对内在的认知结构进行同化和顺应，以使自身形成稳定的人格特质。[①] 同时他在其经典著作《现代性与自我认同》中指出："自我认同是个人依据个人的经历，反思性地理解到的自我。"[②] 它是一种"反思性觉知"，不仅仅指个体动作系统的连续性，更强调对自我的反思解释的连续性，是一种在个体的反思意识中被创造和维系的东西。显然，吉登斯非常注重反思在自我认同中的作用，认为个人的自我认同必须建立在社会与个人的相互建构之中，指出理解自我是个人反思性自我认同的一个重要方面。

马斯洛关于自我认同的研究也主要建立于自我反思之上，强调关注他人眼中的自我。马斯洛根据吉登斯的自我认同理论指出，每个人都有倾听内在声音的冲动，每个人或多或少都有将内在自我显露出来的愿望，并希望通过他人的认同来获得"满足感"。他格外关注儿童和青少年对于外界环境，尤其是其爸爸妈妈以及其他权威者的"声音"的反应，认为儿童青少年由于过于在意外在"声音"而容易忽视内在的自我。绝大多数人都十分在意他人眼中的自我，当青少年分辨不出是非对错的时候，他人的意见对他们就显得格外的重要。也正因为此他认为父母是影响儿童和青少年自我认同的重要外因。马斯洛的研究更为强调他人眼中的自我的同时，充分考虑了家庭对于孩子自我认同形成的特定意义和作用。

国外研究者将自我认同看作是人的内部动机，将自我认同看成是个人对于"理想自我"的追求以及反思在其中的重要作用，同时自我认同也非常注重他人对自身的看法，并通过与他人以及社会的交流来对自我认同进行建构。但是，对于日常消费活动中的自我认同没有过多的探讨，同时，国外对于自我认

---

① 姚上海、罗高峰：《结构化视角下的自我认同研究》，《理论月刊》2011 年第 3 期。
② 杨玉洁、赵岩：《自我在现代性条件下的形塑》，《学习与探索》2008 年第 6 期。

同的探究也主要是将青少年作为一个抽象的类群体进行理论抽象，对不同年龄阶段孩子的自我认同状况基于实证性的研究较为缺乏。

2. 国内关于自我认同的研究

国内关于自我认同的研究主要集中于三个方面：一是关于"我是谁"的探究。李寒梅、于海东通过对青少年自我发展和自我认同关系的研究，指出青少年自我认同的核心任务是建立自我认同感，本质上就是解答"我是谁"的问题。这个问题回答的好坏直接影响着青少年向成人期过渡。① 胡金生教授的研究表明自我认同的不确定性是影响青少年体会矛盾和危机的重要因素，指出自我认同的不确定性易于对青少年造成危害，导致对时间展望的缺失、社会活动的麻木、对亲密关系的恐惧等多种心理和行为问题。② 同时，他认为青春期中"假想观众"的存在是其重要的年龄特征，因此，青少年总是过高估计自己，常常觉得自己是他人注视的焦点。③

二是关于自我认同的形成机理研究。姚上海、罗高峰以吉登斯的结构化理论为依据，从心理学的视角，指出了自我认同的形成机理、性质以及价值功能，指出个体通过在生活实践中与他人和社会的相互影响，通过内在自我的参照系统而进行自我反思，通过不断丰富自身的思维想象来探求自我生命价值，寻求自我归属感，为回答"我是谁"、"我应该成为谁"之类的问题而不断建构自信心、自我尊严和价值感。④ 万增奎、杨韶刚基于阿奎诺等人对道德自我的测量研究，通过问卷调查的方法，研究分析了道德层面上的自我认同。它们依据阿奎诺的理论，从内隐与外显两个维度探究自我认同问题，指出内隐层面上，自我认同是判断个体是否将自我处在核心地位的一个标准，是"内在自我"；外显层面上，每个人都有自己的特质，人们都会希望通过在人际关系中展示自身道德特质得到他人的认同，故而时刻表现出"外在的自我"。⑤

---

① 李寒梅、于海东：《试论青少年的自我与自我认同》，《山东教育学院学报》2006年第5期。

② 胡金生：《自我认同确定性与心理和行为问题》，《中国健康心理学杂志》2009年第12期。

③ 胡金生：《自我认同确定性与心理和行为问题》，《中国健康心理学杂志》2009年第12期。

④ 姚上海、罗高峰：《结构化视角下的自我认同研究》，《理论月刊》2011年第3期。

⑤ 万增奎、杨韶刚：《青少年道德自我认同问卷的修订》，《社会心理科学》2008年第5期。

三是从社会学和文化学的角度探究自我认同问题。班建武学者从社会学的视域，以文化研究方法，运用符号学的理论，较系统、深入地研究了符号消费与青少年自我认同之间的关系，指出了自我认同是个体认同的一个部分，是一种内在的认同，青少年在认同自身的同时是作为一个独立的个体而存在的，人们消费商品，实际上是消费商品的所指，目的是实现一种自我认同，找到社会归属感，从而确立自己的阶层地位。① 这一研究直接为本书提供了理论借鉴。

本书中的自我认同是个人为了获得完整的自我同一性，一方面通过与他人的能动性互动，形成镜中自我，另一方面通过对自我的不断反思来获得反思性自我，最终形成稳定的心理特征的一种内化过程。

二、调查样本与分析思路

（一）调查对象

本书所指涉的对象主要是出于青春期面临自我认同困境的青少年学生。而这一年龄段的人群中，初中生是最具代表性的。初中生处在青春期早期阶段，其行为习惯带有很大的不稳定性和可塑性，处在这个年龄阶段的孩子无论是从生物学意义上还是心理认知方面及社会化方面都处于过渡期。斯滕伯格认为，这一时期他们对同一性的追求并不仅仅是为了获得一种对自我的个人感受，此外还需要得到他人及社会对他或她作为一个特殊而唯一个体存在的认同。② 意即这一时期的孩子面临着自我认同的矛盾最为显著，社会环境和人际关系及交往方式等都对他们的自我概念建构、自我意识形成及自我同一性的实现产生着深刻的影响。消费社会所带来的价值环境的变迁必然使他们在价值选择中面临空前的困境，帮助他们正确认识自我和理解他人与社会，实现自我同一性是学校教育应有的责任。基于此本研究将初中生作为研究和分析对象，以剖析消费文化影响下，中学生消费行为所存在的炫耀性特征，在揭示造成中学生炫耀性消费缘由的基础上提出教育引导策略，以帮助中学生实现自我认同的健康

---

① 班建武：《符号消费与青少年身份认同》，《教育学术月刊》2009 年第 7 期。
② ［美］劳伦斯·斯滕伯格：《青春期》，戴俊毅译，上海科学院出版社 2007 年版，第 13 页。

发展。

(二) 调查工具

本书通过解构炫耀性消费的概念,从消费方式、消费内容、消费水平以及消费动机四个维度来研究炫耀性消费与中学生自我认同的关系,一方面从"理想自我"建构的角度,探究炫耀性消费对中学生的"我要成为什么人"的角色所产生的隐性和显性的影响;另一方面从群体归属感的角度,探究炫耀性消费对中学生"镜中自我"所产生的影响。通过归纳中学生炫耀性消费的总体特征和心理基因,分析炫耀性消费影响中学生自我认同的机理,以寻求科学、有效的教育干预策略,使中学生在自我反思中实现自我同一性,形成健康积极的人生观与价值观。据此,笔者通过自编的《中学生炫耀性消费与自我认同调查问卷》,以辽宁省中学生群体为样本,抽取了辽宁省的丹东、大连、锦州以及东港四座城市的中学生作为调查研究样本,发放问卷210份,回收了210份,均为有效问卷。利用SPSS数据处理工具对数据进行统计处理和相关性分析,显著性在0.01—0.05之间。$r<0.3$ 表示低度相关;$0.3<r<0.7$ 表示中度相关;$r>0.7$ 表示高度相关。保证了本研究的科学性。

三、中学生炫耀性消费的显著特征

在消费型社会中消费成为生产的根源,也成为人们建构自我生活方式的基本手段。商品所呈现的不再是其使用价值,更重要的是其符号意义和象征价值,"品味"成为商品等级化的核心衡量标准,人们开始通过追逐标示不同品味的商品来凸现自我风格、煊赫自我社会地位,商品也由此成为区划社会阶层的潜在指标,炫耀性消费由此显现。可见,炫耀性消费不仅是一种阶层分明的消费指向行为,更是人们突破或维护自我社会地位的竞争性消费行为。通过这种消费行为,消费品带给人们的感知声望远比其实用功效重要得多,满足的不只是人们物质上的需要,更主要的是心理上的需求,深刻影响着人们的生活态度和价值观念。青少年由于其特定的年龄和心理状况而逐渐成为一个越来越显眼的消费者群体,他们在消费活动中更易于被消费文化所塑形,炫耀性消费不可避免地在他们身上打上烙印。对于他们而言消费不再是简单地购买商品和服务,更是一种自我认同和自我表达的手段。中学生处于自我认同发展的关键期，他们一方面急于通过模仿成人的行为方式来确证自我，以期摆脱成人的管束；另一方面又试图通过某种特立独行的方式赢得所属群体的认同，以树立自己在同伴中的权威地位，获得群体归属感。消费作为建构生活的主要方式无疑也成为中学生表达自我、建构自我身份的主要方式。然而，中学生的不成熟性又使他们在琳琅满目的商品面前、丰富多样的消费活动中缺乏理性判断，炫耀自我也成为不少中学生消费选择的内在动机，其消费行为凸显出以下特征：

（一）"面子"的消费

中国素有脸面文化，这种文化已渗透到人们生活的方方面面。消费不仅具有彰显自我身份的性能，也成为联结人际关系和密切人际情感的重要手段，而消费的层级化亦成为区划人们身份角色的无形标尺。成人世界的交际规则被中学生简单地移植到自己的生活世界。节日聚会、请客吃饭、送价值不菲的生日礼物等成为目前中学生人际交往的主流方式。如在"你觉得有必要为了有'面子'而消费么"这一问题的回答上，选择"有必要"的有50位同学，约占23.8%，他们认为"有'面子'才能让别人尊重你"；而选择"可能有必要"的74人，约占35.3%，他们觉得"面子"是中国人的普遍特点，"只要是中国人都会要'面子'的"，而选择"没有必要"的学生约占40.9%。可见，近六成的学生认同"面子"消费的合理性。同样，在回答"对于'出手大方'的同学你怎样看"的问题时，认为"这是好面子的一种表现"的学生有78人，约占37.1%，认同"想用这种方式与大家做朋友"的学生有66人，约占31.9%。从调查数据可以看出大约三分之一以上的学生认为"出手大方"是为了赢得"面子"，而"面子"消费的实质是为了凸显个体在特定群体中的优势地位，而另有近四成的学生认为这种消费是为了拉近与同学的距离，营造良好的人际关系，以获得群体归属感。可以看出，通过消费方式而拉近群体关系已成为普遍为中学生所认同和接受的观念，但"面子"心理使一些中学生或为了保全面子或为了赢得面子而不惜超能力消费，这不仅造成了经济上的浪费，而且在很大程度上会影响学生们在消费中的自我概念的建构，导致中学生自我认同的片面化或畸形化，易于将消费视为赢得他人肯定或认可的主要方式，进而将金钱交往视为人际交往的基本途径，致使金钱目标成为主要人生目标，使其价值观乃至人生观庸俗化、趋利化。

(二)"攀附性"消费

除了追逐面子,攀附性也是中学生炫耀性消费的显著特点之一。调查中,在问到"你会要求父母给你买最新的电子产品,只是因为你的同学都有吗"时,选择"会"的同学有175人,占到调查人数的83.4%;在回答"小明与其同学一起看到了大家一直都想要的航模,但是这个航模对于小明来说却很贵,这时周围的朋友都纷纷拿钱出来购买,你认为小明接下来会怎样"的问题时,选择"借钱买"和"回家一定要让父母买"的有79人,约占学生人数的37.6%,而考虑到价格因素选择"暂时不买,但心里非常想要"的有65位同学,约占调查人数的31%。可以看出,绝大多数中学生在消费中都视同伴为重要的参照群体,购买与同学相同或相似的商品是为了得到同辈群体的认同,使自己融入到同伴中去,攀附性消费是中学生消费的一大特征。

归属于特定群体是中学生普遍的社会需要。对于中学生而言,追逐购买同学们大多都认可或拥有的东西似乎是天经地义的,尽管这种东西也许并非自己所需,但它可能是自己归属中学生这一特定群体的标志或象征。劳伦斯·斯滕伯格的研究表明,参照群体是中学生完善其同一性的必要来源。中学生在消费过程中,通过选择与参照群体类似的消费活动使自己佩戴上了一枚"徽章",这枚"徽章"使中学生与其所属群体有了紧密的联系。① 也因此使他们获得了群体归属感。因为参照群体的出现,使其购买欲望突出,尤其是在同辈群体中,因为年龄阶层的特殊性,中学生尤其是初中生对同伴的意见较其他年龄段更为重视,有时甚至通过"同步消费"来处理人际关系问题。目前中学生在攀比消费中对于品牌以及电子产品的购买欲望不断升级,主要是受到同学的影响。

在问及"小明常常反思自己是否要进行过多的消费来'跟得上'其他的同学,以使自己与他人'合群',你觉得他这么想有必要吗"的问题时,有144位同学选择"有必要",约占调查人数的68.6%。当然其中有89位同学认为"有必要,但不一定非要这样做",而明确认为"没有必要"的同学有66人,约占调查人数的31.4%。从这一结果看,绝大多数中学生都希望通过与大家相一致的消费内容或消费行为使自己看起来符合群体"水准",以获得群体归

---

① [美]劳伦斯·斯滕伯格:《青春期:青少年的心理发展与健康成长》,戴俊毅译,上海科学院出版社2007年版。

属感。尽管有的同学会顾及自己的实际消费水平而不一定付诸行动，但从个人意愿来看，他们也认可以"消费水准"来确定自我在群体中的地位。如此以来，这种攀附性消费活动获得了某种社会语言的功能，而成为社会成员确认彼此身份的一种特定的方式，尤其是对于处在青春期早期的初中生而言，这种攀比性消费并非是要显示自己比他人强，而是为了获得一种群体归属感。攀附性消费可以强化他们对于参照群体的模仿，使自己看起来显得更"合群"，甚至通过这种方式获得同学之间良好的人际关系。这种参照群体效应运用得当，则能够对中学生的消费观产生积极影响，有助于中学生形成正确的自我认同。

（三）"独特性"消费

凡勃伦曾指出炫耀性消费存在的两种动机，即歧视性对比和金钱的竞赛。按照凡勃伦的观点，这两种动机具有一个共同的特性，就是通过消费来突出对商品的"独特性"的拥有从而确立自身的社会地位。尤其是对于处在青春期中学生而言，寻求一种独特而强烈的人格特质成为他们必不可少的成长经历，他们或多或少会通过塑造自身的独特个性来完善自我，从而确立在他人眼中的角色。本次调查中，在"你觉着购买进口食品会使自己看起来与众不同吗"问题的回答上，29位同学选择"会"，占调查人数的13.8%；102位同学选择"可能会"，约占调查人数的48.6%；选择"不会"的同学为79人，占总数的37.6%。究其原因，超六成的同学认为正因为大部分同学都不会购买才会显得自己与众不同。可见，进口食品已经脱离了其本身的功用而演变为一个凸显自我的强有力的符号，从调查数据可以看出有一半以上的中学生可能通过此种符号的独特性来强化自我，突出自身独特性。在"你会通过购买时尚物品来显示自己的与众不同吗"的回答中，选择会的学生有37人，约占总样本的17.6%；选择偶尔会的有73人，约占调查人数的34.8%；有100位同学选择了不会，约占调查学生的47.6%。从数据可以看出，值得庆幸的是中学生对于时尚物品还没有达到刻意追求的程度，仅有少部分学生对"是否通过购买时尚物品来显示自己的独特性"持认可态度，而另有三分之一的学生对这一点则持模糊的态度，说明这部分学生虽处于价值选择困境中，但内心依然倾向于这种炫耀性时尚观。而当被问到"你会刻意追求购买别人没有的东西吗"时，57位同学明确选择"会购买"，约占学生人数的27.1%；104位同学选择"可能会"，约占学生的49.5%；约23.4%的学生选择不会购买。这说明，处于青春期初级阶段的中学生，强调对商品"独特性"的消费成为部分学生凸显自我的重要方式。

消费文化影响下，中学生既迫切需要融入所属群体获得群体归属感，又急于证明自己的与众不同，赢得在群体中独立而特殊的地位。"面子"消费主要是为了赢得同伴的认同从而获得群体归属感，而追求"独特性"的消费则是为了凸显自我在群体中的特殊地位、获得自我在群体中特殊权威或彰显自我优越感。中学生这一群体的特殊性即在于一方面他们希冀通过选择和使用符合同辈群体身份特点的物品和生活方式融入参照群体中，获得群体身份。而另一方面，中学生作为即将成人的群体，他们又希望通过特定的消费活动摆脱不成熟的未成年人的标签，获得近似于成人的独立身份或个性。个性化的消费内容和消费方式也由此成为中学生突出自身个性、赢得群体中的个人权威的主要方式。而这种依赖外在的包装或刻意的表现形式而赢得的个性是不可靠的，如果不是出于内在的精神或价值追求而形成的物化的个性只是一种伪个性，必然会对中学生的自我认同产生误导，不利于健康的价值观的形成。

（四）"符号性"消费

在消费逐渐取代生产成为人们建构生活的主要方式之后，符号概念也迅速地渗透进消费活动中，商品的符号性标示着商品不再以其使用价值为目的，商品的象征意义、符号价值成为人们争相追逐的目标。正是因为商品的符号价值和象征意义使商品具有了区划功能，即依据拥有或使用具有不同象征意义和符号价值的商品，可以将人们区分为不同的层级，也由此获得了不同的社会身份和地位。也正是基于这一逻辑，在消费中，商品提供的信息知识是一种意指符号，炫耀性消费通过操作这些符号，使消费内容和消费行为成为确立自我身份的一个系统化过程。人们相信通过公开地消费具有象征意义的商品符号能够提升他人眼中自我地位的提升，从而赢得较高的社会身份地位。青春期的中学生更渴望通过商品的符号价值，确立在他人眼中的角色，以建构自己在同辈群体中的地位。

研究中对"你觉得去大型购物商场购物能显示出比他人生活质量高"和"你是否会去商场购物"两问题进行了相关性统计分析，研究结果如表3－1所示。

表 3-1　高品质生活与去商场购物的相关性

		去商场购物意味着能显示出比他人生活质量高	是否会去商场购物
去商场购物意味着能显示出比他人生活质量高	Pearson 相关性		.537
	显著性（双侧）		.004
	N	210	210
是否会去商场购物	Pearson 相关性	.537	1
	显著性（双侧）	.004	
	N	210	210

r=0.537

通过相关性统计，可以看出这两个问题呈现出中度正相关。说明在部分中学生看来，去商场购物是身份的象征，他们主要是从商场的符号象征层面来理解能否去商场购物意味着生活质量的高低。显然购物场所所具有的符号价值是部分学生在购物场所选择时所看重的。当问到"你购买高档衣服的目的是什么"时，约 29.0% 的学生选择"主要是为了穿给别人看"，约 39.5% 的学生选择了"主要是为了自己喜欢"，约 31.5% 的学生选择"既是为了给别人看，也是为了自己喜欢"。不难看出，三分之一的学生更为注重高档衣服所具有的炫耀功能，仅有四成的学生认为是出于自己喜欢，而另外三分之一的学生是继传给别人看，也是出于自己喜欢。这说明，在大多数中学生眼里，高档服装的符号价值更为重要，他们也将消费何种层次等级的商品看成是展现他们个人生活方式及品味的一种途径，将消费内容和场所作为展示自我的一个舞台，将欲望的满足及品牌符号的意义作为展示自我的一种手段，因为品牌的符号意义超越了消费本身而带有人们自身存在重新认定的意味。

在大众传媒的渲染和广告的再三诱导下，符号消费成为中学生展现个人生活方式及品味的一种途径，将消费对象和场所作为展示自我的一个舞台，品牌符号对于自我虚荣心的满足成为一些中学生炫耀性消费的内在动机。但由于学生身份的束缚使他们不能像成人那样宽泛地选择消费对象，所以大多中学生追逐品牌符号的对象为鞋帽、学习用具、手机之类的电子产品等，通过选择使用自己喜欢的明星代言或名牌产品融入某种小团体或树立自己在特定群体中的特殊地位等，获得他人眼中的自我影像，以形成自我概念。但这种通过差别性的消费符号所建构的自我概念必然有一定的局限性。

四、炫耀性消费对中学生自我认同的影响

自我认同是个体对自我能力、爱好、性格特点、交友方式、职业的发展、理想等问题清醒全面的认识，是个体对自我身份的确认。从自我认同的构成来看，应该包含两个基本方面：反思性自我和镜像自我。反思性自我是指在反思的意识中，通过内在自我的参照系统而进行的对自我的反思而形成的自我概念，镜像自我则是依据从他人眼中所认识到的自我来确定自我概念。前者关注的是内在的自我，后者关注的是外在的自我，即他人如何看待和认识自我。中学生处于自我认同发展的关键阶段，其自我认同的发展主要是依据自己的经历反思性地理解到的自我，是个体对自我的确认和对有关自我发展的一些重大问题诸如"我是谁"、"我想要成为什么样的人"等涉及人生观、价值观方面问题的思考和选择，表现为个体的自信心、生活意义感和人生目标意识等。个体的成长与成熟过程实质上是自我认同的建构过程，个体所处的社会文化背景是影响自我建构的重要因素。美国著名心理学家埃里克森认为青少年的自我探索及自我预期实际上是对理想自我的建构。由于中学生正处于青春期，正是自我同一性容易出现混乱的时期，自我角色身份的不确定性意味着他们的自我认同更容易受其所参与的生活环境和人群的影响，更易于受到他人或社会对自己的看法的影响。而消费作为建构人们生活方式的支柱活动必然影响着人们的自我认同感，中学生的自我认同建构也不可避免地受到这一活动尤其是炫耀性消费活动的影响。本研究中，从中学生的反思性自我和镜像自我两个维度分析炫耀性消费是如何作用于中学生的自我认同机制的。

（一）炫耀性消费对镜像自我的影响

镜像自我是由他人如何对自己及自己的行为所下评判的知觉所构成的我。镜像自我的形成包含两方面的影响：一是"假想观众"的认同，个体总是将自己视作他人关注的焦点，并通过他人眼中的自己来进行自我评价。二是参照群体的认同，个体将所属群体的评价与判断标准作为自我认同的重要依据。个体通过镜像自我看到并意识到自我，甚至为了得到他人的认同而刻意改变自我来迎合大众，从而融入到集体中去。炫耀性消费对中学生个体与群体价值观及生活方式所产生的深刻影响直接影响着中学生的镜像自我。

1. "独特性"消费强化了"假想观众"认同效用

中学生还未脱离自我中心的心理发展水平,他们常常幻想自己是所有人关注的焦点,这种幻想出来的观众使他们对于自己在他人眼中的形象特别的敏感。"假想观众"强化了青少年的自我意识,其观点采择能力得以提升。在这种假设性思维驱使下,他们的自我认同更多地取决于他人的判断。

表3-2 消费的"独特性"与"假想观众"的相关性

		追求时尚显示而进行自身不同	将他人视作假想观众炫耀性消费
追求时尚显示自身不同	Pearson 相关性	1	.210**
	显著性（双侧）		.002
	N	210	210
将他人视作假想观众而进行炫耀性消费	Pearson 相关性	.210**	1
	显著性（双侧）	.002	
	N	210	210

**相关系数在0.01水平上显著（双尾）

$r=0.210^{**}$说明中学生追求"时尚消费"是与将他人视为"假想观众"呈显著正相关。可以看出中学生这一特定年龄段的学生对时尚的理解和认识是与其内心的"假想观众"的认识密不可分的。在他们看来,通过时尚所标示的"独特性",使自己成为他人的关注焦点,进而形成镜像自我。从这个视角看,注重独特性消费成为了中学生镜像自我建构的重要方式。这一观点通过表3的分析可以再次得到确认。从"有时会觉得他人在关注你"和"某些情况下会过度消费"两个问题的相关性看,$r=0.682^{**}$,表示二者在0.01水平上呈现显著正相关。这也说明中学生在消费时往往不是基于自己的内在喜好,而更多关注的是他人的标准,"他人的关注"会成为中学生"过度消费"的缘由之一。而这种"他人关注"往往是中学生主观认定的,未必是事实性存在。当"假想他人"出现的时候,中学生可能因为过于在乎周围人的眼光,而一厢情愿地将自己视作焦点,因而在消费时就会为了凸显、炫耀自我而出现过度消费。

表 3-3 消费的"独特性"与"假想观众"的相关性

		有时会觉得他人在关注你	在某些情况下会过度消费
有时会觉得他人在关注你	Pearson 相关性	1	.682**
	显著性（双侧）		.000
	N	210	210
在某些情况下会出于某些原因而过度消费	Pearson 相关性	.682**	1
	显著性（双侧）	.000	
	N	210	210

**相关系数在 0.01 水平上显著（双尾）

依据中学生的心理发展特点，这个阶段的他们经常以自我为中心，将他人视为"旁观者"，当消费成为了中学生实现自我认同的一种方式时，他们考虑的就不只是如何消费，而是如何通过消费来建构自我，通过他人眼中的自我来不断调整自己，使自己看起来与众不同，来获得他人的认同。按照斯滕伯格的观点，这一现象产生的原因是中学生自我意识过强，总是幻想自己是其他所有人关注的焦点。这种假设性思维是中学生社会行为的一种认知过渡，能够使中学生站在别人的角度去考虑他人的所思所想。但是如果中学生在消费中过分的注重自我，认为自己是众人的焦点，为了凸显自身的与众不同，追求独特性而出现炫耀性的消费行为，则会阻碍其健康自我认同的形成。对于中学生来说，消费活动不只是为了满足自己的各种需求，更重要的是建构自我，实现自我认同。追求独特化的消费内容和消费方式，使中学生更引人注目，更易于成为众人关注的焦点，有益于个体学生树立和建构自己在所属群体中的特殊地位、形成特定权威。但这种通过追求特立独行的消费来炫耀自我，可能使中学生在自我建构中过度关注和依赖"假想观众"，过于注重"旁观者"的观点、态度而干扰其正确的自我评价，阻滞自我反思能力的发展，导致片面甚至畸形的自我认同。

2. "攀附性"消费强化了参照群体认同效用

影响中学生镜像自我的第二个因素是参照群体。中学生本身是一个群体概念，对于个体学生而言，周围的同伴、同学是其自我认同形成的最主要的参照群体。中学生攀附性消费的目的一方面是为了融入参照群体，显得"合群"；

另一方面也是为了形成一种人际关系网，使学生在特定的群体当中找到自己的位置。从表3—4和表3—5的相关性分析结果正说明了这一点。

表3—4　消费的"攀附性"与获得参照群体认同的相关性

		当周围的同学都购买一样的东西时你的想法是	你会觉得融入到同学集体中有一种归属感
当周围的同学都购买一样的东西时你的想法是	Pearson 相关性	1	.396**
	显著性（双侧）		.000
	N	210	210
你会觉得融入到同学集体中有一种归属感	Pearson 相关性	.396**	1
	显著性（双侧）	.000	
	N	210	210

**相关系数在0.01水平上显著（双尾）

$r=0.396$** 表示以上两个问题的答案呈显著正相关。

表3—5　消费的"攀附性"与获得参照群体认同的相关性

		展示球鞋是为了向他人炫耀	炫耀新买的东西是为了得到他人认同
展示球鞋是为了向他人炫耀	Pearson 相关性	1	.183**
	显著性（双侧）		.006
	N	210	210
炫耀新买的东西是为了得到他人认同	Pearson 相关性	.183**	1
	显著性（双侧）	.006	
	N	210	210

**相关系数在0.01水平上显著（双尾）

$r=0.183$** 表示这两个问题的答案呈显著正相关。这说明当中学生个体购买一件大多同学都拥有或都认可的某商品时，自然会产生融入到集体当中的归属感。这种归属感一方面能使他们心理上得到满足，另一方面也会基于商品的符号意义而使拥有同样商品的同学间形成一种良性的人际关系网，易于使中学生个体在特定的群体当中确定自己的位置，进而形成镜像自我。因而中学生中率先买入令大多同伴心仪的商品的同学，更容易向大家展示或炫耀一下自己的东西，以彰显或巩固自己在同伴群体中的权威地位，以赢得大家的认同。其实，在自我形成过程中，人们难免会产生焦虑感，不知如何处理自我与他人之间的关系,参照群体的导向功能可使个体向周围的目标群体表达自我,寻求理解,获取归属感,从而化解自身对于自我认同的焦虑。① 尤其是当今时代,是一个价值多元的时代,生长于这一时代背景中的年轻一代的价值判断和审美标准不再是简单地重复上一辈的传统要求。文化多样、信息来源丰富、知识更新加快等都使当代青少年面临着空前复杂的价值选择环境,他们不再拘泥于长辈的生活方式和经验,同辈群体之间的交流和影响对他们的生活方式、人生态度和价值观念起着更为重要的作用。对于中学生而言,他们绝大部分时间都是与同龄人一起度过的,同龄人已经成为彼此的重要他人。在他们"发现"自己以前,同辈群体已经为他们提供了一个展示自我的舞台,通过服饰、行为语言以及同伴的选择而为其佩戴上了特定的"徽章",为他们提供了一种原始的自我同一感。在获得自我同一性的过程之中不仅需要获得一种对自我内在的个人认同,同时也要在他人及社会之中获得特殊以及唯一的个体存在的认同。"个体经验到他的自我本身,并非直接地经验,而是间接地经验,是从同一社会群体其他个体成员的特定观点,或从他所属的整个社会群体的一般观点来看待他的自我的"。② 中学生尤为重视同辈群体的参照效应,非常介意同学眼中的自我,并通过与同学一致的言行举止和衣着装饰等谋取群体认同,在消费过程中表现出虚饰性与跟从性,从而获得同伴的肯定,使自己的群体属性更加鲜明。

(二) 炫耀性消费对反思性自我的影响

反思性自我是通过自我反思而获得的自我认同。正如马斯洛所说,每个人都有倾听内在声音、将内部自我显露出来的意愿。个人的自我反思是无法脱离他人及社会的,更大程度上自我的反思性是在与他人及社会的能动互动中对自我的一种预期和完善。消费活动为中学生的自我认同提供了反思源。反思性自我是建立在自我反思的基础上,通过关注他人眼中的自我去倾听自己内在的声音。因此,本研究从两个维度出发去探究反思性自我与炫耀性消费的关系,一个是自我预期,即实现"我要成为谁",另一个是与社会的能动性互动,通过与周围建立联系,来反思自身,获得自我认同。

---

① 寇东亮:《作为个人品德的自我认同》,《伦理学研究》2010 年第 2 期。
② 班建武:《消费符号与青少年身份认同》,教育科学出版社 2010 年版,第 61 页。

1. "符号性"消费凸显了中学生的自我意识

自我预期是指对自己的期望,是个人获得"理想自我"的重要方面,也是反思性自我的一部分。中学生通过对商品符号背后的象征意义的追求,来完善先前对于自我的预期,从而获得一种自我认同。研究中将中学生对品牌和时尚的认识与购买品牌、时尚产品的动因进行了相关性分析,结果如见表3-6、表3-7所示。

表3-6 品牌的"符号性"与自我预期的相关性

		品味意味着有品位么	你会去购买品牌么
品牌意味着有品味么	Pearson 相关性	1	.188**
	显著性(双侧)		.006
	N	210	210
你会去购买品牌么	Pearson 相关性	.188**	1
	显著性(双侧)	.006	
	N	210	210

**相关系数在0.01水平上显著(双尾)

$r=0.188**$,说明"品牌"的符号价值与中学生的自我预期呈显著正相关。自我预期是对"我要成为什么人"的探寻,是"理想自我"的来源。中学生处于对自我未来的探究阶段,对自我实现以及对生活方式的表达有着独特追求。"在消费文化的夸示性功能作用下,个人的主体意识空前觉醒并在消费中被不断强化。"[①] 消费活动中对商品符号背后的象征意义的追求也是中学生自我预期的一种表现。中学生求新求异的心理特点使他们渴望通过追求时尚、追求标新立异来凸现自己的独特性。而消费文化背景下的商品早已突破了其本体价值而获得了丰富的等级化的符号价值,与品味、身份、地位的建构密切相联。不成熟性使得部分中学生在面对符号性商品时,很容易只关注商品背后的象征意义而忽略商品的本体价值和自己的真实需要,导致其价值判断错位。

---

① 杨淑萍:《消费文化对青少年道德观的影响研究》,《教育研究》2012年第10期。

表 3-7　时尚消费与自我预期的相关性

		你会为了追求时尚消费么	你会通过追求时尚显示自己的与众不同么
你会为了追求时尚消费么	Pearson 相关性	1	.276**
	显著性（双侧）		.003
	N	210	210
你会通过追求时尚显示自己的与众不同么	Pearson 相关性	.276**	1
	显著性（双侧）	.003	
	N	210	210

**相关系数在 0.01 水平上显著（双尾）

$r=0.276^{**}$ 表示中学生为了追求时尚而进行的消费与通过追求时尚消费而显示自己的与众不同二者之间呈现显著的正相关。这也就意味着大部分中学生在追求时尚的时候，有很大一部分是为了凸显自己的独特性，实现自我预期，他们主要是通过对是否达到预期状况的判断来进行反思并获得自我认同。

自我预期涉及的是人对自我生存意义与生命价值的一种判断与期望，其建构无法脱离主体的生存环境与交往实践活动。在消费社会中，人们总是通过消费活动来表达自我预期，因而习惯于购买有助于反映和体现自我意识的产品。如中学生通过购买高等文具等显示自己的优越性，通过穿明星代言的品牌鞋凸显自己的品味。在这样的消费活动中，中学生逐渐建立起自己在群体中的特定地位，形成有别于他人的自我意识。但这种通过商品符号的区划功能所建构起的自我意识往往因缺乏深刻的精神内涵而显得浅显甚或庸俗。

2. "面子消费"加速了中学生的社会自我认同

人是社会文化塑造的结果，社会文化决定其人生体验。[1] 面子文化是中国传统文化的重要构成部分，这一文化渗透到人们生活的方方面面，包括人们的消费活动。由于中学生的认知水平处于快速发展但又尚不不成熟的特定阶段，因而对于对周围环境及其人际交往有着不同于成人的认识与理解，注重"面子消费"某种程度上反映了中学生社会化水平的提高和社会性自我的形成。

---

[1] 金元浦：《消费欲望与消费符号》，《现代文化·文化批判》2003 年第 14 期。

表 3-8 "面子消费"与媒体影响的相关性

		在消费时你会受电视等媒介的影响么	看到面子消费的情节时你觉得正常么
在消费时你会受电视等媒介的影响么	Pearson 相关性	1	.242**
	显著性（双侧）		.002
	N	210	210
看到面子消费的情节时你觉得正常么	Pearson 相关性	.242**	1
	显著性（双侧）	.002	
	N	210	210

**相关系数在 0.01 水平上显著（双尾）

$r=0.242^{**}$ 表示二者呈显著正相关。大部分中学生在看到电视、电影、网络等媒体信息中出现的出于"面子"的消费情节时，并不觉得好奇，反而觉得是正常的。在当代媒体信息充斥人们生活世界的方方面面的背景下，人们的消费偏好、生活观念、生活态度都在媒体信息的暗示和劝导下悄然地发生着改变。对于自我概念尚不确定的中学生来说，媒体广告所营造和呈现的繁华影像世界成为中学生建构自我概念的重要因素。媒体作为一种主流的文化传播工具，"面子"文化也由这一途径得以传播。当"面子消费"在影像世界反复呈现时，意味着这是一种生活常态，中学生在这一文化的潜移默化影响下，自然而然会认同并接受"面子"文化，并在现实生活中自觉不自觉地付诸实践。消费为其提供了机会和途径，因而通过炫耀性消费来寻求面子也就不足为怪了。在回答"当看到杂志上有你喜欢的新产品或者感兴趣的商品时，你会选择购买吗"时，61 人选择"会"，约占调查人数的 29.1%；选择"可能会"的有 108 人，约占调查人数的 51.4%；选择"不会"的 41 人，约占总数的 19.5%。调查结果说明 80% 的中学生在消费中会受到媒体的影响。因为媒体作为学生认识世界、完善自我的一种途径，能够缩小"整个世界"，让人们在最短、最便捷的时空下了解这些"爆炸"信息，通过媒介信息来不断地自我反思进而获得对自我的认同。

表 3-9 "面子消费"与个体的社会化的相关性

		你觉得面子消费是炫耀性消费的一种方式么	你觉得面子消费是融入成人社会的方式么
你觉得面子消费是炫耀性消费的一种方式么	Pearson 相关性	1	.524**
	显著性（双侧）		.004
	N	210	210
你觉得面子消费是融入成人社会的方式么	Pearson 相关性	.524**	1
	显著性（双侧）	.004	
	N	210	210

**相关系数在 0.01 水平上显著（双尾）

r＝0.524**表示二者呈显著正相关。从数据统计结果看，一些中学生将"面子消费"视为使自己融入社会的必要途径和方式。其实中学生的面子消费意识一方面来源于影视剧中反复呈现的"面子消费"情节的影响；另一方面来源于对成人生活实践的观察与模仿。这使大多中学生认同"面子消费"是维持良性人际交往关系的基本途径，一定程度上意味着他们认同"面子消费"的合理性与必要性，并在现实生活中以这样的方式建构自己的社会性自我。因为个体只有在与他人的互动性联系中才能意识到自我的真实性，意识到自己真正的意义所在，并能通过不断的自我反思来成为"真正的自我"。这个自我不仅能够成为一个独立的个体，同时又能承担一定的社会道德责任。可以说，面子消费在中学生中的流行与普及促进了中学生间的人际交往与互动，加速了中学生社会性自我认同的形成。但中学生的分析与辨识能力还不成熟，一些中学生将成人的功利化社交规则简单地移植到自己的社会交往中来，在同学或同伴交往中，以消费方式显现自己的面子，赢得同学的信任和认可，虽某种程度上可以密切与同学间的关系，但也易于导致趋利化、物质性的人际交往观，不利于健康自我认同的形成与发展。

五、中学生炫耀性消费生成的因由

生产型社会中，社会结构比较简单，文化价值呈现一元化倾向，因而人们的价值观念同质化水平较高，在反思性自我形成中，人们是以社会道德为参照进行自我反思与评价的，因而社会性自我的形成是以是否符合社会道德的应然标准为依据的，因而利他性成为个体理想自我建构的重要标准。即社会为人们做出些什么并不重要，重要的是人们为社会做了什么。这种社会环境自然有助于集体主义人格的形成，但也因为对人性中利己性需求关注不够而出现伪善，导致自我同一性混乱。而消费社会中，人们的自我利益得到空前关注和尊重，社会文化价值环境也空前自由宽松，这无疑是社会的一大进步。但对于未成年的中学生而言，面对的选择情境越多，他们所遭遇的困惑就越多。这些困惑解决不好必然会对其自我概念建构和进而对其自我认同的形成产生消极影响。尤其是炫耀性消费的出现使中学生在获得凸现自我、表达个性的方式的同时，也使其陷入了自我确认的困境，在回应"想成为什么样的人"和"能成为什么样的人"等涉及自我认同的问题时，宥于金钱标准，影响其健康自我认同的形成。因而需要剖析中学生炫耀性消费生成的原因，以寻求富有针对性的教育引导策略，帮助青少年抵御炫耀性消费，寻求正确、合理的自我表达方式，以建构自我概念，形成健康的自我认同。

（一）家庭不良消费文化的影响

家庭消费文化是社会消费文化在家庭生活中的体现与反映，是家庭成员共同形成的消费心理、消费观念和消费行为的总和，是支配和引导家庭成员开展消费活动的核心因素。正如高德胜教授所言："儿童的习惯最早是在家庭当中形成的，而父母则是孩子最早的影响者。当子代通过观察、模仿亲代的消费行为以及方式，会使家庭消费文化在孩子心中产生根深蒂固的影响。"[①] 家庭是孩子人生观、价值观的启蒙场所，家庭成员的言行举止皆成为孩子幼年效仿的直接对象，家庭成员的价值观念和人生态度也会根深蒂固地伴随孩子一生，成为孩子自我建构的第一资源。而消费社会中，消费文化是一种冲突性价值观并存的生活文化，以其生活化、世俗化的样态渗透到人们生活的细微之处，不仅影响着人们的消费观念和消费活动，也直接改变着人们的生活态度和价值观念。在这种改变中，家庭的结构和生活方式及家庭生活氛围都会随之产生变化，置身其中的青少年学，潜移默化中也自觉不自觉地被型塑着，形成自我概念。而消费文化中的消极因素也必然通过对家庭成员价值观念的塑造和影响而影响到中学生的消费观念和价值判断。

[①] 高德胜：《道德教育的时代遭遇》，教育科学出版社2008年版，第125页。

1. 享乐取向的家庭消费观的影响

高度发达的现代性为个体的反思提供了丰富的资源，尤其是全球化的到来使人们的生活节奏空前加快。随着物质产品的极大丰富和消费社会的到来，追求"即时满足感"成为年轻一代的普遍的生活态度。新型电子产品、最流行的泡沫小说、各种独特的最新产品等，成为吸引年轻人的时尚产品，也成为他们建构自我的重要依据，因而保持与时尚、流行产品的同步是这个时代很多年轻人所追逐的。当充满现代性的"快餐文化"呈现在中学生眼前的时候，大部分学生对于蜂拥而入的各种新产品往往不知如何选择。而家庭作为中学生成长的摇篮，父母对消费的理解和认知能够直接影响他们的消费观，而家庭中以享乐为目的的消费观，会使中学生形成享乐性人生观，形成消极自我认同。

关于这一点，随机访谈了五名中学生：

问："你的父母经常买贵的东西吗？你如何看待父母的这种消费观念和行为？"他们的回答分别是：

A："他们比较节俭，一般不怎么花钱。我觉得挺好的，生活就应该节俭点。"

B："我妈妈平时愿意买名牌。我觉得很正常啊，挣钱不就是为了买自己喜欢的东西吗。"

C："还行吧，偶尔能买几件上千元的衣服。他们自己挣钱愿意怎么花就怎么花啊，我没看法。"

D："不经常买，但我妈经常去商场给我爸买挺贵的衣服。我觉得肯定是为了我爸在外面有面子，穿好的很正常。"

E："不买贵的东西，就是日常开销。觉得他们对自己挺抠门的，不过他们说这都是为了我，我觉得他们节省也是为了我。"

从以上五名同学的回答可以看出，家庭生活中父母是孩子的榜样，无论是节俭型父母还是奢侈性父母，孩子都赞同或理解父母的消费观，并能够接受。这也成为中学生消费观念的雏形。可以说，家庭消费观念是中学生消费观的第一来源。随着人们物质生活水平的提升和整体国民文化素质的提高，消费观念和方式均发生了显著变化，逐渐由实用性消费转变为审美性消费、硬性消费转变为软性消费、共性消费转向个性消费以及理性消费转向感性消费。消费内容也发生了一系列的变革，人们在消费中通过品牌消费、高档消费等炫耀性消费方式来获得自我认同。消费作为一种道德维系符号和群体团结的系统，是一种维护集体性以及有着实在价值意义的交往系统。如果父母在消费中过分地注重即时满足，忽略对人的精神价值的追寻，一味享受消费带来的快感，那么就很可能将这种享受性消费理念传递到孩子身上，形成物质化人生价值观，其自我认同自然会趋于物质取向而呈现出扁平化、庸俗化的特征。

2. 父母炫耀性消费行为的影响

随着年龄的增长，中学生已经逐渐摆脱了对儿时长辈所提供的人际关系的依赖，随之而来的是对多种自我身份的认同与选择，这些身份是相互交织在一起的，既相互联系又充满矛盾，使中学生面临前所未有的同一性混乱。为了实现自我同一性，使自己从这种流动性的认同矛盾中解脱出来，选择那些他们想要成为的"自我"，他们往往自然地首先以父母为认同榜样，下意识地模仿父母的言行举止。

在调查中，问到"你的同学中是否有家长总在其他人面前显示自己的富有，而他的孩子也同样喜欢显示自己"的问题时，143位同学选择"有"，占调查人数的68.1%；39位同学选择"父母有但其孩子没有这种行为"，占调查人数的18.6%；28位同学选择"没有"，约占调查人数的13.3%。这说明当父母出现炫耀性消费行为时，大多数情况下其子女也会出现同样的情况。从这个结果看，孩子的炫耀性消费行为习惯的形成主要是受其家长的影响。正是在此意义上，万增奎教授认为中学生自我认同的形成植根于家庭，其父母及家人的消费行为如果不合理，中学生在消费过程中则可能出现自我认同的混乱。如果家庭环境剥夺了或者扭曲了他们未来健康自我认同感的形成，中学生很可能会出现以令人吃惊的行为方式来抵抗社会，其正确人生观、消费观的形成也会出现问题，因为他们的直接消费经验，是通过模仿父母而获得的。[①] 对情境性问题"小明的家庭收入水平一般，但是他的妈妈平日总进行超过自身经济条件的消费，总是向他人炫耀，你觉得小明会受他妈妈的影响也产生这种行为吗"，选择"会"的有77人，约占调查对象的36.7%；选择"可能会"的有104人，约占调查对象的49.5%；选择不会的有29人，约占调查人数的13.8%。不难看出，大部分中学生都认为妈妈的消费行为和习惯会对子女的消费观念和行为产生显著影响。

[①] 万增奎：《道德自我认同危机与当代道德教育》，《管理》2007年第7期。

随着全球化进程的加剧，中西方文化呈现融合之势，西方的家庭生活方式也在潜移默化地影响着中国家庭，中国传统的节俭文化对人们的影响正在逐渐减弱，注重自我利益、关注物质生活质量和享受性也成为中国人当下的家庭生活质量观。而"面子"文化使西方注重自我享受的消费观演变为中国式的攀比性、夸示性消费观，并将这种炫耀式消费作为获得社会认同的重要方式和渠道。当中学生认同了父母炫耀性消费行为的时候，其实就已经将这种消费观内化为自己的价值观。从心理生成机制来看，中学生消费习惯的养成是在家庭消费文化的影响下通过简单的模仿以及逐渐内化的结果，这种习惯的养成不是一次完成的，而是孩子不断重复模仿父母的一系列消费活动而形成的，而家庭消费习惯的养成则是父母长期在社会消费文化的"熏陶"之下逐渐形成的。家长的消费行为的去传统化会使中学生在"镜中自我"中看到了家长对于"面子"消费、攀比性消费的追逐以及在自我反思中对于商品的符号意义和对其独占性的盲目占有，很容易使中学生在认可和接受炫耀性消费的同时形成消极的自我认同，从而迷失自我。

（二）意义参照环境的弱化

人的社会性本质决定了每个人都属于特定的群体，以获得群体归属感。而这个特定的群体或环境是否具有参照价值，对所属群体成员自我认同的形成有着非同寻常的意义。尤其是参照群体的示范作用给人们提供了一个自我认同的框架，无论是对自我的认同还是期望得到社会及他人对自己的认同，人们在塑造此种认同的时候总要确立某个理想群体作为自身的模仿对象。当这种认同框架被自己及他人所接受时，人们便会对自身感到满意。中学生所属群体是一个以非成年人为主体的群体，不成熟性是其基本特征。中学生每天生活在学校这个较单纯的群体中，但也无法脱离社会这个大群体。因此，对于中学生个体来说，参照群体的选择成为自我认同中面临的首要问题。选择学校群体还是社会群体为参照群体对于中学生来说有着非同寻常的意义，直接影响着其自我认同的形成。

1. 学校同辈群体意义参照性的弱化

学校是中学生接受教育的场所，也是他们实现社会化的重要平台。作为专门育人机构，学校不仅要传授科学文化知识，更重要的是要促进学生全面发展，引导学生形成积极健康的自我认同。自我认同是学生不断发展的内驱力，处于青春期的中学生，非常在意周围同辈群体对自己的看法，并通过内部与外部的参照系统来形成镜中自我以及反思性自我，以确定"我是谁"，从而实现自我同一性。消费社会中，消费成为中学生建构自我的重要方式。由于中学生大部分时间是和同龄人一起度过的，因而他们建构自我概念的标准也已仅限于父母和学校给定的标准，同伴或同龄人的意见和看法成为他们形成自我的最重要的参照标准。消费活动对于同辈群体间发展友谊、深化这段友谊可能具有重要的意义。当购买一件商品时，彼此之间找到了共同喜爱之处时，就会彼此认同，将对方视为和自己有着一样品味和共同话题的朋友。在埃里克森看来，处于此阶段的青少年获得友谊的方式非常简单，只要彼此找到了共同之处，就有继续亲密接触下去的可能。在消费过程中亦是如此，如果同辈群体对于炫耀性消费"情有独钟"，那么很容易影响这个群体中的其他成员，炫耀性消费可能成为该群体成员共同认可的行为，而炫耀性消费所具有的追逐夸示、攀比等消极价值观也会随之融入一些中学生的价值体系，指导着他们的消费行为。即当参照群体认同或支持炫耀性消费观念及行为的时候，参照群体的所产生的可能是一种消极参照意义，易于将青少年学生引向消极自我认同，不利于其正确自我认同的形成。

消费社会中，文化价值多元也使得学校所传递的主流价值观面临着空前的挑战，学生在现实生活情境中的复杂体验使其对学校所传递的利他性价值观产生质疑，某种程度上弱化了学校价值观教育的功能。而来自不同家庭、不同成长环境和经历的中学生的人生观、价值观也不尽相同。而家庭条件、成长经历等也成为中学生分化的无形标准，非正式群体比正式群体对同学更具吸引力。这使得班级等正式群体的积极参照意义在弱化，而非正式群体的参照意义不断增强。但非正式群体由于其秉持的价值观差异显著，尤其是消费主义价值观向学校的渗透，使得非正式群体的价值导向出现异质化，因而对学生所产生的参照价值也各不相同，良莠难辨的参照价值往往非但不能给中学生正确的价值指导，反而容易使其陷入价值选择困境，使其自我同一性遭遇混乱。

2. 媒介信息积极参照价值的弱化

在消费社会的形成与发展中，媒体发挥了不可替代的催化作用。尤其是媒体通过情境再现的功能，将世界不同角落中的人群的生活态度与生活方式，呈现给世人，使人们认识和了解世界的眼界和渠道拓宽的同时，也增加了人们相互学习、相互比较的可能和机会。同样媒体也通过其深受人们关注的特点，将不同类型、不同特点的商品与人们的等级阶层相联系，经过文化濡染宣传，塑造了品牌与时尚的概念，并劝导、引领人们不断去追逐商品的时尚价值。消费文化从这个意义上讲是媒体制造的结果，消费的文化化和文化的消费化皆是通过媒体的传播和宣扬而实现的。因而媒体信息对所有公众具有重要的参照价值，是人们生活态度、价值判断、行为选择的隐性指针。而商业目的和娱乐性操作，为人们创造了一个梦幻般的世界，这个世界在虚拟的外衣包裹下对人们充满了吸引力和诱惑力，使人们相信无需通过辛勤的劳动就可以随意消费、享受美好生活。及时享乐等消费主义价值观也随之进入人们的头脑，逐渐成为消费社会中人们普遍认可或接受的价值观。与传统意义上媒体是积极价值观的宣传工具的媒体角色定位显然不同，消费社会中媒介所传递的良莠并存的信息会使得媒体的积极参照导向价值明显削弱，这对于尚不成熟的青少年学生来说，无疑是影响其自我认同的复杂因素。随着消费文化的影响，青少年学生也成为备受商业关注的一个群体，媒体所制造的明星示范效应和品牌时尚效应也以契合青少年心理特点的方式不断作用于他们的价值观念和行为选择，以融入日常生活的方式悄然地塑造着中学生的价值观念和自我认同，影响着他们对未来生活的预期和设想。因为对于未成年的中学生来说，影视作品、网络信息所营造和呈现的美好物质生活世界令这些尚未涉足真实生活世界的青少年学生对未来充满了期望和构想，同样影视作品中塑造的贵族主人公形象和媒体中呈现的明星等公众人物对时尚品味的追求、时髦前卫的衣着打扮、奢侈的生活作风等都会成为青少年学生们效仿的对象和向往的人生目标。这一参照对象使青少年学生的"预期自我"出现物质化和理想化的取向，使其自我认同庸俗化。

广告作为消费的参照物，一方面通过现代科技信息技术使人们能够更加全面深入地了解各种商品信息，为人们的消费选择提供一定的选择参考；另一方面，广告也通过艺术美化技术夸饰商品的实际功效，劝导和诱惑人们去购买。正是因为广告的这一效应，才能不断激发人们的购买欲，购买"需要"层出不穷。调查发现，约79.5%的同学认为自己曾经因为看了广告才去选择某种产品。可以看出，中学生中出现追逐商品的符号价值和象征意义的炫耀性消费，多是受广告的诱导。这种消费的目的是为了获得"假想观众"的认同，想象自我通过购买广告中的产品而看起来更加"完美"、更为符合"假象观众"的评价标准，而成为"理想自我"。因此，在广告的虚饰和大肆渲染之下，中学生很容易不假思索的接收各种广告信息，以广告所提供的信息作为参照标准，去选择消费内容和消费方式，而广告的商业取向会使他们迷失在单向度的思维和行为方式中，自我意识处于不断流变之中，导致他们因难以找到一个适合自己的坚实的人生基点而导致自我迷失。

(三) 社会核心价值观的参照价值弱化

消费主义价值观是一种崇尚享受、追求及时享乐的价值系统，是消费文化的重要构成部分。在消费社会中，消费主义价值观随着消费文化的传播和发展而逐渐为人们所接受并被普及的一种价值观。这种价值观是以个人主义为根基的，因而强调自主与自利，突出人们的物质需求。在这种价值观影响下，人们的自主意识和自利需求得到空前的关注和尊重，自我选择的空间非常宽泛，价值环境也空前自由。但是不同的文化、不同的生活观念和价值标准并存使价值相对主义观念逐渐蔓延泛滥，使社会主义核心价值观的核心地位被忽略甚至动摇，中学生也因此面临了空前的价值选择困境。

1. 校园中消费主义价值观流行

在任何时代、任何社会发展阶段，年轻一代总是作为社会的先锋引领社会的潮流与文化。消费社会尤其如此，随着生产商和销售商将青少年学生视为一个重要的目标人群，一批批时尚、新颖、另类的体现和反映青少年学生特点的商品符号涌现。由于贴合青少年学生新鲜、好奇心理和流动善变的偏好，这些商品迅速被青年一代所接受并率先在年轻一代中流行起来。以此为参照，中学生们也开始追逐一些流行、时尚的商品，审美观念在这一过程中逐渐形成。"流行"、"前卫"、"便捷"、"舒适"等成为中学生消费的基本取向。精神上的需求也越来越以物质性的东西来满足，使他们的生命价值观和自我认同扁平化。调查发现，由于中学生在学校中必须遵守学校的管理制度，诸如必须穿校服，不能染发等，因而他们对消费所标示的个性与炫耀价值更多寄托于鞋子、帽子、头上装饰、进口文具、笔等物品上，以显现自己在所属群体中的独特地位。正如有学者指出的，这种沉浸在大众文化下的校园流行文化，多数情况下是以消费作为基础，时尚的衣服、酷毙的电子产品，昂贵的品牌等都是通过消费得来的。① 调查中也发现，大部分中学生都倾向于选择购买学校中流行的东西，比如大家都会竞相购买最近班里流行的小说、漫画、鞋子、服装、笔等

---

① 刘尚明、李玲：《论确立绝对价值观念——兼论对价值相对主义与价值虚无主义的批判》，《理论探讨》2011年第3期。

等。这些商品给中学生带来了强大的冲击力，拥有了这些东西就等于在校园流行文化中获得了一席之地，更重要的是得到了他人的认同，尤其是在这一年龄阶段，他们有着极强的自主意识和自我选择倾向，希望以独立身份获得认可，因而在面对选择时，总是会受到脑海中"假想观众"的影响，将自己视为焦点，以"假象观众"的标准为依据做出自我选择。这种缺乏自我批判和反思的依附性自我建构，必然导致消费的感性、肤浅及夸张，弱化其精神意义上的自我定位。对于这个阶段的青少年而言，其镜中自我的形成需要通过他人眼中的自我反映出来，通过与他人的能动性互动，来实现自我预期。而当整个校园流行着对于物质的符号性追求，而学校教育所传递的社会主义核心价值观确难以发挥统领和指导作用时，那么中学生就会彼此效仿，最终形成炫耀性消费，使个体难以客观、公正、准确地认识和对待自我，自我同一性难以实现。

2. 学校教育引导滞后

消费主义文化背景下，人们的"私人领域"受到普遍的尊重和保护，面对不断变化的多元"选择"，任何能够被人们想象出来的行为方式，只要在道德上可能被允许，那么就会被接受。人们在这样自由自我的价值标准影响下，很容易飘忽不定，无法确定自我。而作为受教育人群，当其价值选择出现混乱时，学校教育应为其提供正确有效的指导。而就目前的学校教育状况来看，尽管素质教育提倡了几十年，但应试教育依然是中国基础教育的显著特点。在考试指挥棒作用下，学校对学生的道德教育和社会教育或缺位，或滞后，难以发挥其应有的效能。学生的成长绝不仅仅是知识的增量，更多的是社会化水平，即个体诸多方面思维、能力的综合发展。因而关注学生的真实生活状态和情境，适时地对其进行有效的引导是学校应有的责任和使命。然而就目前的实际情况看，学校教育中缺少对中学生消费现象的关注和关照。中学生的思想政治课中关于社会部分，虽有消费的相关内容，但主要是作为学科教学的知识性内容讲授给学生的，旨在参与考试。是否对学生的真实生活产生效用，就笔者了解的情况来看几乎对学生的生活实践没有任何指导价值。而当学生中因攀比消费、过度消费引发问题时，校方才会干预，但干预的方式多以批评、惩罚等消极性手段为主，虽暂时性抑制了某些违规行为，但并没有产生教育意义，因而也难以触动学生的认知。而学校的德育课程坚持的是社会本位的价值取向，尽管近年来做了不少调整，但反映国家取向、社会取向的内容远远重于个人取向的内容，利他性，尤其是纯粹利他的要求成为所有学生应该努力的方向。这种价值定位与消费社会，市场经济条件下，尊重和关照个人利益的市场道德和原则相矛盾。当学校所倡扬的"好人"在现实生活中遭受冷遇或不幸时，会使大家对做"好人"敬而远之，也会使学生产生深层价值困惑与迷茫，进而对学校德育产生不信任。这也是调查中学生把"德育课"视为"最不喜欢的课"这一现象的原因之一。

学校任何课程的开设都是基于学生发展的需要，当某种课程难以满足学生的某方面发展需要的时候，说明该课程本身存在问题。学校的德育课是为了使学生学会做人，实现道德社会化而开设的专门课程，因而贴近和关照学生的真实生活状况是其本然特征。实践性、活动性、应用性应是该课程的基本特征。但实际上，这一课程也被当作学科课程而进行知识化讲授性教学。而所传递的内容尽管是健康向上的社会主流价值观，但因脱离学生的真实生活世界，对学生所面临的现实困境无法提供直接、有效的指导而被多数学生所搁置，仅将其视为考试科目而已。导致德育课程所传递的社会核心价值观难以真正被学生纳入自己的价值系统而发挥其价值统领作用，使社会核心价值观的应有的价值引导意义难以实现。

3. 社会媒介强化了中学生消费主义价值观

中学生的自我认同是建立在社会既定标准之上的。而消费社会中，整个世界都充斥着各种媒体广告，广告世界与真实生活世界混为一谈，使人们难以自辩虚拟世界和真实世界对自我存在的价值。而物质，琳琅满目的物质商品成为人们确证自我身份，建构自我概念的重要标准。人类的意义世界完全被"物化"了，人们只能依靠社会关系中彼此的相比与交换来获得对自我认同的确定。价值成为了消费社会的一种商品，作为一种相对性的存在不具有任何意义，当这种功能性的"价值"成为人们判断善恶的标准时，人的意义世界也被"物化"了。生活成为了以自己为中心的物的交换体，人们只能像判断商品价值一样通过彼此之间的对比与交换来获得对自我以及他人价值的认同。① 随着电子信息技术的日趋发达，电视、网络等社会媒介作为承载电子信息的主流载体，不仅通过控制人们的时间、空间来支配人们的生活观念和生活方式。中学生被这种电子媒介信息包围着，牵引着，不自觉地会被媒体所隐含的价值信息

---

① 邱利平、袁祖社：《"相对主义"与"绝对价值"之争——价值相对主义与现代性精神存在根基的缺失》，《人文杂志》2010年第1期。

所塑造和改变。而媒介中所呈现的令人眼花缭乱的商品信息，也使中学生们易于将自己的各种情感意愿和未来构想投射于商品海洋之中，期待商品的符号意义给自己生活带来预期的价值。消费主义价值观逐渐深入中学生的价值系统，而成为评判生活意义和自我价值的重要依据。这一点可以从网络游戏对中学生的影响中窥见一斑。

  电子信息技术时代，网络游戏已经取代了传统游戏活动而成为中学生休闲娱乐的一种主要方式。这一新兴的活动方式在开发学生智力，活跃和丰富青少年闲暇生活的同时，也带来了一系列的负面影响，比如沉溺游戏而导致孩子忽略甚至放弃学业的情况，因游戏而引发学生的暴力事件，为了获得游戏费用而欺骗家长等，更为严重的是这些学生并没有意识到问题的严重性。本次调查中，笔者"你对花钱玩网络游戏的看法"随机访谈了几个中学生，回答如下：

  A："花钱玩游戏很正常，哪有免费的午餐呀，只要过瘾就行。"

  B："花太多钱不行，但是花点钱是可以的。玩游戏肯定要有投入啊。"

  C："要是大家都玩，我认为没有理由因为钱而退出游戏，实在不行先借点，以后还他就好了。"

  可以看出，中学生对于玩网络游戏已司空见惯，习以为常，而且通常他们玩游戏时不会在意花费问题，只要开心，只要需要就去玩，反映了中学生中注重自我，注重享乐意识较普遍。事实上在日益发达的社会媒介的劝导下，消费主义价值观已越来越被社会公众视为一种常态价值观，以物化形态的商品满足人们立体多层的生活需求也逐渐为人们所接受。在物化逻辑的支配下，人们的个人意识得到充分张扬，蕴含不同价值观念的文化现象并存，致使道德与价值也越来越成为了自己的事情，价值相对主义有了滋长的土壤。在实现自我认同的过程中，每个人都主宰着自己的王国，助长了个人主义之风。没有绝对的普遍价值作为价值衡量标准，人们不会探究事物背后真正的意义价值所在，积极自我认同很难在此种情况下得到完善。这无疑也严重阻滞了中学生健康自我认同的形成和发展。

六、炫耀性消费之教育应对

  中学生在消费文化的场域中，受到的影响是双重的。但由上可见，消费活动虽能够使中学生意识到获得自我同一性的重要性，但由于消费主义文化通过对家庭、媒体和校园文化的渗透,也使中学生中出现了明显的炫耀性消费现象,易于使中学生生成片面的、物化的、庸俗的、扁平的自我认同而影响其健康人格的形成。因而,学校教育作为专门的育人机构,应以恰切的方式适时地予以干预,培养中学生健康理性的消费观,以促进其积极健康自我认同的形成和发展。

(一) 人本主义消费观教育

通过对中学生开展人本主义消费观教育,避免炫耀性消费对中学生主体性操纵导致的自我迷失。消费文化作为一种浸透于日常生活方方面面的世俗文化,不仅影响着人们的物质生活水平,也潜在地型塑着人们的精神需求结构和价值观念。对于自主意识急剧发展与膨胀的中学生来说,消费活动无疑是其摆脱家长束缚、彰显自我独立性的重要途径。我是谁?我应怎样生活?生存的意义和目标是什么?这些关乎自我认同的问题似乎都可在消费活动中得到回应与解答。而由于消费文化本质上遵循的是商业逻辑,追求的是自利目的,炫耀性消费观即是其直接产物,可能导致中学生自我认同的物质化、平面化和功利化。所以,培养中学生人本主义理性消费观是学校教育的应有责任。

人本主义消费观是针对消费导致人的异化而提出的。文化渗透的消费以一种隐蔽性的胁迫在张扬消费者权益的幌子下使公众在不知觉中被操纵、被诱导,虚假的需求不断被制造出来成为人们源源不断消费的不竭动力。如此一来,人们的真实需求与虚假需求、精神需求与物质需求之间的边界开始模糊,无尽的需求催动着人们不断地购买。消费由满足人们需求的工具与手段逐渐上升为人们所追求的生活目标甚至成为考量人们自我价值的标尺。人的主体性逐渐被消费需求所淹没而由目的异化为消费的工具。开展人本主义消费观教育正是对人的主体性的呼唤与回归,改善本末倒置的人、物关系。中学生处于人生观、价值观成长的关键期,琳琅满目、纷繁复杂的物质世界,契合了他们求新、求异的心理需求,但缺乏积极消费观的引导也极易使他们在消费中迷失自我,加上消费文化对学校教育的间接渗透,使越来越多的学生急功近利,人生观、价值观、职业观、婚恋观都不可避免地物质化了。关照中学生的精神家园必须培养学生健康、科学、文明、理性的消费观,使学生明确消费只是人存在的手段绝非目的。炫耀性消费虽可能因他者的注目而心生满足,但这种心理满足似乎与内心无关,且随着代表"新潮"、"时尚"、"潇洒"等流行符号的不断翻新,会使人陷入对物的无止境的追求的恶性循环之中,这种靠物质来证明自我却始终难以如愿，不仅会导致资源的浪费，更易于造成人内心自由本性的泯灭而产生焦虑感和不安全感。所以人本主义消费观是合乎人的目的和意义的消费观，使中学生在消费活动中能以健康对抗病态、以科学对抗愚昧、以文明对抗落后。人本主义消费观以人格健全、心灵充实为旨归，使消费活动服务和服从于人的生命价值和多维立体的生命活动，成为人主体性自我实现的手段而非目的。

（二）营造和谐正向的校园文化

通过营造和谐正向的校园文化，以积极的群体认同消解炫耀性消费对中学生价值认同造成的混乱。炫耀性消费推动着商品的分层化、等级化；流行、时尚刺激着商品不断更新换代，商品取悦于消费者的核心品质不再是其实用性而是其夸示性。媒体的推波助澜、明星效应、同辈群体的示范作用等无形中强化了中学生的物质认同标准和享乐价值观。从社会文明发展进程看，互喻文化特点最为显著，即同辈群体的影响效应远远重于长辈。物质化、片面化、功利化的价值标准在校园中会产生蝴蝶效应而成为校园流行价值观被多数中学生所接受。而宽松的价值环境为价值相对主义创造了机会，不断丰富和翻新的标示时尚、品味、身份地位的商品符号不仅强化着个体的自我利益观念和享受意义，消解着社会主流价值观。在这样的校园文化氛围中一方面易于造成中学生的盲从，对校园流行物的接受与认同被多数中学生视为是对自我群体身份的确证；另一方面流行文化所反映的价值观与学校教育中所传递的主流价值观难免存在冲突与矛盾，易于造成中学生内在价值冲突而产生自我同一性混乱。

自我认同的形成无法脱离个体特定的生存环境与人际关系。在这个"信息爆炸"的时代，各类信息渗透到人们的生活当中，带来生活便捷的同时更将各种价值文化不加筛选的裹挟进来，使生活在"快餐世界"中的人们更是对这种"符号宰制"的世界无法进行理性的选择。因此，在探究参照物时，不能将学校与社会分开来讨论，应从整体的角度探究意义参照群体对中学生积极自我认同形成的影响。学校首要利用中学生善于模仿同辈群体的特点为他们树立良好榜样，借助他们对同辈群体的归属依赖，以正向榜样的示范效应促进校园风气的净化与优化，为学生营造积极意义的参照环境，防止炫耀性消费滋生；同时丰富健康的校园文化活动不仅有助于开阔和丰富中学生的文化视界，提升中学生的精神生活境界，防止物质取向的炫耀性消费对中学生自我认同的侵害；其次学校要将整合校园内各方优质教育资源，使课程成为积极价值观的有效载体，教师成为正确价值观的领引者与践行者，同伴群体成为正能量的传播群，以形成教育合力，唤醒中学生在消费中的主体意识，增强中学生对真实需要和虚假需要的辨识能力，避免自我意识的内在混乱，以实现自我同一性。

（三）强化社会媒体的积极意义参照价值

通过强化社会媒体环境的积极意义参照价值，启迪中学生反思消费文化的能力，促进其自我认同的统一。多元异质文化并存和价值相对主义的影响，使社会环境的积极意义参照功能逐渐弱化。发达的现代媒体工具打破了传统师生之间、家长与孩子之间单渠道、单向度主导的信息传递模式，学生获取信息资源的渠道空前丰富、便捷。在良莠难辨的信息流对中学生所产生的消极意义参照价值直接影响着他们的自我概念形成。因此，优化社会信息环境，整合媒体资源，强化社会环境的积极意义参照价值是促进中学生健康自我认同的重要保障条件。一方面，通过特定的法律制度净化媒体环境，并通过诸如绿色网络行动、寒暑假优秀电视节目展播等活动，强化电视媒体的主流价值导向功能，以优秀的影视作品和优质的电视节目濡染和塑造中学生的精神世界，避免单纯物质化、功利化的人生价值定位；另一方面学校教育要避免空洞化、抽象化的教育引导，而应立足社会现实，充分关照中学生的真实生活情境，解构和剖析掩藏于各种媒体信息、商品广告、影视作品及实际生活中的价值观，启迪学生对消费主义价值观进行反思，提升其辨识和澄清是非善恶的能力，帮助学生形成健康的自我认同。

第四章　消费文化背景下青少年的金钱观

　　金钱观是人们关于金钱的认识、看法及态度的总和，是人们如何获取、使用和支配金钱的内在依据，影响着人们的价值观念和人生态度。随着市场经济的迅猛发展，中国也开始进入了消费社会阶段。人们的物质生活水平大幅度地提升，价值观也发生了巨大的转变，尤其是对金钱的认识与看法较之于生产社会时代全然不同。按照马克思主义的理解，消费社会是一个一切都可以贴上价格进行买卖的时代，金钱的交换媒介功能发挥到了极致，物质主义、享乐主义生活方式的普及使得拜金主义盛行。这些对于价值判断能力尚不成熟的青少年学生无疑会产生较大的影响。在青少年成长中扮演着重要角色的家长和学校却更为关注孩子的学科知识增长，对于其生活能力的培养和做人方面的引导比较薄弱。而消费社会中，青少年学生具有了更多的自我表达的自由，消费也因此成为其确证自我、展示自我个性的一个重要手段。而鱼龙混杂的市场、琳琅满目的商品、真假难辨的广告及花样百出的营销手段……无不潜移默化地诱惑着青少年，使青少年陷入前所未有的价值选择困境。金钱也由此成为青少年学生学习和生活的一个重要动力目标。

　　中国的计划生育政策使得青少年大多为独生子女，无论家庭教育还是学校教育都更多地采取一种包办式的保护方式，而知识教育和做人教育的脱节使得教育远离了学生的生活世界，致使孩子们在客观知识、书本知识增长的同时，社会知识、生活经验及生存能力并没得到相应的提升。相反，这种包办、代理的教养方式最终导致孩子一方面依赖成人，无论在物质上还是精神上；另一方面"有求必应"的溺爱式管理使孩子们缺乏金钱意识，不懂得珍惜，只是一味索取而不懂得感恩和回报，成长为自私的人。同时，消费成为人们建构自我关系和标示自我价值的主要手段也易于形成青少年简单地将自我需求等同于金钱需求。而当追求金钱、渴望金钱成为青少年的生活主题和人生目标时，必然会使其异化为金钱工具而失却了人生的方向和生命的意义。因此，消费社会中，培养青少年正确的金钱观，是避免其陷入消费主义价值漩涡的基本保障，也是青少年身心健康的前提。

一、关于金钱观的研究

金钱从开始充当交换媒介就进入了人们的生活世界，生活中人们如何认识金钱、如何看待金钱及如何使用金钱也进入了研究者的视野，引发人们对金钱的思考。

(一) 金钱观的涵义

西方学者关于金钱观的研究主要涉及金钱涵义、情感及社会性功能等维度，本书对其进行梳理与分析。

1. 金钱认知

西方学者瓦瑞蒙特（Worriment）和菲茨帕特里克（Fitzpatrick）（1972）的研究表明，金钱不仅仅是充当物质交换的媒介，金钱具有十分丰富的内涵，金钱象征着人们的成功抑或是失败，象征着人们被社会的接纳与认可程度。在1978年，Goldberg 和 Lewis 两位学者也有着与 Worriment 和 Fitzpatrick 相同的观点，他们在肯定金钱本身具有购买商品的物质交换媒介的基础上，也认为金钱在除此意义之外还有深厚的内涵，金钱可以象征着对他人爱，可以给人们带来安全感，甚至拥有了金钱的个体，也就似乎拥有了人身的自由；1990年，Belk 和 Wallendorf 提出了与前人不同的观点，他们认为金钱是世俗与神圣、善与恶的统一，关键在于个体在面对金钱时所出现的不同的"投射"反应，人们往往运用自己对客观事物的理解与看法，在与客观事物的不断碰撞当中，得出自己对金钱的看法以及观念。他们研究发现，当前人们普遍认为：拥有金钱的数量与个人所拥有的权利是一致的，金钱不仅能体现人与人之间的关心、爱，往往也能造成人与人之间的嫉妒以及猜疑。Belk 和 Wallendorf 两位学者不仅肯定了金钱对人们的积极的意义，同时也说出了金钱可能会带来一些负面的情感或者认识。1991年，学者 Lane 在 Belk 和 Wallendorf 两位观点之上，进一步阐述了金钱可能给人们带来的负面的以及消极的影响，他认为，金钱往往会使人感到担心抑或是焦虑，人们往往会担心因为缺钱而造成的贫穷、社会的疏离；因为没有赚得大量的金钱而产生失落感；由于想要获得更多的钱而造成道德上的沦陷，个体的不安定等等。1991年学者Krueger提出金钱不仅仅指用于生产和交换的工具，金钱还具有其他的象征意义。他认为：金钱是交换物品和服务的媒介；金钱与某些态度和价值有关；把金钱视为情感的转移物。1988年Gumey在继承前人观点的基础上，进一步探讨金钱与自我之间的关系，他认为在儿童时期，孩子由于受到父母的影响往往就拥有了对金钱的看法以及认识，随着年龄的增长，其对金钱的观念以及认识会逐渐趋于成熟。心理学家兰恩对于金钱认知的研究趋于成熟，他认为金钱往往具有两方面的意义，正面的意义以及负面的意义，金钱一方面可以为人们带来名利、地位以及声望。除此之外，金钱还会给人们带来较为负面的影响，可能会使人们面临失业、破产以至于人格上的屈辱。金钱的意义并非是中性的，往往是正面意义以及负面意义的结合。Thomas Li－Ping－Tang以及其合作者采用跨文化比较研究的方式，比较了美国、英国、中国等国家在金钱观上的特点，提出了金钱观的三大维度：认知、情感以及行为三大维度。主要维度如下表所示：

表4－1　Thomas Li－Ping－Tang金钱观维度表

维度	因素			
金钱认知	成功	动力	公平	权利
金钱情感	好		坏	尊敬
金钱行为	挣钱		预算	

艾德华·罗伯特·布尔沃说："管理金钱，很大程度上就是管理自己。"著名的人本主义心理学家提出了自我论，认为自我的存在与否，自我价值的大小，在一定程度上取决于自己拥有金钱量的多少，拥有金钱量的多少也就在一定程度上反应个体在金钱状态以及社会地位的变化状况。人与人在相互比较中不断追求卓越，人们为了谋得他人对自己的认同及赞赏，努力地攒钱，努力地挣钱、努力地花钱。取得的金钱越多，得到的社会认同也就愈多，个体的自尊心也会得到较大的保护。个体在获得金钱的同时，赢得了黄金，赢得了掌声，更加赢得了尊严，自然而然也就追求到了所谓的成功。澳大利亚的一位学者在调查研究中发现，金钱虽然能带给人暂时的愉悦、暂时的享受，但是人们普遍更看重的还是金钱带给人的独立以及自由。拥有了金钱，人们不再愁苦于吃穿住行；拥有了金钱，人们也不再为无家可归而烦恼，拥有了金钱，人们似乎也拥有了更多健康上的保障。当人们基本的衣食住行物质生活得到保障之后，人们往往会倾向于精神方面的自

我反思，金钱往往不能带给人精神上的满足一己愉悦，金钱买不来幸福，幸福的个人不一定是拥有大量的金钱，拥有大量金钱的个体也并不一定是幸福的个体。追逐物质的保障之外更深的层次将是精神的愉悦以及自由。

Snelders. H 等人的研究还表明金钱是以多种形态存在的并具有多层含义，在伦理道德方面，如何获取和如何使用金钱是目前关于金钱研究争论的焦点，而这有赖于个体的内在价值系统。[①] 可见，随着时代的发展与变迁，人们对金钱的认识和理解愈来愈深刻。金钱作为交换媒介不再仅具有其本体意义，往往还富有多方面的象征含义。伴随着社会经济水平的不断提升，金钱形式会愈来愈加多样化，在金钱形式多样化趋势的带动下，相信有关金钱的意义也会愈来愈丰富。随着社会的发展，人们对于金钱的认识，不仅仅局限于交换价值的层面上，金钱也成为成功、自尊、权利、地位、能力等的代名词和标示物，客观理性地认识金钱的内涵是有效地发挥金钱功能的基础。

2. 金钱情感

金钱情感主要是指人们对于金钱的态度及偏好程度，就此问题而言，国外主要采用语意分化量表或调查问卷来展开对金钱情感的研究。肯特和坦普勒研究了精神治疗家和人格理论家等的相关著作，包括弗洛伊德、克莱恩、阿德勒、费尼谢和弗洛姆等人，依据其相关理论编制出自陈量表施测，研究表明金钱具有权利抑或是声望的象征意义，金钱可以建立人与人之间信任的情感，金钱在有些时候也就等于质量，花较多的钱往往能买到质量较高的产品。除此之外，金钱往往还会造成人情感上的焦虑不安。

Tang 及其同事（1992，1993，1995）基于态度的 ABC 模型，即情感（Affection）、行为（Behavioral）和认知（Cognition）模型，编制出金钱伦理量表（Money ethics Ethic Scale，MSA）。该量表包括三大维度六大因素：三大维度主要有认知、情感、行为三大维度；情感主要分为好与邪恶两大情感态度；行为方面主要包括预算一大维度。随着研究结果的深化，将各个维度中的小因素简化为包括成就、预算、罪恶的三大简易因素量表。后来，为了研究需要由制定金钱喜好量表，包括三因素模型：富有、动机、重要性和四因素模型：富有、动机、重要性及成就。

[①] Snelders. H., Hussein. G., Lea. S. & Webley. P. The polymorphous concept of money [J]. *Journal of Economic Psychology*，1992，13：71—92.

费拉明（Fleming）（1984）、柯卡尔迪（Kirkcaldy）及凡汉（Fanhan）（1993）从三个异质测量中抽取项目组成了金钱信念及行为量表（Money Belief And Behavior Scale，MBBS）包含6个因素，其中涉及金钱情感方面的因素有：金钱象征权力、能力，金钱往往还能为人们带来安全等情感体验。米切尔（Mitchell）等人研究出了金钱重要性量表，此量表可以综合测评个体对于金钱重要性的理解。量表主要包含以下几方面的内容：金钱本身具有的价值、金钱对个体所具有的独特的价值以及日常行为当中处理金钱问题的技巧。分析了金钱可能为人们带来的情感体验。

国外对于金钱情感的研究通过各种量表的形式来反映金钱对人情感变化的影响，相对来说，都是从金钱的象征意义来考察人们的金钱心理对金钱行为的影响。众量表一致表明：金钱对于个体的生活具有十分重要的作用，人们在运用金钱进行物质交换或者是人际交往时，金钱往往会给人们带来不同的情感体验。当金钱达成了为个体服务的目标时，个体就会产生强烈的愉悦感；当金钱没有达成个体的预期愿望甚或有损于个体的利益时，会给人带来心理不安或者是困扰。

3. 金钱的社会功能

澳洲心理学家爱德华与英国心理学家帕尔以家庭中的金钱观为研究的着眼点，研究表明家庭当中，拥有金钱数量较多的一方往往拥有更多的权利，拥有较多权利的一方往往更乐意实行控制性行为。针对这一现象又做了深层原因探讨，认为家庭的分配体制决定着夫妻双方对于金钱的控制程度以及拥有程度，家庭生活中拥有金钱的一方，往往在日常的金钱行为当中具有较强的控制性。

唐纳德·布莱克从金钱与人的社会地位相一致的角度，对部分犯罪者进行了调查研究。调查结果表明，当被害人相对于犯罪者来说社会地位较高时，犯罪者往往一定入狱或者入狱的几率极大，即惩罚加重；而当受害者的社会地位低于犯罪者的地位时，犯罪者一般会受到正规程序的法律的制裁，即合理惩罚。这说明同样的罪错行为往往因为犯罪者的社会地位的不同而被判定不同程度或不同类型的罪状。反映了金钱具有的实际控制能力。即拥有了金钱，也就相当于拥有了相应的权利，拥有了权利也就相当于拥有了相应的控制权力。因此，金钱既可以说是个体地位、身份最有利的象征，也可以说是个体控制力大小以及控制程度的象征。

纵观国外关于金钱观的研究，可以发现这些研究主要是从社会学和心理学的维度，从不同的视角研究金钱的内涵及其象征价值，金钱观念的来源及其影响因素，金钱对个体所具有的交换媒介之外的社会性功能等，为人们合理的对待金钱、使用金钱具有一定的启示意义。但由于这些研究大多是针对某一特定群体进行的实证研究，其研究结论的普适性不高；研究基本强调的是对真实状况的揭示，较少做价值评估，因而对于其中出现的消极金钱观并没有提出有效的矫治和引导干预策略，尤其对于未成年人的金钱观问题几乎没有涉及，因而对于青少年的金钱观培养和教育不具针对性指导作用。

（二）大学生的金钱观

国内关于金钱观的研究相对较少，就目前的研究来看主要集中于大学生这一特定群体进行的。

1. 大学生金钱与自我价值关系

我国学者杜林致、乐国安是国内金钱观研究的先行者，他们在翻译研究和总结唐（Tang）及其同事的金钱观量表的基础上，选取编制了包含19道问题的金钱观问卷，经过相应的因子分析，得出金钱观的认知、情感、行为的三大维度；认知包含成功以及内在动力两大因素；情感包括好和坏两大类情感因子；行为方面包括预算和捐款两种具体的金钱行为。在确定了金钱观三大维度六大因素后，杜林致、乐国安又以大学生作为研究对象，重点调查了大学生对于金钱的观念与自我价值实现之间的内在联系。调查结果显示：大部分的大学生能够意识到金钱对于自身的价值以及重要的意义，虽然当前的大学生较为看重金钱的价值，但是他们普遍认为获得大量金钱的人士并非是成功的人士。二学者在以上研究结果的基础上，按照个体对于金钱价值的肯定与重视程度，将人分为四种人格类型：金钱崇拜型、金钱豁达型、金钱冷漠型、金钱拒斥型。（见表4-2）不同金钱类型的人，其自我价值会有所不同，说明金钱成为影响人们自我认同和自我价值的重要因素。

表4-2 杜林致、乐国安有关金钱与自我价值关系的研究

人格类型	比例	金钱态度	自信心争胜感	自卑心
金钱崇拜者	31.5%	积极	最强	较低
金钱豁达者	28.77%	积极	较强	最低
金钱冷漠者	29.11%	消极	偏低	偏高
金钱拒斥者	10.62%	消极	偏低	最高

2. 基于层次理论的大学生金钱观

赵守盈、靖新巧依据著名的层面理论建构了金钱观的结构模型。层面理论的本质是处理多元变量，探讨人类态度与行为的多维结构。它把理论构建和实证研究系统地结合起来，清晰的界定研究范畴，形成研究的理论框架（framework），并依据这个框架设计或选择研究工具（问卷和项目），提出假设，再通过独特的数据分析方法（如最小空间分析 SSA2I）来检验这种假设，从而探索和验证理论结构。[①] 层面理论主要包括 3 个元素，即层面（facet）、元素（elements）和映射语句（mapping sentence）。其中映射语句是层面理论最具独特性的技术概念，它是用简明的方式详细说明研究内容以及它们之间的关系，由各个层面以及层面内的全部元素组成。层面包括目标人群层面（population）、内容层面（content）和反应范围层面（range）。结合既有研究成果，她们据此将金钱观的目标人群确定为大学生群体，将金钱观的内容层面设计为价值形态层面和象征意义层面两个维度，价值形态层面包括金钱认知、金钱情感和金钱意向三个基本元素，象征意义层面是指金钱象征的不同社会形态，包含三个方面的元素，即金钱象征权势，金钱是衡量某个人成功或失败的指标，挣钱的欲望。运用这一结构模型对山东省和贵州省两所高校的 300 名大学生进行了调查研究。结果表明大学生的金钱观形成与发展路向总体上是相同的，基本是从金钱情感发展到金钱认知，再由金钱认知发展到金钱行为倾向的；从金钱观的差异性来看，地方经济发展水平与大学生金钱观水平密切相关，通常经济发达地区的大学生，父母往往拥有足够的实力以及条件供其读书上学，因此经济发达地区的大学生打工挣钱的欲望相对较低。而对于来自于经济不发达地区或农村的大学生，往往因为家里经济状况不好对待金钱相对比较谨慎，挣钱欲望较强，以期减轻家庭负担和父母的压力。在金钱的象征意义层面，大学生普遍比较看重金钱的权势、成功的意义，普遍较认同这样的拥有了较多的金钱就拥有了更多的权势，拥有了较多的金钱，就拥有了成功。但存在性别差异，男生在"拥有金钱就意味着拥有了权力、拥有了成功"方面表现出更高的认同度。

[①] 赵守盈、江新会：《行为科学研究设计与理论建构的一种重要策略——层面理论述评》，《贵州师范大学学报（自然科学版）》2006 年第 2 期。

表4-3 赵守盈、靖新巧、江新会金钱观层面分析结构模型

金钱观的层面	元素		
层面A：价值层面	情感	认知	意向
层面B：象征层面	权势	成功与失败	挣钱欲望
映射语句		完全同意	完全不同意

3. 大学生金钱观结构与特点

谢超、张大钧在对已有文献和相关调查问卷分析研究的基础上，编制"大学生金钱观问卷"，通过调查研究发现大学生金钱观是由二阶二因素、一阶八因素组成的多维度、多层次的结构。大致可概括为金钱价值观和金钱行为观两大维度。金钱价值观包括生存性价值、享乐性价值、关系性价值和发展性价值四个因素；而金钱行为观包括占有欲望、获取手段、支配方式和支配方向四个因素。[①] 这一研究也表明了大学生金钱观存在着年级差异、性别差异和城乡生源地的差异。

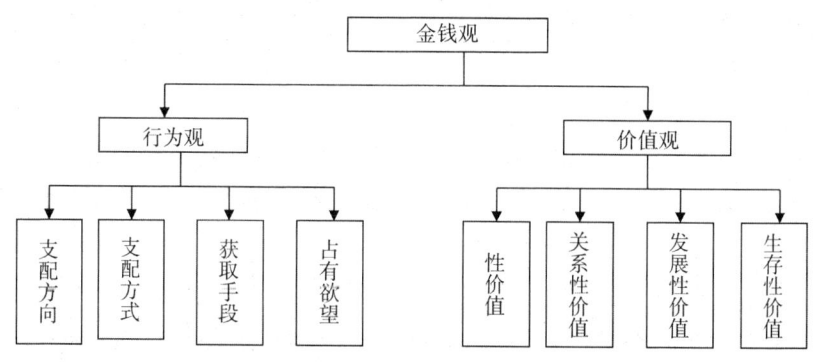

图1 金钱观结构图

（三）金钱观研究的不足

金钱观属于观念层面的内容，其形成与发展都与特定的文化传统和生活情境密切相关。从目前国内关于金钱观问题的研究状况看，主要倾向于量化研

---

① 谢超、张大钧：《当代大学生金钱观结构及特点研究》，《第十一届全国心理学学术会议论文摘要集》2007年11月。

究，其调查工具大都是借鉴国外的既有研究成果，缺乏对该研究工具进行本土化的转化，因而所形成的研究结论未必符合中国人的实际状况，相对应的所提教育策略也未必具有针对性。此外，从研究对象上看，目前的研究对象比较单一，主要集中于大学生群体，对于其他的青少年学生关注较少。事实上，市场经济体制确立以来，青少年学生也越来越成为受商家关注与青睐的消费群体，消费也成为他们确证自我、建构自我的一种主要方式。在消费生活中青少年逐渐形成了自己特定的金钱观。研究和分析青少年的金钱观有助于通过适当的教育介入，引导青少年形成正确、理性的金钱观，以抵御消费主义裹挟中金钱至上、拜金主义等消极价值观念对青少年学生的侵蚀，使其健康地成长。

二、青少年金钱观研究的价值

青少年学生正值人生观、价值观形成的关键时期，处于心理发展的敏感期和情感的动荡期，一方面他们认为自己已经长大成人，渴望以特异的观点和行为凸现自己的独立存在；另一方面不得不承认他们还不成熟，对不同价值观缺乏客观理性的分辨能力，尤其在充满内在价值悖论的消费文化裹挟中，青少年有了更多地自主意识和自我选择的自由，而缺乏成熟的预测能力和判断能力使他们在面对冲突价值时往往陷入选择困境，其人生观、价值观直接受其金钱观的影响。而伴随着市场经济的发展、消费文化的普及，人们的物质生活水平获得前所未有的提高的同时，人们的价值观念也发生了前所未有的大转变，特别是作为消费之中介的"金钱"在人们的日常生活中发挥着空前的作用。人们在享受着金钱所带来的快乐与富足的同时，也体味着金钱所招致的痛苦与灾难。尤其是处于身心发展关键阶段的青少年们，极易受消费文化的影响，能否正确认识和看待金钱直接影响着他们的自我认识和未来生活目标选择，进而影响着其健康成长。在消费社会环境中，青少年们在日常生活中直接感受着金钱的魔力，容易造成金钱崇拜心理。使得一些青少年将"大款"视作"偶像"，将追逐金钱当作人生的终极目标。而学校教育更为关注孩子的知识积累，对于人生态度、价值观念方面的引导较少，且大多比较理想化，往往以真理式的规范教育为主，缺乏对具体生活问题的关照，因而对在校青少年学生如何认识金钱、如何使用金钱鲜为关注；独生子女政策也使得很多家庭将满足孩子的物质需要视为爱孩子的基本指标，导致越来越多的孩子"索取"性人格。当追求金钱、渴望金钱、使用金钱成为孩子的生活主题时，过度的物质追求和享受必然会导致其精神生活的空乏和人生价值的庸俗。

青少年的素质预示着未来社会公民的总体水平，研究青少年的金钱观问题，不仅有助于了解当下青少年的金钱态度、金钱情感及支配和使用金钱的行为倾向，以培养青少年学生正确的金钱观，形成积极健康的人生观和价值观，促进其健康成长与发展；而且可以通过青少年将健康理性的金钱观念和金钱消费行为向社会公众辐射，以优化社会价值环境，实现社会文明和谐发展。基于以上分析，本研究中的关注对象主要为青少年群体。

三、青少年金钱观的调查过程

因此，本研究依据价值观知、情、行的三因素理论，将金钱观结构确定为金钱认知、金钱情感、金钱行为倾向三维度，其中金钱认知是指人们对金钱本身的基本认识和看法；金钱情感是指人们在对待和使用金钱时所具有的情绪、情感、偏好及态度的集合；金钱行为倾向则是指人们在如何使用金钱方面的一种行为趋势和心理倾向。依据这种分类标准结合国内外金钱观的调查量表和问卷，结合中学生这一群体的认知特点设计出《青少年金钱观调查问卷》，以了解消费文化背景下中学生金钱观的实际状况，归纳中学生金钱观的整体特点与差异性，以提出对这一青少年群体具有针对性的教育策略，使他们在学业成绩发展的同时，价值观也得到相应的发展。该问卷从金钱认知、金钱情感、金钱行为倾向三个维度自行设计了35个题目，在试测的基础上对其中个别问题进行了修改，形成最终调查问卷，保证问题的有效性和合理性。调查对象为某一线城市的三所普通中学初一、初二、初三年级的在校学生。问卷调查采取现场作答、现场回收的方式，以避免问卷的流失和调查数据的真实性。共发放调查问卷449份，回收问卷446份，其中有效问卷438份，有效回收率为97.9%。调查对象男生为197人，女生241人，从年级分布来看，一年级163人，二年级138人，三年级137人。问卷调查结果采用统计软件SPSS17.0进行数据处理与分析。

四、青少年金钱观的总体特征

英国学者弗恩海姆和阿盖尔将人的金钱意识发展分为六个层次：2～3岁儿童还没有真正的金钱意识，仅把金钱视为一种玩具；4～7岁的儿童拥有单一的金钱意识，能够认识钱，具有了初步的金钱功能意识，认识到钱可以买东西，并有比较自觉的买卖行为；12～14岁的少年已经具有了较为复杂的金钱功能意识，认识到钱的多种物质交换功能，其买卖行为具有一定的自觉性和初步的独立性；15～17岁的少年具有了较全面的金钱功能意识，包括金钱的物质交换功能、金钱满足精神需求的功能和金钱的社会功能；18岁以上的青年具有了创新的金钱功能意识，亦即具备了运用金钱进行金钱增值的自觉意识。[①] 青少年学生群体基本处于12～17岁年龄段，大多已具有了较全面的金钱功能意识。但从调查数据来看，他们对金钱各种功能的认知与权衡尚不成熟，具有以下特征：

(一) 金钱认知水平较高，但趋于功利性

金钱的认知水平是金钱观的核心内容。在"你是怎么看待金钱的"回答中，19.5%的中学生认为"金钱仅仅是物质交换的手段"，8.9%的学生认为"有了金钱就可以想做什么就做什么"，而认为"金钱不仅仅是物质交换的手段，还象征着权利地位、成功以及尊严等"的占调查人数的57.4%，也有16.9%的学生认同"有没有金钱并不重要，更重要的是精神上的充实"这一观点。从以上调查数据来看，绝大多数中学生对金钱的认识和理解已经超越了简单的金钱基础意义，更多关注的是金钱的综合功能，尤其是金钱的象征意义。说明中学生的金钱认知水平已普遍较高，而且金钱具有了目的论意义，成为自我身份、地位、尊严等的衡量标准，仅有16.9%的学生认为精神上的充实比金钱更重要。重视金钱的功利性功能成为青少年学生金钱认知的普遍趋势。

(二) 金钱情感较强烈，呈现出不稳定性

金钱情感是指个体对金钱的偏好或由金钱得失而产生的情绪体验。在回答

[①] [英] 艾德里安·弗恩海姆、迈克尔·阿盖尔：《金钱心理学》，新华出版社2002年版，第33—35页。

"当你拥有很多钱时,你会有什么感觉"的问题时,63.2%的中学生认为"自己会非常高兴",19.9%的中学生认为"钱多了可能是好事,也可能是不好的事",11.8%的中学生认为"自己情绪上不会有很大波动",而5.1%的中学生"不知道自己拥有很多钱以后的状态,不是很希望自己拥有太多的钱"。这一调查结果说明,青少年学生都能认识到金钱所具有的获得性价值,因而多数同学认为拥有较多金钱会让自己产生兴奋、满足、愉悦的情感体验,约36.8%的同学对金钱的感受比较理性,认为钱多未必都是好事,甚至有5.1%的学生并不希望自己有很多金钱,11.8%的同学认为金钱多少不会引起自己的情绪波动。说明这部分学生在直接或间接的生活实践中经历过金钱所带来的积极和消极的情感体验,或者意识到金钱的工具性和外在性,因而对于金钱的认知比较理性,金钱所产生的情感体验比较稳定。当问及"你丢了100元钱时会有什么感觉"时,73.4%的学生觉得自己会"很难受",22.1%的学生选择"钱已经丢了,就不用去想了"。4.5%的学生认为"破财消灾,说不定是件好事"。这一结果说明丢失金钱会给中学生带来不同程度的伤心难过的消极情感体验,26.6%的同学对失去金钱能够采取积极的心理排解措施,因而会降低丢失金钱给自己带来的不良情绪影响。通过以上分析,可以看出多数青少年学生的金钱情感具有不稳定性特征。

(三)金钱行为倾向多元化,交往性、攀比性、短视性占主流

从金钱的使用取向上看,个体的金钱行为可划分为满足生存需要的金钱行为、满足人际交往需要的金钱行为、满足个人尊严的金钱行为、满足个人发展的金钱行为等几类。在对中学生的调查中发现,36.5%的学生将零用钱用于"和同学一起玩",25.6%的学生将零用钱用于"买别的同学都有自己却没有的手机、耐克鞋等",23.4%的学生将零用钱用于买"吃的和平时必需品",有14.5%的学生选择"将零花钱存起来,将来买书或者考大学时用"。从这一结果看,满足生存需要、满足人际交往需要、满足个人尊严需要和个人发展需要的金钱行为倾向在中学生中都不同程度地存在,依据所占比重高低依次为满足人际交往需要的金钱行为、满足个人尊严需要的金钱行为、满足个人生存需要的金钱行为、满足个人发展需要的金钱行为。这说明青少年学生有了相对独立的金钱观和自由自主支配金钱的可能空间和选择余地。而青少年学生的人际交往意识显著增强,与家长、亲人相比,他们更倾向于选择同辈群体作为主要交往对象。在当前的消费型社会中,消费交往方式成为连接人际关系的重要手

段，这意味着金钱成为人际交往的重要媒介。处于这一社会环境中的青少年学生亦将这种成人化的人际交往方式简单移植于自己的生活圈，使以金钱为纽带的请客等消费化交往模式成为中学生人际交往的主要方式。此外，青少年学生正处于某方面的成熟与某方面的不成熟并存的特定年龄段，标示自我、彰显自我个性与尊严的一个显著方式是个性化的打扮和品牌化的着装。而学生统一着装的要求，使得他们只能将这一要求简化于使用的物品和鞋子上。同时，不同学生的家庭背景也会有很大差异，家庭经济条件比较薄弱的学生往往更多地选择将零用钱用于改善自我基本生活需要；只有少数的学生将金钱使用于满足自我发展的需要。可见，从总体上来看，青少年学生的金钱行为呈现出多样化倾向，交往性、攀比性金钱行为倾向在学生中占主流地位，在金钱使用上缺少计划性、前瞻性，尤其是将金钱使用于满足自我发展需要的可持续性金钱行为观还没有真正成为主流，短视性成为其主要特征。

五、青少年金钱观的差异性

青少年学生作为一个特殊人群其金钱观总体上呈现出功利性、不稳定性、盲目性等特征，但就个体而言，其金钱观受到诸多因素的影响，因而导致不同性别和不同年级学生的金钱观存在一定差异。

（一）性别差异

表4-4 不同性别青少年金钱观的差异性

变量	男（n=197）M±SD	女（n=241）M±SD	T值	显著程度
金钱认知	1.77±0.36	1.74±0.35	1.116	.265
金钱情感	2.59±0.29	2.61±0.31	−0.651	.515
金钱行为倾向	2.89±0.35	2.96±0.31	−2.086	.038

通过T检验，我们发现青少年学生在金钱认知和金钱情感上的性别差异不显著，而在金钱行为倾向方面性别差异显著，与男生相比女生更注重金钱在日常生活中的价值与功用。造成这种差异有以下几方面原因：首先是我国传统文化中男女角色定位的影响使然。中国传统文化中关于男女角色定位一直主张

的是"男主外、女主内",男性主要责任是发展事业,获取金钱,为家庭争得荣誉和地位,而女性则被赋予更多的管理家庭、支配家庭内部用度的责任,因而管理和使用金钱成为女性的主要家庭职责。在日常生活中,女性更注重金钱在日常生活中的合理分配与使用,更重视金钱的使用价值。而男性缺少合理支配金钱方面的直接体验,因而在使用金钱上多没有明确的计划性。在这样的文化氛围中,女孩子更多地从家庭生活中、从父母家庭行为中形成自己的未来角色定位,金钱的持家功能更受其青睐。

这种男女角色定位还注定了男女学生零用钱在量上的差异。而零用钱的数量往往是影响学生金钱观的直接因素。由于男孩子将来要担负更多的社会责任,人际交往技能的培养受到家庭的格外重视。因而在零用钱的数额上家长往往更宽容一些,这也是导致男生在金钱行为上表现出比女生更显然的随意性的主要原因之一。

有研究表明女性处理金钱更多是世俗的,而男性在处理金钱时带有神圣性。[①] 尤其是当今消费型社会中,金钱成为衡量个体成功与否的最直接、最有效的指标。"学得好不如嫁的好"的世俗观念也在影响着女孩子的人生观和婚恋观。青少年学生虽然尚未到谈婚论嫁的年龄,但这些消费主义价值观也通过日常化、世俗化的方式介入人们的生活世界,潜移默化地影响着他们的价值判断。越来越多的女学生开始关注自己的外表、装束,名牌化妆品、衣服、首饰等也成为女学生金钱行为的主要指向。与男生相比,女生的金钱行为更多指向自我,以满足自我形象、身份、地位的需要为主要追求。男生的金钱行为则更多指向满足交际需要和自我权威地位、尊严的彰显,以提升自己的社会适应能力。

(二)年级差异

在对调查数据进行统计处理时,将年级作为自变量,将学生的金钱认知、金钱情感、金钱行为倾向作为因变量进行多元方差分析及描述性分析,如下表所示。

[①] 谢超:《当代大学生金钱观结构及其特点研究》,西南大学硕士学位论文 2007 年 6 月。

表 4-5 不同年级的青少年金钱观的方差分析表

变量	初一 (n=193) M±SD	初二 (n=118) M±SD	初三 (n=129) M±SD	F 值	事后比较
金钱认知	1.61±0.32	1.71±0.30	1.83±0.37	4.790	3>2>1
金钱情感	2.57±0.30	2.33±0.34	2.95±0.26	2.182	3>1>2
金钱行为倾向	2.92±0.31	3.14±0.34	2.84±0.35	0.259	2>1>3

注：1：初一；2：初二；3：初三；$p<0.05$

从分析结果看，青少年在金钱观上存在着明显的年级差异。在金钱认知和金钱情感上，有随着年级升高而金钱意识增强的趋势；但在金钱行为倾向方面，初二学生金钱行为要求最为强烈，最注重金钱的使用价值，其次是初一、初三学生的金钱行为要求相对较弱，这可能与初三学生所面临的升学压力和繁重的学习任务有关。通常刚由小学步入中学的一年级学生，年龄比较小，生活空间比较单纯，对金钱的认知和态度主要源于家庭教养方式和学校教育，受社会环境影响很小，对金钱的概念和功能的认识与理解还比较简单，在日常生活中自我需求的满足主要是通过家长来实现的，因而独立消费意识还比较薄弱。随着年龄的增长和认知水平的提升，14、15 岁的学生逐渐步入心理断乳期，他们渴望摆脱成人的控制，所以开始主动关注成人生活世界的各种价值规则，并希望以成人化的方式证明自我存在，其交往对象也由家长转向同辈群体，人际交往活动明显增多。青少年学生一方面希望通过群体交往活动，获得群体归属感；另一方面又希望通过个性化、差异化的物品和着装凸现自己的个性。因此，初二、初三的学生对金钱的价值理解显然要高于初一学生。但初三的学生面临着人生的第一次大考——中考，升学压力比较大，学习任务繁重使他们没有时间和精力去考虑金钱使用问题。由此可见，与初一、初三学生相比，初二学生在时间、精力等方面更有优势组织和开展各种与金钱使用相关的活动，请同学吃饭、参加同学的生日派队、互赠礼物等都成为他们人际交往的主要方式，因此他们的金钱行为要求最多。

（三）父母文化水平不同导致的差异

父母是孩子的第一任老师，来自家庭的影响往往跟随孩子的一生。而父母的文化水平是影响家庭环境、家长的教育观念和教养方式的重要因素。

表4-6　家长学历不同的青少年在金钱观上的差异

变量	初中 M±SD	高中及中专 M±SD	大专及本科 M±SD	硕士及以上 M±SD	显著程度
金钱认知	1.82±0.37	1.76±0.37	1.72±0.32	1.68±0.40	0.007
金钱情感	2.54±0.28	2.58±0.30	2.64±0.30	2.64±0.28	0.047
金钱行为倾向	2.86±0.37	2.93±0.32	2.94±0.33	2.97±0.29	0.557

调查发现父母文化水平不同的青少年学生在金钱认知、金钱情感方面存在着显著差异。由上表可见，青少年的金钱认知水平与其父母的文化水平成反比，即父母文化水平越高，孩子的金钱意识越弱；相反，父母文化水平越低的青少年学生却更能体会金钱的价值。但在金钱情感方面，父母的文化水平与孩子的金钱情感成正比，即父母文化水平越高的学生，在面对金钱问题时所产生的情感越强烈；相反，父母文化水平越低的学生在面对金钱时所产生的情感波动较小。而父母的文化水平对青少年的金钱行为倾向并未产生显著影响。这说明，青少年学生的金钱行为倾向更多地受到同辈群体或其他社会性、情境性因素的影响，与其父母的文化程度并无直接关系。

通常家长文化程度越高的家庭，就越发重视对孩子的教育与培养，尤其重视孩子的学业成绩，希望孩子能"青出于蓝而胜于蓝"，考上重点高中、奔向重点大学。所以在家庭中孩子的发展是家庭的头等大事，父母尽量满足孩子的各种要求，竭力为孩子创造优越的学习环境，避免其他事情分孩子的心。这样家庭的孩子受到家长高学历的压力，无形中将成绩、文凭、成功简单地划等号，他们多数渴望通过优异的学业成绩证明自己。因而他们将大量时间都花费在学业上，基本上是饭来张口、衣来伸手，可自由支配的时间非常有限，各种需求均由家长来满足，因而对金钱没什么太深的感受和体会，金钱认知水平相对较低。由于父母高学历的压力，出生于这样家庭的孩子一般对成绩患得患失，情绪随成绩波动较大，好胜心极强；在家庭中父母竭力满足其各种需求使孩子养成了"要什么有什么"的习惯；同时父母的高学历压力也使孩子情感反应强烈。一旦某种需求得不到满足时，孩子即会表现出强烈的情感反应。在如何支配和使用金钱方面，文化水平高的家长在消费时比较理性，注重消费的品味与质量，也注重培养孩子的欣赏品味和格调。但在这样的家庭氛围中，父母总是喜欢替孩子做主，孩子似乎总是处于被教育、被管制、被支配的一方，压抑了孩子的自主空间。这也加剧了的孩子的逆反心理，他们更迫切地渴望突破家长的束缚以个性化的方式进行自我表达；而且中学阶段是个体自我意识和独立意识快速增强的阶段，在生活态度和行为方式方面，这一年龄段的孩子已感受到与长辈之间存在不可逾越的鸿沟，他们更愿意选择与同伴类似的或同龄人赞赏尊崇的行为方式，以赢得同伴的认可与信任，融入同辈群体。因而在金钱行为方面青少年学生受其家长学历的影响较小。

而文化水平较低的家庭中，作为子女的中学生已经算是小知识分子了，在家庭事务中孩子的观点和建议有时会帮父母解决一些棘手的问题，这使他们更易于获得父母的承认而获得与父母平等的家庭事务参与权，也更易于理解父母的艰辛与不易。由于对家中的大小事务和用度比较了解，因而更能体会金钱对日常生活的重要价值，金钱认知水平相对较高。生活于这样家庭的中学生由于能够充分认识到金钱对家庭的整体功能，因而遇到与个人需求相关的金钱问题时，易于排解。当自己的金钱需求得不到满足时，多数同学能从家庭大局出发理解和尊重父母所作的决定而不至于产生过度的情感冲动。在金钱行为方面，这部分学生也更愿意选择同辈群体喜欢的行为方式。父母文化水平的高低不会对孩子的金钱行为造成影响，也证明了目前社会文明具有人类学家马格丽特·米德所谓的互喻文化时代的特征，即年轻一代已意识到他们的经验与父母长辈们的经验之间存在着显著的不同，他们更注重与同辈人的交流，以获取经验。[①]

六、青少年金钱观的教育与引导

美国的斯特劳斯（Strauss）在皮亚杰儿童认知发展阶段理论的基础上，提出儿童的金钱意识的发展也是按照一定的顺序进行的。英国学者弗恩海姆（Adrian Furham）和阿盖尔（Michael Argyle）在此观点基础上，按照年龄特征将金钱意识发展分为由低到高的五个层次，如下表所示。

---

① [美] 马格丽特·米德：《代沟》，曾胡译，光明日报出版社1988年版，第77页。

表 4-7　金钱意识发展的六个层次[①]

年龄	金钱意识发展水平
2—3 岁	没有金钱意识，将金钱视为一种玩具
4—7 岁	单一的金钱意识，意识到钱可以买东西，有比较自觉的买卖行为
12—14 岁	较为复杂的金钱功能意识，买卖行为具有一定的自觉性及独立性
15—17 岁	全面的金钱意识及功能，物质功能、精神功能及金钱的社会功能
18 岁以上	创新的金钱功能，具备了运用金钱进行金钱增值的自觉意识

根据金钱意识发展层次理论，不同年龄段的孩子，其金钱观处于不同的发展水平。因而对于青少年的金钱观教育必须充分考虑其年龄特征，选择符合特定年龄阶段的认知特点和心理发展特定需要的教育内容与方法，使金钱观教育富有指向性和针对性。

（一）根据青少年金钱认知水平与特点实施金钱观教育

青少年学生基本处于 13、14 岁—17、18 岁之间的年龄段，依据认知发展理论，这一阶段的孩子思维发展水平已经接近成人，具有了形式思维能力。反映在金钱观上，青少年学生的金钱认知水平普遍较高，基本能够认识到金钱的多维社会功能，意识到金钱除了满足人们物质需要之外，还可能带来社会身份、地位的变化，可以改变人们的精神世界。与此同时，他们也发现由于金钱引致的一些社会性问题，诸如欺骗、冷漠、不择手段等，造成他们复杂而困惑的心理。而由金钱引发的各种社会不公问题，也易使部分学生形成夸大和迷信金钱功能的偏差认知。因而消费社会中对于青少年金钱观的教育与引导是促进青少年身心健康发展的必然要求。调查显示，由于青少年学生尚未真正走入社会，他们生活的主要场所是家庭和学校，因而其金钱认知主要是家庭教育和学校教育的结果。这需要家长和学校在对学生教育时，应注重对其价值观的引导，尤其是在当下商业社会中更要注重对他们金钱观的培养。

从家庭教育来说，家长要有意识地对其子女进行金钱观的引导，在家庭生活中既让子女体会金钱是现代社会生活不可或缺的交换媒介，也让他们认识到金钱只是满足和实现我们生活部分目标的手段而不是生活的全部或终极目标，让孩子感知生活中存在大量比金钱更重要的东西，金钱只能买到有价的东西而

---

① ［英］弗恩海姆、阿盖尔：《金钱心理学》，李丙太等译，新华出版社 2001 年版。

无法买来无价的东西，避免让孩子简单地将人生价值等同于金钱价值。

从学校教育来说，首先应在品德课、社会生活课等课程中增加金钱观教育的相关内容，如金钱的含义、金钱的基本功能、理财常识等，引导学生客观公正地认识和看待金钱的功能与价值，提升中学生的金钱认知水平；其次，在价值观、人生观教育中注重将个人幸福与金钱的关系进行理性剖析，使学生既意识到金钱对个人幸福的积极意义，也能认识到金钱功能的局限性，形成正确的金钱观；此外，学校在对青少年学生开展金钱观教育时，既要关注学生金钱观的整体特点，也要结合年级差异、性别差异及个体生活背景差异，利用一切教育情境和教育契机，适时、适处、有针对性地开展金钱观教育，以校正青少年学生错位的金钱认知。

（二）以榜样示范与环境陶冶濡染青少年的金钱情感

青少年学生的金钱情感具有明显的波动性和不稳定性。金钱情感是个体对于金钱得失所产生的情绪情感反应，是特定榜样与环境浸润、熏陶的结果。青少年学生是无收入群体，其可支配的金钱主要来源于父母家人。父母家人对于金钱的态度、情感自然会影响到青少年学生的金钱态度和情感，父母的文化水平及职业类型也是影响青少年学生金钱情感的重要因素。所以对青少年学生金钱情感的引导一是注重良好家庭氛围的营造，在家庭中亲情、友爱等美好情感应居于主导地位，金钱的分配与使用应服务、服从于家庭生活品质的改善与和谐家庭氛围的维护，逐渐使中青少年形成冷静的金钱态度和稳定的金钱情感；二是家长要对其子女实施消费观、理财观教育。在给孩子零用钱时要有计划性、目的性，应和孩子协商，在尊重孩子合理要求的基础上形成零用钱分配方案；在与孩子进行有效对话的基础上培养孩子正确的消费观，避免奢侈、攀比性消费，培养孩子健康、稳定的金钱情感。三是学校及时向学生及其家长推荐一些涉及金钱观问题的科普读物，这些读物多以通俗易懂的故事形式呈现，容易引起学生的兴趣，有助于学生在故事中区分积极的金钱观和消极的金钱观，提升学生的分辨能力，使金钱更好地服务于孩子的健康成长。

（三）以立体化教育网络引导青少年形成理性的金钱行为

青少年学生的金钱行为倾向趋于多元化，但在多元化的金钱行为倾向中，交往性、攀比性金钱行为占据绝大多数，盲目性、非计划性、不可控性是其主要特点。调查显示青少年学生的金钱行为选择主要与其同伴群体影响和社会大环境的影响相关。当今社会是消费型社会,消费文化构成了人们生活的宏观环境,物品所具有的符号价值和标示功能使人们更多地通过等级化的物品消费来展示自己的社会地位,这意味着金钱与人们的生活质量和生活水平及身份地位的联系空前紧密,购买能力成为区划社会阶层的基本标尺。在这样的社会大环境影响下,金钱的社会功能也空前地膨胀,这一方面使中学生更直观地认识到金钱复杂多元的社会功能,另一方也使他们在金钱行为选择上面临更多的困境。在时尚、前卫、流行等时髦观念的影响下,追风、追星、追潮也成为一些中学生标新立异、证明自我的重要方式。所以他们在金钱使用上具有盲目从众、武断攀比、随心所欲的特点。针对这一问题,要从社会、学校、家庭同时切入,形成立体、多维的教育网络,发挥教育合力作用。

从社会维度看,政府要发挥主导作用,通过其监管功能优化媒体环境,整合媒体信息,以积极的价值观主导社会氛围,减少各种不良信息对青少年的消极影响,通过积极健康的文艺作品和大力宣扬现实生活中涌现出的平凡而真实的道德榜样,以社会正气的力量净化社会氛围,塑造积极、健康、向上的社会大环境,为青少年健康成长创造理想的教育环境。

从学校维度看,应从学生的真实生活状况出发,针对学生中普遍存在的金钱认知偏差和不良金钱行为问题等开展专题讲座、开设专门论坛、展开直接讨论等,为学生树立正确金钱观和消费观提供基本指引。

从家庭维度看,家长除了要合理地分配孩子的零用钱,在金钱使用上要给予孩子适当的控制与指导,还要充分发挥自我表率作用,让孩子参与家庭的理财计划和消费活动,在实践中培养孩子的理性消费意识,从而养成自主、理性、可控的金钱行为意识。

第五章　消费文化背景下农民工子女的消费观

随着经济体制的转轨和产业结构的调整与升级换代，我国城镇化进程也在不断加快，加剧了劳动力从农业向工业部门的转移，大量的农村劳动力开始流向城市，形成了一个新兴群体——农民工。随着农民工群体的大规模出现，随迁进程的农民工子女的受教育问题也成为一个颇受社会关注的问题。据统计，截止到 2004 年中国进城务工人员总数已达到 1.47 亿，其中跟随农民工一起流动进城的农村儿童约为 643 万，约占流动儿童总数的 49.25%。[①] 农民工子女和他们的父母一样，因为没有城市户口，面对高成本的生活压力，他们无法享受和城市儿童相同的生活待遇，无法顺利地在城市接受教育，这些都直接影响着农民工子女的健康成长和发展。如果大量农民工子女不能顺利地融入城市生活，就可能产生潜在的不稳定因素，影响到社会的公平和谐发展。因此，在城镇化进程中，如何帮助农民工子女成功地在城市接受教育、顺利地融入城市生活，不仅是一个社会问题，更是一个教育问题，应引起全社会的关注与重视。

城市生活与农村生活相比，最显著的差异是价值环境的复杂化，尤其是消费社会中，"消费成为人的一种基本存在方式，它构成了人们现实生活的主要内容，成为人们解读生活意义和自我价值的新话语"[②]。因而消费水平和消费方式的差异也自然而然地成为区隔人们社会身份地位的无形指标。由于农民工普遍收入水平不太高，加之他们在城市中生活需要租住房屋、置办基本生活用品等，因而整体消费水平远不及城市居民高。这种"先天"劣势易于影响到农民工子女对城市生活的态度与自信心，进而影响到他们的价值观。因此，研究城市中农民工子女的价值观状况，有助于总体把握和了解农民工子女在城市生活中价值观成长与发展所遭遇的各种问题，揭示影响农民工子女价值观成长与

---

① 中国人口网 www.chinapop.gov.cn。
② 杨淑萍：《消费文化影响下青少年道德观的特点分析》，《教育科学》2012 年第 2 期。

发展的各种因素，以寻求适切有效的教育干预策略，帮助农民工子女走出自卑心理阴霾，真正融入城市生活，成为与城市少年无异的健康阳光的青少年群体。而消费社会中消费观是与个体的生活品质和人生目标最为密切的价值观，不仅主导着个体的生活方式和生活态度，而且影响着个体的人生目标和价值定位。因此，在当前消费文化的生活景观中，探讨农民工子女的消费观实际上是对农民工子女价值观和生活方式的关照，有利于我们全面了解城市中农民工子女的生活状态，不仅可以帮助农民工子女树立正确的消费观，而且可以使他们摆脱弱者身份，加快其社会化尤其是城市化的进程，使他们真正融入城市生活。从以往的研究来看，关于农民工子女或流动儿童的相关研究和关于消费观相关研究都较多，但关于未成年人的消费观的研究并不多，尤其是关于农民工子女消费观的研究更是屈指可数。因此，本研究主要从关于农民工子女教育问题的研究成果和关于不同社会群体的消费观的研究成果中获得某些启示。

一、农民工子女及其城市融入问题

（一）农民工子女

农民工子女是随同农民工的出现而出现的一个群体概念。农民工是指那些在户籍身份上是农民，但却在城市中从事工人职业的劳动者群体。农民工子女包含广义和狭义两个含义。广义上的农民工是指所有进城务工的农民们的子女，在地域上，既包括随父母进入城市学习和生活的农村孩子，也包括与进城务工父母相分离，留守于农村的孩子；年龄上既包括未成年儿童少年，也包括18岁以上的青年。狭义上的农民工子女是与农村留守儿童相区别的那部分户籍属于农村但随进城务工的父母亲迁入城市学习与生活的未成年人。本研究中所指涉的农民工子女即取其狭义内涵，特指随其父母进入城市的处于青春期的青少年农民工群体。

（二）农民工子女的城市融入问题

随着农民工群体的不断膨胀，随其父母进入城市的农民工子女越来越多，农民工子女的城市融入状况直接影响着农民工子女的城市学习与生活质量。而教育融入是未成年农民工子女所面临的最重要的问题，成为一个关系社会教育公平、涉及公民教育权利的保障与实现的重要社会问题，引起了社会学界的普遍关注，研究的着重点主要涉及以下几方面：一是从农民工子女城市融入水平的视角，指出城市中农民工子女面临着入学门槛高导致的学龄儿童不能及时入学，就学中教育不公平现象较突出导致农民工子女失学率较高，家庭教育环境普遍较差，使农民工子女的城市适应较缓慢，自卑心理较重等。这些问题成为农民工子女健康成长与发展的阻碍性因素。沈年耀等学者指出，要解决农民工子女上学难、借读费高、家庭教育环境差等问题，应该从户籍制度和义务教育管理体制改革方面入手，增加国家教育的财政支持，设立专项资金，用于农民工子女的教育，帮助他们尽快适应城市教育环境和教育模式。[①] 二是从家庭影响视角切入，分析城市中农民工子女的城市教育适应问题。学者黄小燕指出，目前农民工子女的家庭教育存在总量不足、教育观念落后、教育方式简单等问题，影响到农民工子女的健康成长与发展。并指出需要通过建立学校、家庭和社会教育相协调机制来改善农民公工子女的教育现状。[②] 三是从城市总体环境视角分析农民工子女在城市中的弱势地位。学者曾永强指出在城市中的农民工子女存在教育机会边缘化、环境边缘化和人际关系边缘化等问题，因而应通过政策主导和环境优化，促进农民工子女教育的"边缘化"向"城市化"转变，提升农民工家庭的经济资本和文化资本，改革义务教育体制等，促进农民工子女教育的城市化。[③]四是从农民工子女的心理适应视角探究农民工子女的学习适应问题。陈美芬等学者通过调查发现很多农民工子女有很强的自卑心理，遇事焦虑不安，抑郁压抑，性格内向，不容易与老师和同学沟通等心理问题。[④] 杨小艳在《进城农民工子女社会适应现状及原因分析》中也指出，农民工子女存在一些社会适应不良的问题。诸如缺乏一定的人际信任感，社会接纳性较低；在生活实践方面感觉外界压力很大；在应对方式上不善于向外界求助，常常自责、抱怨，究其原因主要在于农民工子女对自己缺乏正确的认识，自我评价低，而且对外在环境的控制感缺失。[⑤] 屈卫国，钟毅平等在《初中生农民工子女心理压力及应对方式研究》中讲到农民工子女在社会适应上的得分普遍低

---

① 沈年耀：《进城农民工子女教育问题现状及对策》，《特区经济》2007年第8期。
② 黄小燕：《小学农民工子女家庭教育问题初探》，西南大学2006年6月。
③ 曾永强：《农民工子女教育边缘化问题研究》，湖南师范大学2008年5月。
④ 陈美芬：《外来务工人员子女人格特征的研究》，《心理科学》2005年第6期。
⑤ 杨小艳：《进城农民工子女社会适应现状及原因分析》，湖北大学2007年。

于城市居民子女，心理的社会承受能力较差。而且由于家庭经济条件和生活习惯的不同，对陌生环境的适应能力较低，一些农民工子女存在自卑心理，不能很好的融入城市生活。① 孙永丽在其硕士论文《外来务工人员融入城市的心理学研究》中，通过问卷调查发现，农民工子女的自我认同模糊，有一种"浮萍人"的心态，缺少心灵归属感，但同时他们具有扎根城市的强烈心理愿望，渴望成为城市人，这种矛盾心理导致他们在城市适应中产生困境。② 解决这些问题需要采取综合立体措施。

针对农民工子女的城市教育融入问题，学者们普遍主张通过制度保障与人文关怀两方面的努力来予以解决。项继权、陈芳和刘义程等从法律保障的视角对农民工子女的城市教育适应问题进行了系统探讨，提出完善相关教育法律法规，为农民工子女的受教育权利提供政策保障；转变学校教师的教育理念，教师和学校应为农民工子女提供更多的人文关怀，公正地对待每一个学生等对策。③ 金更兴、李红兵将农民工子女称为城市第二代移民或新生代移民，强调农民工子女自身要主观努力，要学会自信、自强。并主张从改革现行的城乡二元户籍管理制度维度定位政府、社会、学校和家庭的相应教育责任，以保证农民工子女的受教育权；调整义务教育政策，降低教育成本，引导和扶持农民工子弟学校的发展；加强城市社区管理和服务等措施来解决农民工子女的教育问题。④ 李晓东和吴霓从政府和社会两个方面提出教育对策。一方面是政府应加强宏观管理，促进流入地政府和流出地政府关于农民工子女教育问题的沟通，强化政府的服务管理意识，为解决农民工子女的入学问题提供支持与保障；另一方面发挥民主团体、社会力量的作用，通过多渠道、多元化的方式解决城市中农民工子女的教育问题。⑤

国外并没有与农民工子女完全相对应的概念，近似的群体被称为流动儿童。流动儿童的教育问题是关系到公民的教育权利的保障与实现问题，因而

---

① 屈卫国、钟毅平：《初中生农民工子女心理压力及应对方式研究》，《中国临床心理杂志》2008年第6期。
② 孙永丽：《外来务工人员子女融入城市的心理学研究》，华东师范大学2007年5月。
③ 项继权：《农民工子女教育：政策选择与制度保障》，《华中师范大学学报（人文社会科学版）》2005年第5期。
④ 金更兴：《外来农民工子女教育"边缘化"危机及其治理》，《甘肃农业》2006年第8期。
⑤ 李晓东：《关于流动人口子女教育问题的思考》，《长春工业大学学报（社会科学版）》2006年第3期。

受到各国政府的普遍关注。美国的流动儿童在新的环境中面临着语言障碍、社会整合力降低、辍学率高等问题,针对此类问题,政府通过制定流动学生教育计划加强与家长的联系,积极开展流动学生的暑期教育,从而为流动学生提供全方位的教育服务。① 流动会影响学生的学习成绩和学生的情绪行为,同时流动会影响学校的教育预算和教学质量,对学生和学校产生不良影响,联邦政府通过立法和政府投入等措施来解决流动儿童的教育问题。② 张航在《美国解决外来人口和乡村流动儿童教育问题的作法及启示》中讲到美国为解决流动儿童教育问题,一方面政府从法律角度保障流动儿童和当地孩子享有同等的受教育权利;另一方面采取多种方式,发挥各类民主团体、各类志愿者组织在教育中的作用,形成教育的合力。③ 在英国,流动儿童只要能提供在伦敦生活或工作的监护人的相关信息,就可以在伦敦接受义务教育,而且当地教育部门还能帮助其办理入学手续及教育经费等相关事宜。④ 日本的流动儿童在异地接受义务教育时,学杂费以及生活费都由日本政府承担,同时一些地方教育委员会也会就外来务工人员子女在学校生活中遇到的各种问题与学校教师沟通,促进其尽快适应新学校的生活。⑤ 这些研究为我们解决城市中农民工子女的教育适应问题提供了一定的借鉴。但这些研究主要是分析农民工子女在城市中所面临的共性问题,缺乏分殊研究,且多为现实状况描述,缺乏对其深层根源的追究,对直接影响农民工子女城市融入的根本性因素关注不够,因而所提策略也多较宏观、抽象,操作性弱,现实指导效应相对较低。

二、农民工子女消费观的研究价值

农民工子女的城市融入实质上是一种生活观念和生活方式的城市化适应问题。城市与农村的显著差异在于城乡的现代化水平上。而现代化的标志不仅体

---

① 张青:《美国乡村流动儿童的教育及其经验借鉴》,《外国教育研究》2007年第4期。
② 石人炳:《美国关于流动儿童教育问题的研究与实践》,《比较教育研究》2005年第10期。
③ 张航:《美国解决外来人口和乡村流动儿童教育问题的作法及启示》,《华北电力大学学报(社会科学版)》2010年。
④ 杨军:《英国促进基础教育均衡发展政策综述》,《外国教育研究》,2005年第12期。
⑤ 袁振国、田慧生:《中国进城务工农民随迁子女教育研究》,教育科学出版社2010年版,第152—154页。

现在人口的密集程度上，更反映在城乡的商业化差异上。城市越发达，其商业化水平就越高，人们对消费的依赖就越强。尽管我国已步入消费社会时代，但城乡二元发展结构，使我国很多农村尚处于农业经济向市场经济过渡阶段，农村人口对消费的依赖程度显然不像城市居民那么高。从这个意义上说，城市融入说到底是如何适应城市商业化生活环境的问题，是关于如何认识和看待消费生活方式的问题。可以说，有什么样的消费观，就有什么样的生活观念和生活方式。因此研究农民工子女消费观对于帮助农民工子女适应城市生活环境，有效地融入城市生活具有重要的价值。

(一) 消费观的内涵及其功能

消费观简单地说是指人们对于消费活动的基本认识和看法。在生活实践中，消费观不仅决定着个体的消费态度、消费选择和消费行为，也深刻地影响着人们的生活方式和人生价值定位。尤其在消费社会中，消费观几乎成为主导人们生活世界的核心价值观念。英国社会学家迈克·费瑟斯通指出，消费的出现是以资本主义商品生产的扩张为前提的。生产的扩张，引起以消费产品为主的物质文化的积累，进而引起闲暇及消费活动的增长。[①] 在科技水平和生产力水平低下、物质匮乏的年代，人们崇尚节俭型消费观。而随着全球化的到来，社会经济的迅猛发展，物质产品的极大丰富，大众传媒对消费生活方式的宣传，人们的观念也逐渐发生了改变，越来越多的人们开始接受消费社会的生活理念，主张消费观，应与时俱进，以适应现代社会文明发展需要，致使强调节俭、崇尚奢侈等冲突型消费观并存，对人们的现实生活产生了巨大的影响。这一现象也引起经济学、社会学和伦理学界的普遍关注，形成了较丰富的相关研究成果，概括起来有以下几种研究取向。

西方发达国家率先进入消费社会，但也因为消费文化所倡导的消费取向的多元价值观而引发了大量的社会问题，因而何谓合理消费，如何实现合理消费成为西方国家亟待回答和解决的问题，也成为西方学者较关注的问题。而确定消费观的内涵成为研究和解决以上问题的前提性问题。学者斯科特（Scott）等人认为消费观就是人们购买服务或产品时的喜好和倾向，具体而言就是在众多的商品和服务中，消费者所喜爱的产品的特性、功能和价值。[②] 苔丝（Tse

---

① 迈克·费瑟斯通：《消费文化与后现代主义》，刘精明译，译林出版社2000年版。
② 石文典等：《国内外消费研究述评》，《重庆理工大学学报（社会科学版）》2010年第2期。

则把消费观直接定义为是消费者对产品或服务质量的一种感觉属性。① 霍尔·布鲁克（Hol Brook）从"自我—他人导向"和"内部—外部导向"两个维度出发把消费观分为经济型、享乐型、社会型和利他型消费价值观。② 帕克（Park）、惠恩（Whan）等人则根据消费者的需要将消费观分为功能性消费观、象征性消费观和体验性消费观三种。③

可见，在西方语境中，消费观即 Consumption Value，既指人们对于消费重要性的一种主体认识，也指人们对于消费现象及消费活动的基本看法和价值判断。在此基础上，谢斯（Sheth）等人分析消费观是如何影响人们的消费行为的；肖内西（Shaughnessy）探讨了消费者选择某个具有竞争力的专业品牌的原因，发现影响消费者消费决策的标准主要有四个：技术标准，这和产品的物理属性和性能有关；约定俗成的标准，即大多数人都认可的品牌；综合标准，这和个人的自我提升及个人的独特性有关；经济标准，涉及个人的时间、金钱 精力。④ 克劳斯-彼得·威德曼（Klaus-Peter·Wiedmann）探究了奢侈品消费问题，他认为消费者对奢侈品的认知会直接影响他们的消费行为。⑤ 苔丝、费兰西斯（Francis）和沃尔斯（Walls）等人通过调查研究发现，人们传统的文化价值观（集体主义或个人主义）对人们的现代消费观念有一定的影响。⑥ 葛晓在研究中指出，传统的集体主义价值观，个人主义价值观以及物质主义价值观影响人们的消费观，进而会影响人们的现代消费行为。⑦ 这些研究

---

① Tse, D. K., Wong, J. K., & Tan, C. T. (1988). *Toward some standardized cross-cultural consumption values*. Advances in Consumer Research, 387-395。

② Ho l brook M B, Consumption experience, customer value, and subjective persona l introspection: an illustrative photograph in essay [J]. *Journal of Business Research*, 2006, 59: 714-725。

③ Park, Whan C, Jawarski B, etal. Strategic brand concept image management [J]. *Journal of Marketing*, 1986, 50: 135-145。

④ Shaughnessy, J. (1987). *Why people buy*. London: Oxford University Press。

⑤ Klaus-Peter·Wiedmann. Luxury consumption in the trade-off between genuine an counterfeit goods: What are the consumers 'underlying motive and value-based drivers [J]. *Journal of Brand Management*。

⑥ Tse, D. K., & Francis, J., Walls, J. (1994). Cultural differences in conducting intra-and inter-cultural negotiations: A Sino-Canadian comparison. *Journal of International Business Studies*, 537-555。

⑦ Ge Xiao. *The Chinese Consumers' Changing Value System, Consumption Value and Modern Consumption Behavior* [D]. The Faculty of Auburn University, 2005 (08)。

为不同群体的消费观研究提供了理论依据和支持。

(二) 不同群体的消费观

消费观作为一种观念形态的存在，其形成必然是个体内在因素与外在环境因素交互作用的结果，因而不同的个体会形成不同的消费观，而同一群体的消费观又具有某些群体特征。故而研究不同群体的消费观，对于探究不同群体的消费观念形成特征及其支配下所出现的特种消费行，具有重要的现实意义。就目前我国的消费观研究状况看，所涉及的群体主要有在校大学生、中学生、小学高年级学生以及新生代农民工群体等。消费观的研究内容主要集中于消费观现状的调查、消费心理和消费行为的探析、城乡中学生的消费行为比较、消费观的影响因素分析以及合理消费观的探讨等。陈亮通过对贫困大学生消费结构与消费观的调查研究，指出贫困大学生的消费观念普遍比较保守，倾向于节俭消费观。但仍然有少数学生存在着高消费和盲目消费的问题。并从家长、学校教育和校园环境三方面提出了相应的育对策。① 王若秋在调查研究了小学高年级学生的消费问题后，指出小学高年级学生已具备一定的消费能力和消费自主权，但由于年龄小，可塑性强，易受广告宣传和同辈群体的影响，消费具有从众、模仿心理，存在一些不理性的消费行为。继而从建立学校、家庭、社会三位一体的教育网络角度，寻求解决小学生消费问题的策略。② 邹根生和曹良辉在中学生的消费观研究中指出，中学生在消费中存在着相互攀比现象，消费时喜欢模仿明星，追求潮流、时尚，尤其是在衣服、鞋子以及电子产品消费方面表现尤为突出。刘胜、张兆伟和王卓梅在其硕士论文中讲到新生代农民工有着和其父辈不一样的消费观念，他们的消费观呈现出矛盾性。一方面他们在服装、饮食、娱乐等方面追求品牌、时尚，希望通过符号消费来获得身份认同；另一方面，他们又想尽可能地少消费或者不消费以多存钱，减轻家庭生活压力。这种矛盾心理会对他们的现实生活产生影响，因而必须加强对其消费观的教育和引导。

消费社会中，消费是拉动经济增长的基本动力之一，但是消极消费观也会对经济产生不良影响。徐璐在剖析非理性消费观和滞后消费观对经济社会发展可能产生的负面影响的基础上，提出依据可持续、适度和文明的消费原则，培

---

① 陈亮：《贫困大学生消费结构与消费观研究》，西南大学 2010 年。
② 王若秋：《小学高年级学生消费问题研究》，东北师范大学 2011 年 3 月。

养和建构合理的消费观。① 王淑玉针对青少年消费观众存在的一些不良消费倾向，如攀比性消费、过度消费、超前消费等不良消费观及其所导致的部分青少年身体健康受损，出现不文明、不正确的人生价值取向等，指出培养青少年科学合理消费观的重要性，并提出了相应的教育引导策略。②

（三）研究农民工子女消费观的意义

以往的研究尽管关注了不同群体的消费观，但这些研究通常是按照研究对象的年龄阶段特征来划分的，因而无论大学生还是中、小学生的消费观分析都是将该群体视为一个不存在社会差异性的整体来对待，缺乏从社会身份差异和生存环境差异的视角对青少年群体的消费观进行分类研究，因而这种研究成果对引导农民工子女正确消费观的形成所具有的实际指导价值较小。本书主要从实证分析的视角，通过问卷调查及访谈，了解农民工子女消费观的实际水平和现实特点，揭示农民工子女消费观中存在的主要问题，以剖析造成其消费观问题的共性因素与个性因素，提出富有针对性的教育干预策略，培养农民工子女健康合理的消费观，以积极理性的消费观促进其生活观念和生活方式的转变，真正实现城市融入。

三、调查对象与调查工具

（一）调查对象

本研究的对象是正在接受中等教育的农民工子女。由于小学阶段的农民工子女独立消费行为极少，大多消费需求都是通过其父母的代理行为实现的，因而他们基本上还没有形成独立的消费观。到了小学高年级后，随着其社会化水平的逐渐提升和独立意识的觉醒，有了自己独立的审美意识和判断标准，他们逐渐不满足于以父母代理消费的方式满足自我需求的消费模式，自我价值标准和价值观念逐渐生成，他们希望摆脱父母的控制，自主选择、购买心仪或向往的商品，消费观也渐渐萌芽，到了初中阶段基本形成自己的消费观。因而本次

---

① 徐璐：《浅析合理消费观的建构》，《内蒙古电大学刊》2009年第4期。
② 王淑玉：《和谐社会中青少年现代消费观教育的构建》，《中国青年政治学院学报》2007年第6期。

调查中所选择的研究对象主要是年龄在11—15岁之间的初中学生。经前期调查了解，最终选择了某市开发区的一所中学的学生作为调查研究对象。因为开发区属于建设性区域，农民工比较集中，因而这里的中学生中农民工子女所占的比例也普遍较高，更有助于了解城市中农民工学生的整体状况。

（二）调查工具及其有效性

本书主要采用问卷调查法和访谈法进行实证调查研究。笔者在对前期相关研究文献全面梳理与深入分析的基础上，从消费认知、消费情感和消费行为倾向三个维度编制了《城市中农民工子女消费观调查问卷》，来了解农民工子女的消费观状况，采用从消费观的认知、情感、行为倾向出发，采用学生自评的方法来了解城市农民工子女的消费观现状。在问卷调查的基础上，通过对个别学生的访谈，深入了解影响农民工子女消费观的深层因素，以探求更富针对性的教育策略。

1. 问卷编制过程

本研究参考邹根生的《当代中学生消费观调查问卷》和石绍华、郑刚《北京市中学生消费价值观和消费行为调查问卷》的维度划分，从消费取向、消费动机、消费态度和消费行为倾向几个维度，编制了《城市中农民工子女消费观调查问卷》。此问卷共包括31个题目。通过SPSS"方差极大旋转法"对问卷中的23道题目做了主成分因素分析，KMO＝0.753，Bartlett球形检验的结果达到了显著水平（$p<0.01$），说明数据适合作探索性因素分析。本次研究中，以每个题目与问卷所有题目之间的相关系数（$r>0.4$）作为题目的区分度指标（见表1）删除了5个题目，以保证每个题目的共同度大于0.40且因素负荷大于0.40，且每个因子下至少包括3个题目。

表5-1 保留题目与问卷总分的相关性

题目	题总相关	题目	题总相关	题目	题总相关
9	0.553**	15	0.560**	26	0.512**
10	0.619**	16	0.483**	27	0.553**
11	0.523**	17	0.516**	28	0.565**
12	0.582**	18	0.640**	29	0.587**
13	0.568**	24	0.525**	30	0.535**
14	0.527**	25	0.604**	31	0.498**

对保留的18个题目再次进行主成分分析，KMO＝0.82，Bartlett球形检

验结果达到了显著性水平（p＜0.01），结合特征根和碎石图结果（见图1），通过反复比对，最终提取3个因子（消费认知、消费情感和消费行为倾向），方差贡献率为47.34%。每个因子包含的题目及各题目的因素载荷见表5－2。

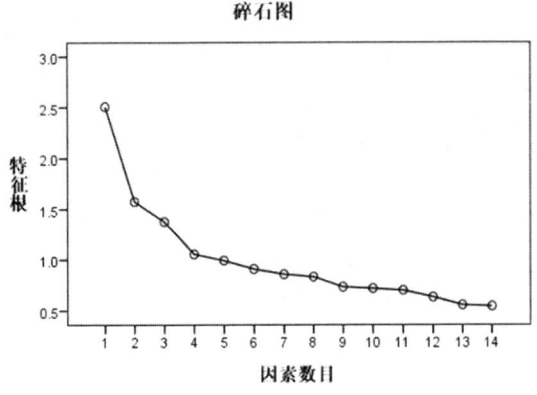

图1　碎石图

表5－2　旋转后的因素载荷矩阵

项目	因素1	因素2	因素3
第9题	0.57		
第10题	0.47		
第13题	0.68		
第14题	0.66		
第15题	0.71		
第16题	0.59		
第30题	0.62		
第18题		0.56	
第24题		0.44	
第25题		0.63	
第26题		0.55	
第27题		0.58	
第8题			0.57
第11题			0.55
第12题			0.53
第17题			0.59
第28题			0.60
第29题			0.54
第31题			0.51
贡献率	14.85%	12.86%	19.63%

根据表5-2，消费认知维度有效题目7个，消费情感维度有效题目5个，消费行为倾向维度有效题目6个。

2. 问卷的信度与效度分析

（1）信度分析

本研究中采用a信度系数内部一致性的分析方法，对"农民工子女消费观调查问卷"中的三个维度因素的内部一致性进行信度分析，结果如表5-3所示：

表5-3 调查问卷总信度及各个维度的内部一致性系数

问卷维度	因素1	因素2	因素3	总信度
Cronbach's α	0.85	0.81	0.91	0.82

根据表5-3显示的结果可以看出，该问卷中的3个维度因子的信度系数分别为0.85、0.81和0.91，问卷的信度系数是0.82。根据a信度系数分析原理，一份问卷的信度系数如果在0.80~0.90之间，说明该问卷是可信的，本问卷的总信度系数是0.82，说明本问卷作为测量农民工子女消费观的测量工具相对是可信的。

（2）效度分析

采用Pearson积差相关对问卷各维度与总分之间的相关性进行检验，检验结果如表5-4所示，各因素所测内容与问卷所测内容之间存在较高程度的一致性，体现了问卷具有很好的内容效度。

表5-4 问卷各因素与问卷总分之间的相关分析

问卷维度	因素1	因素2	因素3	总分
因素1	1			
因素2	0.18*	1		
因素3	0.23**	0.26**	1	
总分	0.73**	0.68***	0.75***	1

注：*$p<0.05$，**$p<0.01$，***$p<0.001$

3. 问卷的试测

问卷完成以后，先进行了小样本试测，选取了该市某中学的60位城市学生和农民工子女进行了小样本的试测,对被试的性别、年龄、家庭的月收入和每月的零花钱的数量与消费观各因素之间的关系进行了检验。结果如下:

通过单因素方差分析表明,农民工子女的消费行为倾向存在显著的性别差异,$F=18.81$,$p<0.01$。农民工子女的消费认知呈现显著的年级差异,$F=11.31$,$p<0.01$;农民工子女的消费行为倾向年级差异显著,$F=3.53$,$p<0.01$。同时农民工子女与城市居民子女在消费认知($F=63.27$,$p<0.01$)、消费情感($F=3.94$,$p<0.05$)和消费行为倾向上($F=10.57$,$p<0.01$)存在显著的差异。Pearson相关分析结果表明,家庭的月收入与中学生的消费认知和消费情感之间显著相关,相关系数分别是$r=-0.29$,$p<0.01$;$r=-0.17$,$p<0.01$。这说明,家庭的月收入越少,中学生的消费认知水平越高,消费情感越强烈。每月的零花钱数量与中学生的消费认知、消费情感和消费行为倾向之间相关显著,相关系数分别是$r=-0.35$,$p<0.01$;$r=-0.15$,$p<0.01$;$r=0.12$,$p<0.05$,说明中学生每月零花钱越少,消费认知水平越高,消费情感越强烈,而日常生活中越倾向于不消费或节约性消费。说明本问卷的设计是合理的

综上,经过探索性因素分析,修订后的问卷共保留18个题目,分为消费认知、消费情感和消费行为倾向三个维度。而该问卷总的信度为0.82,各个分量表的内部一致性系数均在0.80以上,符合心理测量学的要求,具有较高的稳定性。各个因素与问卷总分的相关系数在0.68—0.75之间,说明量表具有很好的内容效度。同时,通过问卷的预测检验分析,中学生的性别、年龄、户籍,可以有效的解释不同中学生消费观的差异。而家庭的月收入和初中生每月零花钱的数量与农民工子女消费观之间相关显著。因此,此问卷可以作为调查农民工子女消费观的一个较为可靠的工具。

四、农民工子女的消费观特点

本研究运用整体抽样的方法,选择了某发达城市开发区的一所重点初级中学学生作为调查研究对象,这所学校的规模较大,在校学生两千多人。更重要的是这里的农民工子女和城市居民子女的比重相当,更有助于研究比对。通过分类抽样的方法,本研究采用分类抽样的方法,选择调查对象320名,共发放问卷320份,回收问卷320份,剔除无效问卷,共获得有效问卷312份,有效

回收率为 97.5%。研究样本情况见表 5-5，调查数据采用 SPSS 软件进行统计处理。

表 5-5 研究样本基本情况统计表

	性别		年级			家长学历		
	男	女	初一	初二	初三	小学或以下	初中	高中或中专	大专或本科
N	155	157	101	100	111	9	110	147	46
%	49.7	50.3	32.4	32.1	35.6	2.9	35.3	47.1	14.7
合计				312					

通过对调查数据的统计分析，发现城市中农民工子女的消费观既具有共性特征又具有显著的群体差异。

（一）消费认知维：消费观念多元，消费态度务实、理性

消费认知是个体对于"消费"的基本观点、看法和认识，是消费观的核心要素，也是决定人们能否理性消费的支配性因素。在消费文化的生活景观中，消费已构成当代少年儿童现实生活的主要内容。[①] 各种符号化的商品逐渐成为他们标榜自我、解读生活意义、寻求自我价值的新素材。消费文化所蕴含和传递的特定价值理念和价值标准都直接渗透到未成年人的消费认知之中，影响着他们的消费观念和消费态度。在"你是如何看待消费的"这一问题的回答中，近 1/3 的学学生认为"消费就是花钱去买东西"，约 1/3 的同学认为"消费就是消耗、耗费，对物品的占有和使用的"，约 1/5 的同学分别认同"消费是为了获得物质和精神需要的满足"和"消费是为了体现自己的个性，显示自己的品味"。这一调查结果说明城市中农民工子女的消费观念呈现出多元化趋势，部分农民工孩子已经意识到消费不仅能获得商品的使用价值，满足自己的需要，更能够充分地表现自我、张扬个性，具有一定的符号价值和象征意义。而在问及"你购买衣服或鞋子时优先考虑的因素是什么"这一问题时，有 64.3% 的学生选择"舒适实用"这一选项，有 20.4% 的学生选择"价位"这一选项，选择"符合时尚潮流"这一选项的占总人数的 13.1%，有 2.2% 的学

---

① 杨淑萍：《消费文化影响下青少年道德观的特点分析》，《教育科学》2012 年第 2 期。

生选择"名牌或品牌"这一选项。可以看出城市农民工子女的消费态度比较朴素，尽管意识到商品的象征意义和符号价值，但在消费实践中，更能兼顾家庭的经济承受能力和实际购买水平，因而在消费时多数同学关注的是商品的使用价值，仅有15.3%的同学会考虑时尚因素和品牌效应。反映了农民工子女在消费认知上比较务实，理性。这与农民工子女的生活境况直接相关，一方面在城市生活中受城市多元文化氛围和时尚文化环境的影响，农民工子女的眼界更加开阔，不可避免地受到城市生活中各种时尚文化元素的濡染和个性化、风格化生活价值的沁润，形成自己的现代消费观念；另一方面切身体会着父母的劳作艰辛和家庭收入的来之不易，因而更懂得珍惜，因此在消费态度更趋理性，更为注重物品的实用性价值而非符号价值。

（二）消费情感维：消费情感复杂，具有不稳定性

消费情感是指个体对消费的偏爱、喜好或反感、厌恶程度，以及因为消费活动而产生的情绪、情感体验的总和。消费情感既可能是人们进行消费活动的动机，也可能是人们消费活动的结果。消费情感是消费观的动机性因素，对特定消费活动或行为起着催化或阻碍的作用。城市中农民工子女的消费情感往往对其消费行为起着导向作用。在假设性问题"当你在商场里可以尽情的购物时，你会有什么样的感觉"的回答中，62.2%的学生回答"我会非常高兴，特别有激情"，19.9%的学生认为"这种消费方式可能是好的事情，也可能是不好的事情"，而12.7%的学生则回答"没什么感觉，情绪上不会有太大的波动"。仅有5.2%的学生回答"不知道，没有体会过那种感觉"。可见绝大多数农民工子女都对消费有一种积极的渴望，认为它可以激发自己的生命活力，可以给自己带来愉悦与激情。这一结论也反映了消费社会中，消费成为人们评判自我价值和建构自我生活的根本方式，正如迈克·费瑟斯通所说的，在消费文化景观中，情感快乐与梦想、欲望都是大受欢迎的，人们能从各种各样陈列商品的影像中，能从消费中激起各种激动、愉悦、高兴以及失望的情感体验，消费情感变化明显。[①] 农民工子女从农村来到城市，由于语言障碍和生长环境的闭塞，初入城市易于受到城市学生的嘲笑与排挤，导致他们在学校生活中的不自信，易于滋生自卑与孤独感，甚至产生惧怕交往心理。而消费活动是一种无

---

① ［英］迈克·费瑟斯通：《消费文化与后现代主义》，刘精明译，译林出版社2000年版，第18页。

差别的"人—物"交往活动，可以使他们将更多交往需要投递于物质世界和各种消费品，消费的激情取代了交往的激情，通过消费进行情感宣泄也成为农民工学生的一种特殊现象。而与城市学生的先天差别，也使部分农民工学生试图通过"从众消费"来缩小与城市学生的差距，寻求融入城市生活的方式，因而在个别农民工子女身上出现了攀比消费、从众消费现象。而对于希望缩小消费差距拉近彼此的关系的同学而言，当自己的实际消费水平无法达到所属群体的整体消费水平时，即会产生失落感，产生消极性情感体验。笔者通过对部分学生的访谈，也感受到了这一点：

案例1（初二男生，农民工子女）

我们班同学都用各种智能手机，我也让爸爸给我买了一个，别人有的东西我也要有，这样才能合群，要不别的同学会感觉我很寒酸。

案例2（初二男生，农民工子女）

我们班有攀比消费的现象。特别是一些城里的同学经常穿着各种名牌服装到处炫耀，好像大家都不知道他家有钱似的，每次看到他这样，我心里很不高兴，但没办法，家里经济条件不好，也只能是羡慕而已。

可以看出，A同学通过购买与同学同款的手机，以融入所属群体，是一种借助于智能手机的标示功能来弱化自己的身份劣势，赢得群体归属感。因而对消费持有积极情感，认为消费为自己提供了融入新型群体的方式，成为建构群体关系的一个重要手段。而B同学则对以消费方式融入群体生活持消极态度。他认识到以消费方式建构自己在群体中地位是不可能的，由于家庭条件的悬殊，导致消费水平的不同。对于那些在消费方面居优势地位的城市同学不断通过攀比性消费凸现自己的优势地位，扩大与其他同学的差距，B同学甚为不快，但却无奈。因为消费文化的裹挟中，消费性价值标准似乎已成为评价和判断一切事物的基础性标准，学校中也不例外，消费水平和消费兴趣成为区隔同学关系的潜在标准。而在消费能力上处于弱势地位的农民工子女，这种消费取向的评价标准更加强化了其弱势地位，给B同学带来了消极情感体验。

从调查结果看，城市中农民工子女的消费情感比较复杂，期望通过一定的消费活动消解自己面临的人际交往困境，为自己融入所属群体和城市生活提供一种特殊途径，因而对消费活动有一种积极的预期，通过相应的消费活动获得某种满足感和快乐的体验。与此同时，现代消费文化逻辑中，人们的欲望通过媒体、广告等不断被创造出来，符号消费使人们不断处于消费的路上，消费的等级、层次不断提升，时尚文化、品牌效应，契合了青少年群体新鲜好奇心理，使年轻的消费者们不断追逐能够体现个性风格的消费品，攀比消费、面子消费、夸示性消费等现象在中学生群体中尤其是城市中学生中并不少见。这令处于消费底层的农民工子女因消费水平而产生的与城市学生之间的差距更为醒目，也使他们更加自卑。继而，对这种消费行为产生嫉妒、厌恶、反感等消极情感。这种复杂的消费情感，使农民工子女往往处于情感不稳定状态，当其消费需求得以满足，即会产生一种满足感，形成一种积极的快乐的情绪情感；反之，当自己的消费需求难以满足导致自己陷于不利地位时，即会产生情绪低落、意志消沉等消极情感。这种消极情感体验可能会消解其学习意志或对生活的态度，进而影响到农民工子女的城市融入和健康发展。

（三）消费行为倾向维：消费取向多元化，带有一定的交往性与攀比性

消费行为是人们在特定的消费认知和消费情感支配与调节下，在消费过程中做出的消费选择。依据马斯洛的需要层次理论，本研究中将消费行为按照价值取向分为满足生存需要的消费行为、满足发展需要的消费行为、满足个人尊严的消费行为和满足人际交往需要的消费行为四大类。在调查中，当问及"你的零花钱主要用在哪些地方"时，58％的同学选择用于"购买书籍或学习用品"，18.3％的同学选择"购买零食或生活必需品"，6.1％的同学选择"买别的同学都有自己却没有的手机、耐克鞋等"，有3.8％的同学选择"买音像制品、专辑或明星杂志等"，13.8％的同学选择"存起来，留着同学一起出去玩的时候用"。从学生的回答结果看，尽管四种消费行为取向在农民工学生都不同程度地存在，但一半以上的农民工子女的消费行为首先指向满足自我发展需要，其次指向的是生存需要和交往的需要。由此可以看出处于这一年龄段的农民工子女都能意识到自己在城市生活中的边缘处境，多数同学希望通过自己的勤奋学习能够获得好的发展，以使自己真正融入城市生活，成为城市人。因而在消费活动中他们虽会羡慕甚至妒忌城市学生的消费取向和消费内容，但大多数同学并不会随波逐流地去从众，而是将有限的金钱运用于学习用品上，为丰盈自己的知识积累、满足自己的发展需要创造条件。但作为处于自我同一性发展关键期的中学生，人际交往是他们实现自我同一性的重要途径。而对于中学生而言，他们的交往范围主要指向同学，同学对于这一年龄段的孩子来说，是重要他人，同学对自己的评价和认同度直接影响着其自信心和自我认同的形成。因

而是否合群,是否得到同学的认可,是否在所属群体中享有一定的威望,是他们比较在意的。在消费文化主导的社会环境中,消费成为人们维持人际关系的重要方式。中学生们也不例外。尽管统一校服、不得染发、不得化妆等校规校纪限制了中学生在衣着打扮方面的等级差异,但消费化的生活方式并不会远离中学生的生活世界,追牌、追星依然是一些中学生建构自己生活世界的时尚方式,手机、鞋子、学习用品等,皆成为中学生展示自我个性、品味,树立自己在同辈群体中优势地位的重要方式。这使处于消费弱势的农民工子女陷入被动。部分农民工子女通过购买城市同学都有的同牌子手机、耐克鞋、进口文具等,寻求融入城市生活的通道,希望通过某种同步消费融入到同辈群体中,获得一种群体归属感。有的同学平时省吃俭用,就为了攒钱在和同学一起玩时,"大方"一把,以为自己赢得面子。在这种追逐群体一致性的过程中消费行为呈现出一定的交往性和攀比性,致使一些同学在消费中总是属于"滞后者"。为了不被排斥和孤立,个别同学采用"假名牌"来应对,以免自己被同学轻视或孤立。但这种通过趋同消费获得群体归属感的方式往往让一些农民工子女的心理更为矛盾与复杂,自卑感更强。

五、农民工子女消费观的差异性

城市中农民工子女作为城市中的特殊群体,所属群体成员的消费观具有一定的相似性,使其消费观在某些方面呈现出一些共性特征。但即便同样是农民工子女,由于个体生活环境和成长条件及生活经历等方面的差异,致使其认识和看待生活世界的眼界和态度等也会不同,这种差异性自然会反映在其消费观上,使农民工子女的消费观在不同维度上也呈现出差异性。为了揭示农民工子女在消费观上的差异性,本研究运用SPSS17.0数据统计与处理软件,对农民工子女的消费认知、消费情感和消费行为倾向在性别、年级、城乡和可支配零花钱数量等维度上存在的差异性进行了统计分析,以更准确地把握城市中农民工子女消费观整体状况。

(一)性别差异

通过SPSS17.0统计软件,将性别作为自变量,对农民工子女的消费认知、消费情感和消费行为倾向进行单因素方差分析,结果如表5-6所示。

表 5-6 不同性别城市中农民工子女在消费观上的总体差异

变量	男（n=155）M±SD	女（n=157）M±SD	F	P
消费认知	9.72±1.95	9.84±2.04	.308	.579
消费情感	14.53±2.68	14.77±2.42	.683	.409
消费行为倾向	10.97±3.13	12.62±3.57	18.81	.000

从表 5-6 可以看出，城市中农民工子女在消费认知和消费情感方面，反映在性别上的差异不显著，而在消费行为倾向上存在显著的性别差异（F=18.81，p<0.01，表明差异显著）。女生在消费行为倾向上的分值显然高于男生。这一结果表明，在日常生活中，女生的消费倾向显然要高于男生，与男生相比，女生的消费热情更高，消费活动主要指向自我形象管理。这可能与女生与男生在家庭及社会中的角色定位和发展目标定位不同而有关。

首先，青春期女生细腻、敏感的心理发展状况，使她们倾向于以自我投资性消费来确立在他人眼中的理想形象。一般而言，个体的消费认知和消费情感状况主要是家庭影响和学校教育的结果，而消费行为倾向更多地受到社会消费环境和同辈群体的影响。由于十二三岁的农民工子女，在城市中，都属于低消费人群，家庭经济条件相似，在学校中，接受着相同的教育，因而其消费认知和消费情感差异不大。但在消费行为倾向上，女生所表现出来的热情显然要高于男生。这与青春期男女生的成熟差和未来社会角色分配有着直接关联。生理学研究表明，在步入青春期的年龄和心理成熟度上，女生普遍要早于男生。这一阶段的女生比男生的感情更为细腻，自尊心更强，更为敏感，因而更多地希望通过塑造自身的独特个性来完善自我，从而确立在他人眼中的角色。表现在消费行为取向上，她们更倾向于对自身的投资性消费。正如波德里亚所说：美丽作为资本的一种形式，能给人带来意想不到的收获。[①] 作为处于城市生活中弱势地位的农民工孩子而言，"使自己变得更美"成为她们赢得社会支持与尊重的重要社会资本。而在城市社会中，美的标准是由现代媒体所创造的，是由城市孩子所引领的。来自于农村的女孩子为了缩小自己与城市孩子的先天距离，避免受到城市孩子的嘲笑和歧视，她们试图参照城市孩子在品牌服饰、信

---

① ［法］波德里亚：《消费社会》，金志刚、刘成富译，南京大学出版社 2000 年版，第 124 页。

息化工具和城市化娱乐等方面的消费指向，对自己进行印象管理，以消除自己身上的"乡土"气息，使自己能够尽快融入到城市学生中，融入到城市生活中，消除"客居"城市的疏离感而获得真正的归属感。故而，农民工子女中的女孩子们，比男生更为关注自己的衣着打扮，因而在消费取向上偏好于衣着妆饰品。

其次，社会在职业角色定位上，与重视男性的专业能力相比，更为注重女性的仪表、形象等外在因素，使女学生更为重视自我包装意义上的消费。农民工来到城市以后，生活成本和孩子就学费用的提高，使家庭不堪重负，不少农民工子女并没有过高的升学预期，而是准备在中学毕业之后就要去打工挣钱，以减轻家庭负担。而农村"重男轻女"思想依旧根深蒂固，也直接影响着农民工家长对子女的教养态度和性别角色期望。对于多子女的农民工家庭，家长通常在教育投资和受教育预期上明显偏向于男孩，对女孩的教育期望相对低于独生子女家庭。因此，一般有男孩的多子女农民工家庭中，女孩很早就能意识到自己的"牺牲者"角色是不易改变的，所以她们一般不会在学习上花费太多的精力和金钱，而是将更多的精力和心思投射于自我外在形象塑造，以便自己中学毕业后能够找个不错的打工机会。因为即便在打工族中，用人单位在男性和女性的用人标准上也存在着显著差异，通常对男性更强调其某一方面的专业技能或特长优势，而对女性则更强调其仪表形象和年轻气质。一般而言，年轻女性多从事的是服务业，因而对其外貌条件要求较多。出身于农民工家庭的女孩多对这一问题有较明确的认识，因而她们在日常生活和交往中，更为关注外在形象方面的自我管理，在消费指向上自然更为倾向衣服、化妆品等有助于提升自己形象仪表的商品，这也被视为一种超前的职业规训。

此外，受"男主外，女主内"的文化传统影响，女孩从小习惯了母亲在家庭中所承担的家庭主妇角色，家庭中的大事小事、日常生活的消费开支等皆由母亲来操持和管理，使得一些女孩子自然而然地效仿其母亲的行为方式，在消费方式上也倾向于关注日常生活用品，消费内容也较一般的男孩更为丰富多样，对消费活动的关注程度也明显高于男生。

（二）年级差异

初二年级农民工子女的消费认知水平普遍高于初一和初三年级的，初三年级农民工子女的消费指向日常生活，初二和初一主要指向人际关系和自我形象。作为个体价值系统的重要构成部分，消费观是随着个体的身心发展水平和生活阅历的日渐丰富而逐渐生成的，不同年龄和不同生活阅历的农民工子女，因其年龄和心理成熟程度的差异而使其消费观也有所不同。本研究中采用SPSS17.0 软件，对不同年级的农民工子女的消费观进行单因素方差分析，结果如表 7 所示，不同年级的农民工子女在其消费认知和消费行为倾向上皆存在显著差异，而在消费情感上，这种差异性并不明显。

表 5-7　不同年级城市中农民工子女在消费观上的总体差异

变量	初一 (n=101) M±SD	初二 (n=100) M±SD	初三 (n=111) M±SD	F	P
消费认知	9.21±2.21	10.47±1.76	9.73±1.80	11.31	.000
消费情感	14.96±2.58	14.53±2.56	14.49±2.53	1.09	.340
消费行为倾向	11.31±3.23	11.54±3.37	12.49±3.65	3.53	.030

从表 5-7 可以看出，城市中农民工子女的消费观总体上存在显著的年级差异，在消费认知上，初中二年级的学生消费认知水平普遍高于初中一年级和三年级的学生，初中三年级的学生消费认知水平要高于初中一年级；而在消费行为倾向上初中三年级学生更倾向于日常生活方面的消费，而初中二年级及一年级在此方面的消费需求较少，初二学生的消费更多指向自我形象和人际关系。导致这一结果的原因，主要因为初中一年级的学生年龄普遍较小，刚由小学生活过渡到初中生活，更多的精力投入于适应新的生活学习环境，其消费所需通常也是由其父母代办，自己对于消费的认识与理解还较简单，对消费活动的认知还比较模糊；其次，初中一年级学生的生活普遍比较单纯，尤其是农民工子女刚从农村来到城市，农村淳朴的生活习惯依然是主导其城市生活行为的主要力量，同时家庭经济条件的制约也使其可支配的零用钱较少，同学间的人际交往活动也贫乏，相应地与此相关的消费行为也较少。但到了初中二年级以后，农民工子女基本适应了城市中学生活，升学压力也不大，青春期的特点在这一阶段表现较突出，渴望获得群体归属感，展示自我个性。因而更多地去参加各种人际交往活动，也更为关注自我形象，也更易于受到同辈群体消费观念和社会风气的影响，更易于认识到消费在促进个体发展方面的社会性功能。因而初中二年级的学生的消费认知水平普遍高于初中一年级。调查中发现，处于初中二阶段的很多农民工子女都主要通过模仿城市居民子女的消费内容和消费取向而与城市孩子找共同话题、交朋友，以获得群体归属感，实现自我城市融入。初三年级的学生由于学业负担重，升学压力大，即便没有升学打算的部分

农民工子女，由于群体氛围如此，因而对消费活动不像初二学生那么关注，消费生活不像初二年级学生那么丰富，消费认知和消费行为倾向都较单一，仅限于日常生活需要和学习方面的需要，通过消费活动建构自己的群体地位和人际关系在初三年级学生中并不明显。

在消费情感上，不同年级的农民工子女差异并不明显。这与中学生的心理发展特点密切相关。初中阶段的孩子，基本已进入青春期，普遍处于心理断乳期，他们一方面认为自己已"长大成人"，在各方面试图摆脱对家长的依赖而独当一面，以确证自己的"成人"，感情表达也渐趋含蓄和内敛，隐私意识随其身心发展而逐渐生成；另一方面，初中阶段的孩子思维和身心发展都还不够成熟，自我调控能力还较差，因而在尝试独自处理和应对生活学习问题时，往往力不从心，会面临更多的困惑，而能够寻求帮助和支持的第一对象就是同伴，因而在处事方式和情感表达上往往显现出从众现象，对待消费活动也不例外。尤其是农民工子女，由于来自相对偏僻落后的农村，城乡生活世界的天然差距会使多数农民工子女面对城市孩子时，会产生一定的自卑心理，特别是在消费能力方面显然处于弱势地位，这使他们自我封闭意识较强，不愿袒露心扉，在消费情感上普遍较淡漠，或有意识地自我掩饰，以进行自我保护。但这种淡漠的态度不代表他们真实的意愿，当有机会消费时，农民工子女也同样关注自我个性的发展和群体中地位的获得，因而农民工子女虽然在消费情感方面具有趋同性，不存在明显的年级差异。但在消费行为倾向上，却存在明显差异，不同年级之间的消费指向差异显著，通常即将毕业的学生更为注重日常生活方面的消费内容，而初中一、二年级的学生则更为注重自我形象、人际关系建构方面的消费，反映出不同年级其生活重心指向的不同。

（三）城乡差异

与城市孩子相比，农民工子女的消费认知更理性，消费情感更强烈，消费行为倾向更谨慎。

生存环境及生活条件是影响个体消费观的重要因素。城市与农村的经济社会发展水平悬殊，致使城市居民与农村居民之间在生活观念、生活方式等方面存在显著的不同，这种迥异的生活观念也必然反映在人们的消费观念和消费方式上。为了了解城市中农民工子女和城市居民子女在消费观上的异同，本研究运用SPSS17.0对城市中农民工子女和城市居民子女的消费观进行了单因素方差分析，结果如表5—8所示。

表 5-8 农民工子女和城市居民子女在消费观上的差异

变量	农村（n=312）M±SD	城市（n=91）M±SD	F	P
消费认知	10.31±1.96	8.51±1.42	63.27	.000
消费情感	14.84±2.47	14.21±2.71	3.94	.048
消费行为倾向	11.40±3.21	12.78±3.84	10.57	.001

从表 5-8 的统计结果可以看出，城市中农民工子女和城市居民子女在消费认知（F=63.27，p<0.01）、消费情感（F=3.94，p<0.05）和消费行为倾向（F=10.57，p<0.01）维度均存在显著性差异。在消费认知方面，农民工子女的消费认知水平比城市居民子女要高，农民工子女的消费观更为理性，更注重日常生活需要的基本消费；在消费情感方面，农民工子女的消费情感比城市居民子女更为不稳定，由消费得失引起的情绪、情感起伏较大；在消费行为倾向方面，农民工子女与城市居民子女的开放自由相比，他们显得保守、谨慎，更倾向于日常生活的应然性消费，城市居民子女则倾向于追求潮流的时尚消费。这与城乡孩子既有的生活经验和可支配的消费资源直接相关。

首先，农民工子女既有的农村生活经历养成了他们俭朴的生活习惯。与城市的市场化水平相比，农村还保有小农经济、自给自足的一些经济生活传统，消费文化对农村的波及幅度和深度都较小，因而农村人们民风淳朴，生活节俭，邻里之间生活水准接近，消费的社会分化功能在这里并没有显现出来，人们打工赚钱直接的目的是满足基本生活需要，节俭度日成为多数农村人们的基本生活习惯和信念。生长于这一环境中的农村孩子，自然会受到这种淳朴民风与节俭生活习惯的濡染，因而普遍能够认识到消费的满足基本生活需要的功能，认识到消费只是满足生活需要的一种工具或条件而不是全部，因而不会将消费视为生活中最为重要的部分。而城市孩子，由于生活在市场化水平较高的城市，人们主要依靠"购买"来满足自我需要，消费成为城市人们建构生活世界的支柱性活动。受其影响，城市孩子对消费的重视与追逐程度显然也更为突出。在城市孩子的视界中，消费不仅是满足自己基本生活需要的条件，也是彰显自我身份、权威和地位的重要指标，因而城市孩子对消费的认识普遍更为感性，更为注重消费的符号性、夸示性和炫耀性功能。

其次，城乡孩子可支配的消费资源差异较大。从对城乡孩子每月零花钱的调查结果可见一斑。城市中农民工子女每月零花钱的数量主要集中在 50-100

元之间，有的农民工子女甚至没有零花钱，而城市居民子女每月零花钱的数量主要集中于 200－400 元之间，个别有超过 1000 元的。城市孩子在可支配消费资源上显然有农民工子女所无法比拟的优势，这主要是由城市中核心家庭为主的家庭结构所决定的。独生子女政策在城市中贯彻的比较到位，城市尤其是开放程度较高的发达城市，大多一个家庭一个孩子。城市的独生子女获得了更多的关爱甚至溺爱，也拥有了更多的收入来源。爸爸、妈妈、爷爷奶奶，甚至姥姥姥爷皆为其提供零用钱，这使他们可支配的金钱比较充裕；可以较随意地购买自己喜欢的东西或大方地请客，这使他们获得了一种优越感或自豪感；同时以消费方式满足自我需求的经历也使他们视消费为生活之常态，对消费与生活的关系认识较肤浅，缺乏对消费与生活世界的关系的深入思考，对消费的理解比较模糊、浅显，消费情感比较稳定，由消费成败得失引起的情绪情感波动不大。在消费行为倾向上，城市居民子女一方面零花钱比较充裕；另一方面媒体、广告所宣扬的时尚、流行和前卫正好契合了他们不安于现状的年龄以及对新事物的热情与期待，因而他们就更倾向各种时尚消费和品牌消费，消费行为倾向显现出炫耀性、夸示性。而农民工子女受家庭经济条件制约，孩子们可支配的金钱普遍较少，同时多数孩子生活与三代同堂甚至四世同堂的大家庭之中，很少是独生子女。因而家人之间共同生活经历使他们较早地体会到生活的艰辛和家人之间的相互体谅与关爱，更能体恤父母挣钱的艰辛和养家的不易，因而在生活上多数孩子比较节制，对于消费与生活的关系的认识和理解较为深刻，十分珍惜父母的劳动成果。对于家人给的零用钱十分珍惜，其消费选择更为谨慎、保守，倾向于理性消费和节约性消费，消费活动通常指向基本生活学习必需品，而且消费时会充分考虑商品的耐用性和性价比。由于格外珍惜消费的机会，因而消费情感相对比较强烈，当购买了不当物品或出现消费失误时，他们会产生较大的情绪波动，或懊恼或沮丧；当觉得自己购买到了物美价廉的必需品时，往往会因满足感而格外地兴奋与激动。当然，也不可否认，部分农民工子女对自己的农村出身会产生一定的自卑感，为了尽快获得同学认可，融入城市生活，他们也模仿城市孩子的消费方式，以缩小与城市孩子的身份差距，掩饰自己的农民身份，以获得群体归属感。但由于家庭可支配收入水平较低，难以满足其名牌消费需求，导致其产生焦躁感和自怨自艾的消极情感；而有的农民工子女为了追求名牌效应，则会采取压缩某方面的开支（如不吃早餐）或向父母哭闹的方式让父母给自己买名牌。当别人拥有的名牌，自己也拥有时，即会产生一种心理满足感。

当然，可支配零花钱数额不同，也会对孩子的消费观产生影响。就城市中农民工子女可支配的零花钱状况看，通常可支配零花钱金额越少的孩子，越能认识到消费对于生活世界的功能性意义和价值，因而在消费持更为认真、谨慎的态度，倾向于理性消费和节约消费；而可支配零花钱较多的孩子则在消费行为倾向方面就更为自由一些，选择的范围更大，除了必需消费品外，他们会在自我形象和人际交往方面有一定的投入，消费层次上也较多地兼顾品牌，一方面试图借此融入城市孩子圈子，另一方面以展示其在农民工子女中的相对优势，获得某种认可。

六、农民工子女消费观中凸显的问题

消费社会是一个浮躁而充满风险的社会阶段，经济目的使得广告宣传成为刺激人们不断消费的助推器。消费文化对风格化和个性化的强调和主张，为人们层出不穷的消费欲望提供了合法性指出，人们不断处于消费的路上。越来越多的人开始通过消费来确证自我价值。渐渐地人与人之间的诸多差异逐渐简化和浓缩为消费差异，通过消费对象、消费方式来展现这种区别。消费标准逐渐成为一切最权威、最基础的评价标准。在这样一套价值标准的裹挟下，初入城市的农民工子女不可避免地受其影响，部分孩子的消费观也打上了消费文化之烙印。

（一）部分农民工子女的消费认知趋于功利化

消费社会中，不仅消费被赋予了文化的内涵而使其具有了超越其本体功能的更多社会性功能，而且文化的消费化也使消费活动的边界扩展到社会生活的各个领域和层面，奠定了消费在人们生活世界中的基础性地位。商家正是通过各种大众传媒、流行时尚、广告和消费空间等消费话语，将消费者的身份、地位、个性与消费商品的符号价值联系起来，使其成为消费者个人身份的重要展示。消费也因此成为社会分层化的无形标尺。"我消费，故我在"的存在主义消费理念成为消费社会中人们确证自我的基本理念。受此城市文化的影响，一些农民工子女也开始将自己的身份改变寄托于消费之上，试图以城市化的消费方式改变自己在城市中的地位和待遇。于是，模仿、追赶城市孩子的消费品味与方式成为这一部分农民工子女的消费追求。据笔者对某发达城市中的一所公立中学学生的调查，发现在公立学校中，初中生在文具及手机、鞋等物品消费上，存在着物品品牌的较高一致性，城乡子女的家庭经济背景差异在他们的消费过程中体现得并不明显。对此可能的解释一方面是由于同龄人由于身心发展特点的同步性，使其在审美观上具有较高的一致性，因而在物品的样式、色彩、功能等的偏好上存在一定的趋同性；另一方面则是因为这一年龄段的孩子存在从众心理。现代社会与后现代社会时期，与传统社会长辈对晚辈所具有的强大的榜样效应不同，这一时期人们更倾向接受和采纳同辈群体的意见或建议，在自我决策中也更易于受同辈群体的影响。对于由农村迁入城市的农民工子女而言，融入城市生活，成为真正的城市市民是他们的共同梦想。城市孩子的生活方式也自然会成为他们效仿的对象。然而，一些农民工子女虽然内心渴望与城市孩子拥有相同的生活水平和消费方式，但能客观地评估自己的实际经济状况，在情感和理性的制约下能自觉抵御来自城市孩子的消费诱惑，因而尽管内心羡慕，但其对消费的认识和理解较为理性，因而较少出现从众消费行为。可是，并非所有的农民工子女都有较强的自制力或理性的判断与分辨能力，对于十四五岁的孩子来说，城市生活对自己充满了吸引力，尤其是在与城市孩子的相处中，他们深切地感受到了自己的弱势地位，消费的标示性功能一方面使他们意识到通过选择与城市孩子一致的消费品可以掩饰彼此出身上的差异，减少心理上的自卑感；另一方面对商品符号价值和象征意义的关注，也为农民工子女认识和了解现代城市消费生活图景和模式提供了一种形而上的暗示，对蕴含着时尚、活力、超越等现代化生活理念的生活品的消费，使农民工子女获得了与以往生活经历截然不同的体验。这种体验某种程度了凸显了享受、自由、快活等消费主义价值取向，因而在为农民工子女带来全新的体验的同时，也消解着他们既有的生活观念，易于导致其简单地将城市生活等同于消费生活，进而夸大消费的社会性功能，使其消费认知陷入功利主义泥淖，将消费水平和人消费能力视为衡量生活价值与人生品味的根本标准。这一点在调查中亦有所反映，当问及"你觉得穿名牌衣服，拿苹果手机会使你看起来与众不同吗"时，超过六成的农民工子女持肯定意见，仅有 37.8% 的学生认为"不会"。可以看出多数农民工子女都认为品牌消费可以彰显自己的与众不同，体现自身的独特性，产生心理上的满足感与归属感。

当然，这种注重符号价值的功利性消费认知对于多数农民工子女而言是一柄双刃剑，即他们越是重视消费的功利性价值，就越容易产生自卑感、挫折感及失落感，受到的心理伤害也就越大，甚至形成物化人生观与价值观。在"你如何看待为了买 iPad 去卖肾现象"的调查中,有 74.4% 的农民工子女认为难以理解,为了一个 iPad 去伤害自己的身体太不值得,有 23.8% 的同学认为这是个人的选择,每个人可以自主选择自己的生活方式,别人无权干涉,还有 1.8% 的学生认为这种现象可以理解,他们认为 iPad 是一种身份的象征。可以看出,尽管多数农民工子女在物质需要与身体健康的权衡中能坚持身体优先,但也有部分同学认为这是自己的事,他人无权干涉,也毋须评论,个别同学在身份与生命健康之间难以取舍,反映出消费文化中个性化、风格化的生活观念深入人心,价值相对主义观念已潜移默化地影响到年轻一代的人生态度和价值选择。农民工子女在城市生活中,也逐渐受到这种被誉为现代文明与后现代文明之产物的价值观念的影响,消费认知也逐渐脱离了务实、朴素的价值取向而逐渐显现出功利化和相对主义的倾向。

(二) 部分农民工子女的消费情感极端,趋于自利

消费情感是消费观的重要构成,是人们对于消费活动所持的偏好程度及由其引发的情绪、情感体验的综合,对消费行为具有调节作用。一般来说,积极的消费情感能引发积极的消费体验,消极的消费情感则易于引发消极的消费体验,进而影响人们的消费态度和消费行为选择。消费情感虽是个体对于消费现象所形成的独立的体验,但它是个体心理系统与外在环境系统交互作用的产物,可以说,环境性因素是影响个体消费情感的条件性因素。在消费社会中,消费文化所蕴含的价值观念不仅为人们的购买行为提供解释性支持,也成为影响个体消费情感的重要因素。

消费文化本质上是一种以消费话语建构和解读生活意义的价值系统,所追求的就是感官的刺激和欲望的满足,关注并追逐个人利益是其核心价值取向。[①] 这种生发于经济生活领域的社会文化,一旦生成便超越了经济范畴而成为生活样态的文化,其反映的经济价值观念也逐渐延伸至社会生活的各个领域,成为支配和主导人们生活理念的暗示性和诱导性力量,改变着人们的生活态度和价值观念。消费文化对自我利益的主张和倡导,也使部分人们在社会行为选择时一味地以自我利益为取向,并简单地将商品交易原则移用于人际交往和社会公共生活领域,弱化了个人的社会公共责任意识,致使人与人之间的关

---

① 杨淑萍:《消费文化对青少年道德观的影响研究》,《教育研究》2012 年第 10 期,第 47—53 页。

系异化为以物为中介的交易关系，销蚀着人与人之间的信任与友善。同时，消费所具有的自然区隔功能也使不同消费层的人们之间产生隔阂，甚至歧视。而城市生活中，农民工群体属于社会底层人群，无论是在劳动成果的分配方面，还是社会公共福利的享受方面，他们都处于边缘地带，处于被歧视地位。这些都对其未成年的随迁子女产生了深刻的影响。与城市孩子的先天出身差距使一些农民工子女产生了不公平感或自卑自怜心理，获得与城市孩子同等待遇成为他们的最大心愿，这也充分反映在他们的消费情感上，或对消费寄予厚望，因而消费成败而引起较强烈的情感波动，或对消费持冷漠态度，很少参与消费活动，主要通过父母家人的代理消费来满足自我需求，对应承担的社会义务和责任也漠不关心。调查中，在问及"你如何看待学校开展的爱心救助捐款活动"时，70.8%的学生愿意参与其中，"为自己能帮到他人而开心"。而23.7%的学生认为虽不情愿但是别无选择，"学校强行捐款即使不想捐也要捐"。也有5.5%的同学认为挺郁闷的，"怎么没人给我捐呀"。可以看出，消费文化所反映的自利性价值观对一些农民工子女的消费观产生不小的冲击，他们在待人处事中越来越关注自身的利益，对于"帮助他人"之类的事持消极态度。而社会中或学校中鼓励"以金钱方式表达善意"的做法，某种程度上也强化了学生"金钱万能"的意识。尤其是农民工子女在消费中的劣势体验也易于导致其金钱取向的价值观和人生观的形成。

（三）部分农民工子女的消费行为倾向带有一定的盲从性

信息化社会，知识信息获取渠道多元化成为人类文明的一个显著特征，成年人已不再是未成年心目中的权威，尤其是处于青春期中学生们，同辈群体之间的沟通与交流更重于老师和家长，同伴的意见对于他们而言更具参考价值。正是通过对来自同伴的不同意见的权衡、判断、选择，最终形成自我决策，同时这一过程也加深了同伴间的交往关系。可以说，消费社会中，消费交往方式已成为连接人际关系的重要手段。[①] 因此趋同化的消费活动对于同辈群体间发展和深化友谊关系有着非常重要的作用。这对于初入城市渴望融入城市生活的农民工子女来说，显得更为重要，购买与城市同学同款的商品或与同学互赠礼物时，他们会获得一种认同感，结交到朋友，赢得良好的人际关系。调查中，

---

① 杨淑萍：《中学生的金钱观研究》，《教育科学》2013年第2期，第60—65页。

从对情境性问题"元旦期间,同学之间互赠礼物,小杨的爸妈都是在外打工的,平时生活比较拮据,要是小杨跟妈妈要钱去给同学买礼物,妈妈会不同意。如果你是小杨,你会怎么做"的回答中,有22.7%的学生坚持买礼物的做法,认为通过买礼物、送礼物来增进人际关系,加强人际交往,对于自己非常重要;32.6%的同学虽然也倾向买礼物,但顾虑到妈妈的意见,只好放弃;44.7%的同学认为没有必要一定买礼物,可以通过其他替代的方式表达友情。可以看出,农民工子女普遍认为交友很重要,但并非一定是消费的方式。一半以上的同学都倾向于以买礼物的方式交友,只是部分同学因家长的反对意见才不得已放弃,说明多半农民工子女倾向于选择消费性交往方式。

在当前的社会环境中,是否有能力消费以及消费什么是一个人身份认同和地位的主要标识物。人们通过各种模仿消费或同步消费将自己融入到某个阶级、阶层或群体中从而确定自我身份,实现一种群体归属感。[①] 农民工子女跟随父母来到城市学习和生活,他们渴望融入城市,获得同辈群体的认同,实现由农村人向城市人的身份转变,因而在城市生活中,城市同学的消费模式往往成为他们效仿的对象。对于农民工子女来讲,因为参照群体的出现,使其购买欲望增强,甚至通过与同学保持"同步消费"获得与其他同学的一致性来找到一种归属感,实现自我认同。在这种同步消费过程中表现出一定的虚饰性与跟从性,从而使自己合群,获得一种群体归属感,谋求一种城市人的印象。

同时,随着经济发展水平的不断提升,经济政策的调整,支持和鼓励消费使人们的消费欲望被空前放大了。伴随着大众传媒和广告的推波助澜,商家将个人关于自我提高、身份表达和幸福生活的梦想与商品消费联系起来,把消费者最隐秘的、最自然的消费欲望调动起来,促进其购买行为的实现。[②] 消费者在消费话语的暗示和劝导下,消费欲望层出不穷,永远处于"购买中"。相应的商业信息、商品广告也充斥在街头巷尾、报刊杂志、电视荧屏,对人们的生活世界形成包裹之势,并通过其营造的虚幻生活图景模糊了人们的虚假需求和真实需求之间的边界,也将人们置于一种梦幻世界之中,似乎通过消费人人可以获得梦寐以求的生活。这种梦幻迷离的效果对于社会公众极富诱惑力,对于未成年的青少年学生尤其如此。农民工子女从封闭、落后的农村来到发达繁华的城市中,城乡生活的天壤之别令他们对城市生活充满了向往,渴望真正实现

[①] 班建武:《消费符号与青少年身份认同》,教育科学出版社2000年版,第76页。
[②] 郑祥福、叶辉等:《大众文化时代的消费问题研究》,中国社会科学出版社2008年版。

身份华变。然而这种期望在短时期内很难实现，而影像世界所呈现的理想化生活景观令其心动，通过购买广告中心仪的物品，比如自己喜欢的明星代言的某品牌服装、文具甚至矿泉水等，可以使自己得到一定的心理满足感。商品的"梦幻性"符号作用以及明星代言广告的"诱惑性"影响，使一些农民工子女出现追星消费、盲目消费现象，不仅易于给家庭造成不必要的经济负担，也易于导致消费性人格的形成。

七、农民工子女消费观的教育与引导

消费观念的形成是个体内在因素与外在环境因素交互作用的结果。消费文化作为一种环境因素，既蕴涵着积极因素，也潜存着某些消极因素，这些皆通过对人们生活世界的渗透影响着人们的生活观念和价值判断。对于未成年学生而言，身心发展的不成熟注定了他们的价值选择和判断能力还较低，在多元价值情境中易于陷入价值选择困境，尤其是初入城市的农民工子女，生活环境的巨大变化会给他们较大的心理冲击，依托消费观念和消费活动组织自我生活世界的城市生活模式动摇了农民工子女既有的价值观念和生活态度，重塑着他们的消费观，使部分农民工子女的消费观出现了消费主义取向。引导和矫正农民工子女的消费观，客观理性地认识消费与生活世界、生命意义的关系，不仅关系到农民工子女能否自信地融入城市生活，也直接影响着其正确世界观、人生观的形成。而孩子健康积极消费观的形成绝非学校或家长单方面参与或作用即可达成，而是需要学校联合家庭与社会的积极教育力量，正视社会环境中的各种影响源，通力整合各方教育资源，引导农民工子女正确认识和主动抵制消费主义价值观的消极浸染，以形成健康积极的消费观，促进其身心健康发展。

（一）制度规范、媒体引导，营造良性的社会文化环境

政府作为社会权威公共组织，除了具有向社会提供优质的公共产品和公共服务的职能外，营造健康、和谐、稳定，充满正能量的社会文化环境也是其不可推卸的责任。消费社会中，政府和市场通过不同的机制推动社会进步与发展，但政府作为社会管理主体，具有规范市场秩序、约束市场行为，弥补市场缺陷和维护社会公共秩序的责任，以促进良序社会的形成与发展。

首先，通过制度约束、引导，推广理性的消费理念，营造健康、有序的绿

色消费环境。为了抵御消费主义文化对社会肌体的侵蚀，我国自党的十八大以来，先后出台了一系列反对铺张浪费，厉行勤俭节约的相关制度，如《党政机关厉行节约反对浪费条例》，分别从吃、住、行、游四方面对党政机关工作人员做出了明确规定，并通过群众监督、强化问责制度的责任追究机制，从规范公务人员的职业活动中的消费行为切入，引导人们理性、适度地消费，减少奢侈浪费现象。同时，各职能部门也出台了一系列相关的规定，对娱乐场所、餐饮服务行业等都提出了相关要求，倡导人们理性消费，适度消费，避免资源浪费。通过制度规范引导，社会的整体消费环境和消费理念有所转变，"光盘行动"、"绿色出行"等观念逐渐为公众所认同并接纳，对于遏制奢侈浪费、攀比消费和面子消费等非理性消费现象发挥了积极的作用，推动了社会整体消费风气的好转。良性消费环境的营造不仅有助于规约和引导成年人的消费行为，对于未成年人也是一种不可忽视的教育力量和教育资源。同时，社会所倡导的健康、理性消费要求也会融入校园环境建设，进入校规校纪和班规班纪之中，成为规范和引导未成年学生消费行为和塑造其消费观念的制度性力量。尽量避免以消费标准区划学生等级，造成学生人生价值标准的物质化、金钱化取向。农民工子女与城市子女的身份与见识的天然差距，使其本就处于弱势地位，产生不自信，消费标准则会强化其弱势地位和自卑心理。因此，学校中反对浪费、倡导节俭消费的导向和氛围不仅有助于健康理性的消费观的形成，更有助于降低农民工子女的自卑感，弱化城市学生与农民工子女在身份上的差距，使农民工子女更容易融入城市生活；同时有助于同质化群体生活的形成，减少农民工子女与城市孩子之间的心理落差，使农民工子女可以通过其他方面的努力来弥补身份上的差异，获得群体认同，在文明、平等、和谐的校园环境中健康成长。

其次，规范大众媒体的社会责任，倡导健康生活理念和正确的消费导向。现代社会是一种由大众传媒和发达的影音技术所创造的影像世界，人们同时生活在现实世界和影像世界中，常常被影像世界中呈现的唯美、理想的生活图景所迷幻，并试图以影像中所呈现的理想状态作为生活目标去追逐。消费文化正是以这种方式被制造出来并传播出去的。可以说，消费文化是一种被制造的文化，大众传媒在其中发挥着不可替代的作用。也正是通过现代化的各种传媒手段和各种形式的广告劝导传播，消费文化所承载的各种价值观念和消费式生活理念也随之走进了千家万户，成为主宰人们生活世界的重要力量。置身于此环境中的青少年学生，也被现代媒体文化和影像世界所包裹着，不可避免地会受其影响。对于农民工子女而言，城市生活和农村生活最显著的区别就在于娱乐消遣方式的不同，城市中日趋翻新的影音技术和日益发达、花样繁多的现代通讯、娱乐工具不仅大大开阔了农民工子女的眼界，也为农民工子女呈现了一个全新的现代化生活模式。铺天盖地的商业广告，将各种新型商品与人们的需求尤其是身份品味等高层级需要连接起来，劝导人们在消费中获得自我满足。在商业利益驱使下，各种虚假广告或脱离实际的商业宣传，甚至带有非法传销性质的营销方式都充斥于电视、网络和报刊杂志上。在这种对消费取向的生活模式推广与宣传中，不仅易于使孩子形成一种金钱取向的庸俗生活理念，也易于导致攀比消费中同学间关系的紧张。花钱获得快感、花钱获得满足，易于导致农民工子女心理失衡甚或由于其在消费水平上的劣势而产生仇富心理，进而影响其正常的学习生活。从这个意义上可以说，媒体世界是孩子成长的至关重要的影响源，其中所蕴含的多元价值标准具有不可控性和随机性，对孩子存在的潜在影响也是双向的。因而优化媒体环境，规范媒体行为，使其承担起作为公共媒体应承担的社会公共责任，成为促进社会环境净化、建设良序社会的正向力量。一方面媒体要呈现富有教育意义、传播正能量的影视作品或娱乐节目，强化影视世界对现实生活的贴心关照，发挥其对社会公众现实生活的积极参照作用。所传递的精神力量也会透过家庭生活和师生互动自然地影响到未成年学生。同时，城市图书馆、文化俱乐部、少年宫等社会文化机构或组织，应免费或以政府埋单的方式为未成年学生提供形式多样、内容丰富的文化精品，充实青少年学生的业余生活，滋养他们的精神世界，使其形成健康文明的生活方式。另一方面要规范商业广告行为，避免广告中出现欺骗、虚假、浮夸信息，同时应增加富有创意、能够传递社会主义核心价值观的公益广告的比重，例如鼓励节约型消费，倡导尊老爱幼、关爱他人等，为消费社会中青少年学生提供价值支持和引导。这对于农民工子女尤其重要，媒体充满正能量的文化氛围和价值导向不仅为初入城市的农名工子女创设了一种积极的城市生活样态，有助于消除农民工子女对城市消费化生活模式的困惑，而且可以减少因与城市孩子消费水平的差异而带来的某些自卑感，使他们更能体恤父母家人的艰辛付出，激发他们奋进的勇气和力量。

（二）改进家长的教养观念和教养方式，引导孩子养成良好的消费习惯

家庭是孩子生存的第一场所，孩子的很多习惯都是始于家庭生活的，父母是其第一任老师。各种价值观的雏形基本是缘于父母的影响的，这种影响有时

像遗传基因一样会贯穿孩子一生。因此，家长对其子女的教育与引导是影响其价值选择和价值判断的重要因素，父母的价值观念、生活态度和教养方式等都直接影响着其子女的价值判断和价值选择。置身城市生活中的农民工，其消费观念和人生观也会发生某些变化，这些转变也会自觉不自觉地影响着其子女的消费观念和人生态度，进而影响着农民工子女的生活方式和未来人生定位。因此，农民工家长必须要注意自我管理，关注孩子的成长问题，以正确的教养方式来对待自己的孩子，除了吃穿等物质上的需求外，更要注重对孩子内心世界的关爱，使孩子形成正确的消费观和人生观，从而健康快乐地成长。

第一，农民工家长要提高自己的文化素质，转变教养观念，理性对待孩子的消费需求。农名工家长通常自我文化素质不高，进入城市之后深刻体认到社会不同阶层的差距。他们通常比较矛盾，一方面希望尽其所能地给孩子提供好的物质条件，使他们能够进入城市学校，努力学习，以知识改变命运，避免再重复父母的艰辛生活方式，因而通常对孩子所提的物质要求尽力去满足，以免孩子遭受城市孩子的歧视；另一方面，他们又较少关注孩子的内心世界，对于孩子所提各种物质要求缺乏合理性评价和判断，由于自身受教育水平较低，又较少对孩子的学习内容、方法及学校生活、交往人群等予以关注，真正的沟通与交流较少。孩子在学校中遇到了哪些问题，有哪些心事或压力都不得而知。而当老师通知家长孩子出现某方面问题时，往往以粗暴简单的体罚方式解决；孩子在某方面表现突出时，也通常以物质奖励的方式予以肯定。这种以物质需要的满足与剥夺为标准的教养观念和教养方式，可能会给孩子暗示一种物质化的生活模式，一方面易于助长孩子不顾家庭经济条件的盲目性消费、攀比性消费等不良消费倾向，淡化了其应担负的家庭责任；另一方面也会因为对孩子内心世界的不了解而错过了对孩子所面临困惑的引导与教育，导致其某些不良观念的滋生。因而，农名工家长应转变这种物质化取向的教养观念，多关注孩子的内心世界，勤与孩子沟通、交流。初入城市的农民工子女多会出现一个心理适应问题，在城市孩子的对比中易于产生自卑心理，出现自我封闭、缺乏心理归属感、害怕与人交往等问题。因而家长要注意观察孩子的言行举止，关注孩子的心理状况，及时对孩子予以疏导，帮助孩子排解心理问题，使孩子尽快转变生活习惯，融入新的生活环境。同时，在生活中注重对孩子生活能力和消费观念的引导，可以通过让孩子参与家庭生活中的各种消费决策，使孩子了解金钱的工具意义，理解父母赚钱的辛苦，进而珍惜父母的劳动所得，不随意使用金钱；而且，通过让孩子参与家庭生活决策，使孩子得到更多的尊重，也使其体会到作为家庭一员对于家庭生活应担负的责任,从而形成体恤父母、关爱家人的良好品质。这些皆有助于抵御消费主义自利、享受等消极价值观对农民工子女价值系统的侵蚀,使其形成健康理性的消费观。

第二,农民工家长应规范自己的消费行为,为孩子树立理性、适度消费的良好榜样。对于进入城市的农民工子女而言,城乡生活环境的悬殊使其易于被消费主义文化所迷惑,急于融入城市生活的迫切心理使其易于选择通过符号消费的方式来证明自我价值,导致不良消费观念和行为的出现。因此,农民工家长除了关注孩子的物质与精神需要之外,要有意识地做孩子的榜样。在工作之余尽量与孩子多相处,陪同孩子参与一些有益的活动,抓住各种时机对孩子进行引导,不仅可以增进彼此的感情与信任,也可以使孩子获得更多的间接人生经验;在日常生活实践中,父母注意自己的言行举止,规范自己的消费行为,消费中既不盲目追潮跟风,也不过于节俭守旧。前者是一种炫耀、攀比式的消费观,后者则是一种强化城乡身份差异的消费观。这两者都不利于孩子的健康成长,前者为孩子树立了过度消费的模板,后者则易于导致孩子自卑感的增强。因此作为农村向城市过渡的一个特定人群,农民工既具有农村人宽厚、节俭的品质,又体现出城市人开放、时尚、注重品味的特性,反映在其消费行为中,即农民工应根据家庭的实际收入情况和逐渐提升家庭生活品质的目标,合理规划家庭消费开支,以平等、自尊、自信、适度的消费观念指导自己的消费行为,以保证和谐、幸福的家庭生活的基本需要。在这样的消费榜样指引下,孩子自然会以平和的心态看待消费问题,避免消费情感的较大波动,形成理性的消费认知和合宜的消费行为倾向。

第三,农民工家长应帮助孩子建立零用钱使用小档案,帮助他们养成健康理性消费习惯。在实地调查中,我们了解到多数农民工家长对于子女的零用钱的使用采取放任态度,认为只要不是太贵重的东西,孩子喜欢就可以买。这种做法某种程度上助长了孩子不良消费倾向,可能会导致其非理性消费行为。因此,家长在给孩子零用钱的同时,要引导孩子正确使用。可以帮助孩子建立一个零用钱使用小档案,让孩子自己记账等方式,规范孩子零用钱的使用方向。首先,家长自身要养成健康理性消费的习惯。在日常生活消费中,有计划地使用金钱,避免无目的性消费的和冲动消费、消费过度等行为,为孩子提供积极消费生活参照;其次给孩子零用钱的金额和使用方向要在与孩子协商的基础上确定,建立零用钱使用小档案,鼓励精神层次的消费需求;另外,父母可以和孩子一同对零用钱的使用情况进行定期总结与反思,肯定其健康合理的消费内容，纠正其不合理的消费内容，以帮助孩子形成良性消费习惯。

（三）发挥学校的主阵地作用，注重对学生消费观的教育与引导

学校作为专门的教育机构，培养全面发展的人是其根本目标。虽然个体的成长与发展绝非仅是学校教育的结果，但对于个体的成长与发展来说，学校教育具有家庭、社会等其他教育力量所不可比拟的优势。因此，解决学生的消费观问题，应对消费主义文化的消极影响，需要学校教育发挥其不可替代的作用。这需要学校教育从以下几方面做起。

一是以社会主义核心价值观教育推动校园文化建设，遏制消费主义文化对校园环境的侵蚀。校园文化是学校发展的精神支柱，校园环境是学生健康发展的又一重要影响因素。[①] 而消费社会中，消费文化以一种难以觉察的方式渗透到日常生活之中，在促进社会进步与发展，带来物质生活世界的繁荣的同时，也将一些享乐思想和炫耀消费生活观念注入了人们的价值系统，成为消解人们精神追求和意义生活的消极力量。这种力量也通过媒体文化与社会环境等浸入了未成年人视野，带入校园之中，干扰着未成年学生的价值判断。尤其对于原本朴素单纯的农民工子女而言，这种与以往生活环境和生活理念相距甚远的价值观念与生活方式，对他们充满了吸引力，使一些农民工子女轻易地抛却了既往的价值观念，欣然接受了消费主义价值理念和生活方式，影响着其身心健康发展和正常的城市融入。因此，学校必须加强校园文化建设，以社会主义核心价值观抵御各种消极价值观，并将学生对社会主义核心价值观的践行程度纳入学生评价体系，倡导精神文明建设，鼓励勤俭节约、自强不息的传统美德教育，以净化校园文化环境；同时，学校可以利用校本课程，对青少年学生开设消费问题的相关课程，为学生理解消费与生活的关系，形成理性、适宜的消费观念提供专门的教育指导；还可以通过举办校园文化活动，开展感恩教育，志愿者服务等文化活动，并选拔农民工子女中体恤父母的校园道德榜样，不仅增强了农民工子女的自信心和自豪感，而且有助于增强中学生的社会责任意识和感恩意识，使精神追求超越物质需求；学校还可以通过板报、宣传栏、学校广播、校园网络等方式加大对社会主义核心价值观的宣传教育，鼓励勤俭节约、理性消费，营造平等、友善、和谐、文明、知性的校园文化环境，以遏制消费

---

① 刘桂军：《消费主义文化对学校道德教育的影响及其应对》，山东师范大学2009年。

主义文化对校园文化的侵蚀。

二是教师要关心农民工子女，帮助他们尽快融入班集体。在学生的成长过程中，教师是学生直接效仿的榜样，教师的言行对学生有着极为深远的影响。[①] 由于农民工孩子是从农村来到城市的，城乡生活的巨大差异，使他们在生活习惯、言语方式、行为特点等方面都与城市孩子格格不入。城乡教育不均衡也使他们大多学习成绩和学习习惯不如城市孩子。这令一些城市学校中的老师觉得有负担，尤其可能影响到学习成绩。故而，一些老师对班级中的农民工子女存有偏见，甚至明显地歧视。而老师对待某个同学的态度往往是其他同学对待该同学态度的模板，导致一些适应能力较低的农民工子女因受到老师和同学的差别待遇而滋生自卑孤独的心理体验，有的出现厌学，而有的则将这种歧视视为城乡身份差异所致。为了体现自我地位，出现追星追牌消费现象，将自己打扮得另类，试图以个性化的方式获得老师和同学的关注。久而久之，不仅导致其消费观的偏差，也易于导致其心理健康问题。因而，应加强教师队伍建设，尤其是强化师德修养，教师要平等、公正地对待每一个孩子，对于初入城市的农民工子女，帮助他们消除对城市生活的畏惧心理，对于城市适应中出现的各种问题应予以及时地关注与引导，及时与其家长进行沟通交流，并对家长教养观念和教养方式予以指导，帮助农民工孩子尽快适应城市生活，融入集体当中；其次，针对城市中农民工子女存在的不同程度的心理问题如自我评价低、缺乏自信、人际交往不主动、盲目跟风、攀比消费融入城市生活等，教师要及时对其进行教育引导和纠正，帮助农民工子女树立自信心，正确处理人际关系，形成正确的价值观。最后，教师在严谨治学之外，还要养成良好的消费习惯，提高精神消费水平，做健康消费的表率，为学生树立积极榜样。

三是通过整合显性课程和隐性课程资源，对学生普及消费知识，使其形成正确合宜的消费观。就目前的学校教育状况看，中学生的思想政治课程内容中，有关于"消费与社会"的章节，涉及消费的一般理论知识及正确消费观的内涵、树立正确消费观的意义等方面。但从对学生的调查了解来看，这种内容都是作为学科知识来学习的，以应对考试为主，而对其现实生活似乎没有多少指导价值，因而几乎是一种外在于学生生活世界的无关性知识。因此，笔者认为，这种显性的课程内容应以契合学生生活实践、关照学生生活世界的方式来

---

① 王益峰、黄燕：《农民工随迁子女财富观培育的现实困境与出路》，《继续教育研究》2012年第1期。

开设，通过案例、讨论、学生反思等活动式教学模式，更有助于学生的学以致用。如思想政治老师在讲消费这一节课时，可以让学生把自己零花钱的使用情况讲述一下，自己分析存在的消费问题并找出原因；然后分小组进行讨论并找出解决对策，最后教师给予引导，帮助他们合理的分配零花钱，养成合理健康的消费习惯。通过这种探究式的课堂教学，让学生可以运用所学的理论知识解决自己的消费实践问题，为自己提供有益的指导。与此同时，数学老师在讲到银行存款利率的问题时，可以顺势向农民工孩子讲授储蓄的知识，帮助学生在生活中实现如何合理支配金钱，进行理性消费提供帮助。还有可以让学生模拟消费，通过独立购买学校日常所用材料去学习如何管理金钱，通过消费中对价格的对比来学会做消费预算以及适度消费等。

  另外这种显性的学科知识应与隐性的知识相联系才更有助于理论知识向实践的转化，使之变成指导学生合理消费的理论标准，真正实现学以致用。学校应充分发掘校园中的隐性教育资源，通过校园开展多种形式的文化活动，引导青少年学生树立合宜、理性的消费观。比如为学生举行关于消费的专题讲座，组织关于消费问题的主题班会，演讲比赛等，鼓励学生对于自身消费问题的关注与反思，升华其对于消费的认知，进而形成合理的消费观。同时，还可以象江苏昆山的民工子弟学校那样，设立"红领巾储蓄银行"，鼓励农民工子女将零花钱都存入自己的账户，培养理财能力，引导消费行为。[①] 通过这些活动可以使农民工子女自觉将理性消费知识与自己的生活世界结合起来，以正确的消费观指引自己的生活实践。

  总体而言，消费文化背景下城市中农民工子女的消费观，是多种因素综合作用的结果，需要整合家庭社会和家庭中的各种教育资源，形成教育合力，在帮助农民工子女实现向城市生活转型的过程中，养成其健康、理性、合宜的消费观，以消除城乡环境差别造成的心理落差，促进其健康快乐地成长与发展。

[①] 王益峰、黄燕：《农民工随迁子女财富观培育的现实困境与出路》，《继续教育研究》2012年第1期。

第六章　消费文化背景下高中生的成才观

当今世界的竞争说到底是人才的竞争，人才是第一资源，也是最具决定意义的社会发展资本和力量。青少年是未来社会发展的生力军，也是未来社会竞争力的决定性因素。因此，青少年的成才观即他们将成为一个什么样的人，或希望自己成为什么样的人是影响其健康发展的内在动因，也是决定人力资源向人力资本转化水平的关键所在，关系到未来社会人才队伍建设和社会发展整体水平。高中阶段是青少年发展的中间阶段，是在把过去—现在—未来联结起来的连续轨道上产生、存在和发展的。处于这一阶段的年轻人对未来充满了憧憬和向往，处理事情时表现出积极进取、独立自主的一面。但由于其心理发展的不成熟性和社会经验的缺乏，其价值观表现出从众和易变的一面。尤其是消费社会背景下，在消费文化的影响下，高中生的自我认同和自我价值定位也不可避免地会打上功利的烙印，一方面随着认知能力的提高和自我意识的发展，高中生开始关注并思考自己的未来发展和成才之路，表现出强烈的成才欲望和较高的成才期望；另一方面，受市场文化和消费主义价值观的渗透，他们的成才观又表现出讲究实用和追求功利的一面。因此，系统了解和深入分析当前高中生的成才观，不仅关系到中学生的未来发展和人生选择，而且影响着整个高等教育阶段的教育任务和育人目标的设置，是一件意义重大且很迫切的现实课题。因此本研究中，通过问卷调查和访谈，了解和分析当前高中生在消费文化的渗透下其成才观的时代特点和整体状况，寻求合理恰切的教育干预策略，以帮助高中生树立正确合理的成才观。

一、成才观的涵义

关于成才观的定义，目前尚不统一，不同学者从不同学科视角或分析维度形成不同的判断和定义，如胡树祥从个体观念地视角指出，成才观是指一个人对于如何成为人才的根本看法和态度。①包金同、杨树龙等学者在《成才导论》一书中从哲学意义上讲成才观定义为"人们依据一定的世界观、人生观、道德观和价值观去观察、认识成才问题所形成的基本观点或总的看法,它主要回答的是人们为什么成才和怎样成才"②。魏爱婷则从心理学的视角界定了成才观,指出:"成才观,顾名思义就是个体为实现自身价值并广泛受到大众认可的一种心理概念。"③王聪从成才的构成要素维度对成才观下了定义,指出:"所谓成才观是指对成才的价值、目标、道路、环境等方面的总的看法和根本观点。"④白杨青则从大学生这一群体的特殊性出发界定成才观,指出大学生成才观即是"大学生对成才所持的观点和态度,包括对成才的标准、成才的目的以及成才的影响因素等方面的看法。"⑤可以看出,目前关于成才观的概念界定较宽泛,尚未形成权威性的统一定义,基本都是基于特定研究的需要而给出的操作性定义。本研究在分析和梳理以往关于成才观内涵界定和理解的基础上,归纳和概括出成才观的一般涵义,力求从最普遍意义上认识和理解成才观。成才顾名思义,即成为人才。而所谓的"人才"是指个体在某一方面或几方面具有一般人所无法企及的能力、水平或境界,是指人中之精英。而"成才"则是指个体先天的优越资质加上后天的多方努力而成长为某方面素质或综合素质超越于一般人的社会精英。成才观就是人们对何谓成才、如何成才、是否成才等问题的基本看法和认识,包括对成才标准的认识、成才动机的理解、成才影响因素的看法及成才途径的选择倾向等。这一概念应该从以下几方面理解:

首先,成才观是一个主观见之于客观的概念。成才观是指个体对于自己要成为何种人才的看法。人才标准是个体成才观的核心依据,而人才的标准并非个体主观确定的,而是人们依据特定社会的需要和人们普遍认同的价值观念而确定的,也是特定社会历史时期社会公众普遍所向往和追求的人生目标和理想境界。从这个角度看,人才标准是社会对人才要求的相对反映,社会性和发展性是其基本特征,意即不同社会历史时期,不同社会发展阶段,人才的标准是

---

① 胡树祥:《大学生思想道德修养导论》,武汉大学出版社 1995 版。
② 包金同、杨树龙:《成才导论》,中国经济出版社 1990 版。
③ 魏爱婷:《高中生成才观的转变与综合素质提高的实验报告》,《学园》2013 年第 20 期。
④ 王聪:《吉林省大学生成才意识的研究》,长春理工大学 2009 年。
⑤ 白杨青:《大学生成才观特征及相关对策研究》,重庆大学 2010 年。

不尽相同的。而从个体的角度看，每个人都有自己的特定情况，因而对自己的成才预期也会因人而异。从这一点来看，成才观是社会人才标准在个体身上的体现和反映，因而具有主观性的一面。但作为社会人，社会性本质决定了每个人对于自我的成才期待都不可能超越特定社会历史发展阶段，因而尽管个人成才观具有个性化、独特性的一面，但从人才观的社会性和时代性特征来看，个人的成才观具有时代的共性，这是社会发展的客观需求在特定人群或个人身上的反映和体现。

其次，个体的成才观是动态发展的。尽管成才观是个人对于自己将要成为什么样的人的一种预期和希望，但任何观念的形成都是主体的主观意识和社会的现实状况互动的结果，受到主体思维发展水平和社会化水平及社会反思性视野的制约，因而不同年龄段的人受其心理发展阶段和社会化程度的影响而会对自己成才的路向和人生目标有不同的设定，形成不同的人才观念。从这个意义上讲，成才观是一个逐渐生成和连贯发展的过程，也是一个不断修正和完善的过程。

第三，成才观不仅是自我成长和社会发展的结果，也是教育参与的结果。康德说人完全是教育的结果。虽然这一观点有些绝对，但也表明了教育在人的成长为人的过程中，发挥着不可替代的作用。成人虽然与成才并不完全相同，但成才是在成人的基础上所提出的更高的要求，因而教育在其中发挥着重要的定向作用。个体的成才观是个体依据特定历史时期和社会发展阶段的人才标准，结合自我内在需求和实际发展水平建构而成的。在这一过程中，受到诸多因素的影响，涉及个体生理心理等内在因素和家庭、社会、他人等外在因素，其中既有自然性因素，也有专门性因素。自然性因素如社会环境、同辈群体、家庭氛围等，个体在交往与生活过程中被濡染和浸润，其价值判断和价值选择天然地受其影响。而这种影响往往是无意识、无组织、不可控的，是正向和负向影响力量并存的，因而易于生成消极成才观。专门性因素主要是指家庭教育和学校教育等以培养人为主旨的教育力量的参与和引导。因为教育是依据特定社会对人才的要求和人的充分发展的需要来有目的、有意识、有组织地培育人、塑造人的活动，因而对于人才标准的设定、人才目标的制定、人才实现途径的选择等都有专门的研究与论证，因而能够采取符合特定年龄阶段人的思维发展特点的方法与策略引导其形成健康、理性、客观的成才观。从这个角度看，未成年人的成才观的形成应是教育引导的结果，也是学校教育应担负的基本任务。

二、学生成才观的探究

学生作为不成熟的群体，其成才观必然会异于成年人，不同年龄段的学生其成才观也会富有特定年龄的特点。因此在对学生的成才观研究中，既要关注未成年人的共性特征，也要关注不同学段学生的个性化特征。唯有如此，这种研究才具有针对性，也才有助于教育实践的改善。就目前关于学生成才观的研究状况看，基本包含两大方面：从研究对象看，关于学生群体的成才观的研究包括对中学生、职校学生、大学生等不同群体的研究；从具体研究内容层面来看，包括成才标准的研究、对成才动力的研究、对成才影响因素的研究和对成才路径选择研究等方面。

（一）不同类型学生的成才观

1. 大学生的成才观

在关于学生群体成才观的研究中，以大学生为主体的研究较多，对中小学生成才观方面的研究相对则较少。比较具有代表性的研究一是谈宜曙在上世纪80年代末，以实证研究方法，从大学生的成才愿望和追求、成才动机、对成才影响因素的看法以及成才的条件准备等方面调查分析了当时大学生的成才观。研究发现大学生普遍具有较强的成才愿望，其成才动机呈现出多元化特点，但在成才条件上，大学生普遍认为天时、地利、人和是成才的关键性条件，在成才方式上强调多方面能力的锻炼来提高自己的综合实力。并据此，提出了大学生成才观教育策略。[①] 这一研究无疑对于改革开放初期，大学生成才观的形成与发展提供了有效指引。上世纪90年代中期，市场经济体制确立之后的中国，人们面临着多元价值的选择困境。学者方巍以这一社会变迁带来的价值冲突为背景，以改革开放前沿的浙江省大学生为例，探讨了多元价值背景下大学生的成才观状况，从成才目标、成功人生的意义以及成才实践三个维度深入分析大学生的成才观，指出90年代大学生在成才目标方面主体意识增强，

---

① 谈宜曙：《当代大学生的成才观》，《教育与现代化》1988年第3期。

成才愿望强烈且有明显的物质倾向,成才活动受市场影响很大等鲜明特点。① 王芳学者也考察了市场经济条件下大学生的成才观,指出市场经济条件下大学生成才观显现出以下特点:大学生成才目的复杂化,成才标准多层次化,成才取向现实化,成才途径社会化。② 进入 21 世纪之后,随着市场经济的迅速成熟,社会也逐渐进入了消费时代,夏科家通过实证研究和定性分析相结合的方法,从大学生眼中"成功人士"的标准、大学生成才观的基本内容和大学生成才与择业趋向三方面,调查分析了新时代大学生成才观的基本特征,指出新时代大学生的成才观总体呈乐观、理性的特点,但是也表现出在现实社会面前的迷惘,需要学校教育在育人方向和指导理念上做出一定的回应。③ 从以上研究状况可以看出,不同时代的大学生具有不同时代的特点,说明社会时代环境是影响青少年成才观的重要因素。

2. 中学生的成才观

以往研究中关于中学生成才观的研究比较少,就目前查阅和搜集的文献资料看,较系统的研究只有褚洪娇的硕士论文《中学生成才观及其引导策略研究》。这一研究运用问卷调查的方法,从中学生对人才标准的认识、成才动机、对成才影响因素的评价、成才途径选择以及成才积极性五个维度编制了《中学生成才观调查问卷》,调查结果显示中学生成才观存在着成才信心不足、成才动机不够高尚、对实践的重视不够等问题,并据此提出了教育引导策略。④ 这一研究所选择的研究对象是完全中学的学生,既有初中生也有高中生,事实上由于初中生处于心理第二断乳期,因而其自我意识需求高涨,但稳定性差,动荡性是其突出特点,他们对自我成才的定位和认识也必然显现出不成熟性这一特点,不能正确评价自己、好高骛远等符合这一阶段孩子的认知特征;而高中生基本完成了第二断乳期的适应而向青年期过渡,他们已处于青年初期。这一阶段的孩子抽象思维能力和反思能力显著提高,也面临着高等教育的专业的选择,因而其成才观也是影响其当下人生选择的关键因素,高中生关于自己成才

---

① 方巍:《多元价值观背景中的人生意义与实现》,《当代青年研究》1995 年第 5 期。
② 王芳:《市场经济条件下大学生的成才观及其教育导向》,《华东理工大学学报》1995 年第 3 期。
③ 夏科家:《在大德育视野下关照大学生成才观》,《思想·理论·教育》2004 年第 6 期。
④ 褚洪娇:《中学生成才观及其引导策略研究》,西北师范大学 2012 年 5 月。

标准的确定、成才方向的选择及成才的条件准备等都能够兼顾现实状况，故与初中生相比高中生的成才观更趋理性、客观、现实。而将初中、高中学生的成才观总体研究的作法，固然能够揭示目前中学生的共性特征，但对于初中与高中阶段的差异性显然分析不够，因而会影响其教育策略的针对性和实践价值。

中学阶段还包括中等职业教育学校的学生。职教学校的学生与普通中学学生最根本的差异在于，普通中学的学生所接受的教育属于中间教育阶段，是小学到大学这一过程的中间环节，起着承上启下的作用，因而学生所面临的任务是掌握好所学知识为下一阶段的继续学习奠定基础，学习目的是基础性的而非职业性的，突出的是基础性知识和能力而非职业性知识和能力；而职业学校的学生不同，这一阶段可以说是他们的学校教育完成阶段，学习是为了就业而非为了继续深造，因而知识的实践性和应用性是他们所追求的。因而其成才观是通过其择业观所体现和反映的。正是基于这一特点，徐静缪从择业维度调查分析了职业学校学生的成才观，指出现在的中等职业学校学生的成才观具有成才标准多元、务实和自我取向等特征。[1]

（二）学生成才观的内容

学生成才观相关内容的研究主要是针对大学生群体展开的，主要从大学生成才标准、大学生成才的影响因素、大学生成才的动力、大学生成才的途径等几方面展开的。

1. 关于学生成才标准的探讨

关于学生成才观的研究首先是针对学生成才标准的研究探讨，宋广文在《当代大学生成才问题的调查与分析》一文中指出，大学生对人才的评价强调德才兼备、对社会做贡献等，但也存在盲目崇尚自我价值的倾向。[2] 李娜通过调查研究指出当代中学生对成才标准的认识总体上呈现积极的一面，但也存在对专业知识和道德品质等指标重视不够的问题。[3] 贺志燕的调查研究发现，创新能力已经成为当今大学生的人才标准的核心要素。[4] 孔国庆从理论角度阐述

---

[1] 徐静缪、杨彬：《中职学生择业成才观调查分析》，《教育发展研究》2007年第17期。
[2] 宋广文：《当代大学生成才问题的调查与分析》，《山东青少年研究》1996年第1期。
[3] 李娜：《对当代中学生成才标准的探讨》，《中华少年》2013年第11期。
[4] 贺志燕：《当下大学生成才观的调查与分析》，《黄冈师范学院学报》2008年第2期。

了大学生成才标准的确定依据和成才结构模式。

2. 影响学生成才的因素分析

对学生成才影响因素的研究，主要有两种思路，一种是从单因素视角切入，深入分析这一因素对青少年学生成才的影响，比如《非智力因素对学生成才的重要影响》、《学习动机水平的高低与大学生的成才、成功直接相关》等。庄汉山探讨了人际关系对大学生成才的影响，指出人际关系对大学生品德的建构和身心健康发展具有重要的影响，和谐的人际关系能够促进大学生成才，而恶劣的人际关系则会延误学业和事业的成功。① 张静从校园文化切入，分析校园文化的不同构件对大学生成才的影响，继而提出促进大学生成才的校园文化发展路径。② 刘茂艳、陈庆良在《大学生的自我意识与成才》一文中指出，自我意识是大学生成才活动的核心监控因素，对大学生成才起着重要的内因作用。③ 这些研究皆从某一方面要素与学生成才的关系维分析这些因素对大学生成才过程的影响，并通过对该影响的价值分析，提出教育引导策略，使该因素成为学生走向成才的推进性力量。

关于学生成才影响因素分析的另一种思路，是从了解不同个体的成才目标出发，搜集整理影响不同个体成才的诸多因素，并将其中涉及的共性因素加以归纳总结，以分析了解影响学生成才观形成的普遍性、综合性因素，为引导学生健康理性成才观的形成提供借鉴性指导。姜静、徐辉通过问卷调查研究方法，从大学生的价值取向、大学生的非智力因素、学校的育人环境、其他综合影响因素四个维度对影响大学生成才因素进行了较深入的调查研究，指出大学生的思想观念、价值趋向和日常行为都是影响其成才趋向的重要因素，而这些因素处于动态变化之中，学校教育应强化对这些影响因素的合理组合与有效调控，使其成为影响促进大学生人才观实现的重要力量。④ 杨金江等从辩证唯物主义逻辑出发，研究分析影响大学生成才的内因系统和外因系统，指出对大学生成才观产生消极影响的内在因素包括大学生意志薄弱、学习兴趣低下等方

---

① 庄汉山：《人际关系对大学生成才的影响》，《青年探索》1995 年第 4 期。
② 张静：《校园文化对大学生成才的影响》，河北农业大学 2013 年 5 月。
③ 刘茂艳、陈庆良：《大学生的自我意识与成才》，《宁波大学学报（教育科学版）》2001 年第 2 期。
④ 姜晶、徐辉：《对"影响大学生成才因素"的调查分析》，《湖南农机》2007 年第 5 期。

面，外因系统主要是指家庭和学校，其中包含的一些消极因素易于导致大学生消极成才观的形成，因而呼吁从学生自身和高校两方面入手，矫正和消解不良因素对大学生成才观的影响。①

3. 对学生成才动力的研究

陈川雄通过对学生成才的动力和条件的研究，指出大学生成才的动力是由内驱力和外驱力组成的，个体内在需要的满足是其成才的内驱力，而家庭的期望和国家的感召是其成才的外在动力。② 李兴虎在《试论大学生成才的动力结构》一文中指出，需要、动机、情感、意志、兴趣等非智力因素是个体成才的动力部分，对成才具有定向、引导的作用，因此学校教育中应重视并不断完善对大学生成才动力结构中诸因素的组织和引导，以促进大学生成才。③ 李荔歌分析了大学生成才的动力源，认为身心素质、奋斗目标等构成了大学生成才的内部动力源，而社会环境等因素构成大学生成才的外部动力源，并据此提出促进大学生成才的有效途径。④ 方仪从人格心理学的角度将大学生成才的动力分为本我动力、自我动力和超我动力。⑤ 黄光云、黄茂则依据实地调查的结果，指出当前大学生存在着成才需要层次低、成才目标践行力弱、成才态度不稳定等问题，并据此提出了教育干预对策和建议。⑥

4. 大学生成才途径的研究

学界对大学生成才途径的研究大多是从理论分析的维度展开的。刘玉祥在论文《社会实践是大学生成才的重要途径》一文中较深入细致地论证了参加社会实践活动是大学生成才的积极而有效的途径。⑦ 学者房兆侠也指出，社会实

---

① 杨金江、陈智鑫、冯迪：《影响大学生成长成才因素分析及对策》，《经济研究导刊》2013年第3期。
② 陈川雄：《大学生成才的动力和条件》，《思想教育研究》1996年第2期。
③ 李兴虎：《试论大学生成才的动力结构》，《川北医学院学报》1989年第1期。
④ 李荔歌：《大学生成才动力源及其有效途径分析》，《开封大学报》2010年第4期。
⑤ 方仪：《大学生成才动力系统之研析》，《南京艺术学院学报（美术与设计版）》2005年第2期。
⑥ 黄光云、黄茂：《影响当代大学生成才动力因素的调查与分析》，《学术论坛》2013年第12期。
⑦ 刘玉祥：《社会实践是大学生成才的重要途径》《华东石油学院学报（社会科学版）》1987年第2期。

践是学生成长和社会现实需要的结合点，参加实践活动对学生成才具有重要的推动作用。[1] 姚昌义、王秋梅则专门研究了高职高专学生的成才途径，针对告知高职高专学生的成才目标特点，指出培养学生的专业能力是高职高专学生成材的重要途径。[2]

教育是成才观形成中不可或缺的因素，因此，关于大学生成才观教育也成为研究大学生成才途径的重要一维。关于成才观教育的研究大致可以分为两类，一类是纠偏性研究，即通问卷调查、深度访谈等方法，揭示大学生成才观中存在的主要问题，在归因分析的基础上提出针对性的教育策略。比如戚世均在《当前大学生成才观存在的问题》一文中，针对大学生存在着成才认识模糊等问题，在剖析问题因由的基础上提出教育建议和对策。[3] 何玲玲探讨了转型期青年成才观的特点及存在的问题，并据此提出引导青年增强责任感、帮助青年客观认识自己、整合社会各界力量等矫正措施。[4] 另一类是定向性研究，即依据规范分析的逻辑，通过理论性地建构成才观的内涵及结构，提出成才观的合理标准和方向，以为大学生成才观的形成和发展提供基本指引方向。李军等从成才观教育与高校德育关系的维度出发，提出要以成才观教育为载体创新高校德育，并提出了成才观教育的方式和路径。[5] 钟发亮在《新形势下加强大学生成才观教育的若干思考》一文中阐明了大学生成才观教育的重要价值和现实意义，并针对当前大学生成才观中存在的成才目标不明确、意志薄弱等问题，呼吁学校教育要从引导大学生明确成才目标、理解成才价值、加强社会锻炼等方面对大学生进行成才观教育。[6] 郭学旺在《关于大学生成才观教育的思考》一文中指出，对大学生进行成才观教育应把握注重成才导向、确定主要目标、培养创新素质、倡导主体意识、强化实践要求等原则。[7]

---

[1] 房兆侠：《社会实践是大学生成才的重要途径》，《河北体育学院学报》2001年第1期。
[2] 姚昌义、王秋梅：《高职高专教育是青年成材的重要途径》，《兰州学刊》2001年第6期。
[3] 戚世均：《当前大学生成才观存在的问题》，《人才瞭望》2001年第11期。
[4] 何玲玲：《契机与挑战：社会转型期青年成才观之嬗变与启示》，《中国青年研究》2009年第11期。
[5] 李军、郑林：《大学生成才观教育与德育载体创新》，《安徽警官职业学院学报》2010年第1期。
[6] 李德龙、郭学旺：《加强青年学生的成才观教育》，《求是》2011年第12期。
[7] 钟发亮：《新形势下加强大学生成才观教育的若干思考》，《思想理论教育导刊》2012年第11期。

（三）高中生成才观研究的价值

就目前关于学生成才观的研究状况看，尽管已取得了一定的研究成果，但总体上这一课题的研究尚未引起太多的重视，因而研究大多属于"浅尝则止"的浅表性探讨，缺乏系统深入的关于基础理论层面的分析，因而研究结论对青少年学生成才观的形成和发展的指导意义不明显；第二研究对象较单一，基本是以即将步入社会的大学生为研究分析对象，这种研究似乎给人一种暗示：成才观在大学生阶段才会形成，接受高等教育之前的青少年学生似乎不会也不需要思考这一问题。但事实上，任何价值观念的形成都是一个渐进的过程，尽管有价值观念形成的萌芽期、关键期和发展期之分，但每一个阶段都是下一个阶段的基础，没有前一阶段的奠基，很难有后一阶段的结果。从这个意义上看，大学生处于青年期，从年龄阶段来看，大学生价值观的可塑性已远远低于中小学生，大学生的价值观已基本定型，教育能够影响的部分已很小。而小学生因为距真正成人还较远，对于人生定位和规划主要源于家长和老师，他们的成才观还处于较朦胧的发育状态，需要家长和老师的积极引导与呵护，避免其失落；中学阶段正处于价值观念形成的关键期，一方面，随着年龄的增长、思维能力的提升和接触社会范围的拓展，独立意识和自主意识增强，他们已不再仅仅依赖于父母老师设定的人生目标，渴望自己去判断和选择，渐渐有了对自己未来生活模式的预期和构想，朦胧的人生理想逐渐清晰化；另一方面这一阶段也是最为迷茫和困惑的人生阶段，尚不成熟的中学生面对纷繁复杂的社会多元文化环境，也使他们陷入了价值判断和选择的困境。这令他们对自我人生目标和发展方向的定位，对人才标准的认识和理解及对自我成才的预期都会产生较大的困惑，因而这一年龄段的学生其成才观是不稳定的、不成熟的，教育引导和干预的可能性较大。尤其是高中阶段的学生，他们面临着是否继续接受高等教育、应该学习何种专业、如何度过大学生活、大学中应该获得哪些方面的进步与发展、为自己所向往的职业做哪些准备等问题的解答。而这些问题均与其成才观直接相关，即不同的成才观必然会指引着高中生做出不同的选择，影响着他们的未来生活态度和人生规划，也直接影响着其大学生活的质量。因此，与其他阶段相比，高中生应是个体成才观形成中最为关键的时期，也是实施成才观教育最为理想的时机。健康、理性的成才观不仅能激发出高中学生的无穷学习动力，也能使其对未来生活充满信心和勇气，可以避免简单地将"考大学"作为人生根本目标的做法，"考上大学"就算完成了任务，致使其在大学阶段由于失去人生目标而如无头苍蝇，浑浑噩噩，虚度时光。基于以上分析，笔者认为高中生的成才观问题对于个体的未来发展具有更为基础的作用，而任何价值观的形成都无法脱离特定时代背景和社会环境。消费社会引发的一系列社会转型和价值变迁，必然会对青少年的价值系统产生深刻的影响。生活在消费社会时代的高中生也不可避免地会受到消费文化的影响，其成才观会显现出这一时代的特性。

三、高中生成才观的研究思路与方法

（一）研究思路

本研究采用定性研究与定量研究相结合的方法，采用规范分析的逻辑，通过文献研究方法，梳理与成才观相关的研究文献，运用多元智能理论、自我实现理论等心理学相关理论和社会学、文化学的相关理论，确定成才观的基本含义和结构，形成规范分析的框架。并据此设计和编制调查问卷与访谈提纲，进行实证研究。通过数理统计方法的运用，对调查数据进行处理分析，以揭示目前高中生成才观的特点与其中存在的问题。运用消费文化理论、成败归因理论等分析工具，探究高中生成才观的影响因素，从理论与实践结合的视角提出既具有理论高度又富有实际操作性的教育对策，为消费文化背景下，中学生形成健康、理性的成才观而提供直接的指引。

（二）研究方法

1. 问卷调查法

本研究依据理论梳理意义上形成的成才观的操作性定义，结合前期开放式调查结果，确定了调查问卷的维度，从成才标准、成才动机、成才影响因素和成才途径选择四个维度编制了《高中生成才观调查问卷》，评价指标采用Likert5点计分法进行统计，从"同意"、"比较同意"、"不确定"、"不太同意"、"不同意"依次计为5、4、3、2、1分。通过50名高中生的小范围试测之后，对本问卷中设计的个别问题进行了修改，进行了问卷信度与效度的检验，最终形成正式调查问卷。

(1) 问卷信度与效度的检验

信度是指问卷的可信程度。信度检验主要体现测验结果的一致性和稳定性程度。一个好的测量工具对同一事物反复进行测量,其结果应该始终保持稳定才可信。因此,信度系数是衡量测验好坏的一个重要指标。Cronbach's Alpha是目前最常用的信度系数,一般而言当 Cronbach's Alpha 信度系数达到 0.9 以上,则该测验或量表的信度甚佳;若信度系数在 0.8 至 0.9 之间说明信度较高;若信度系数在 0.7 至 0.8 之间,则说明该测验虽有价值但需要进行较大的修改;若信度系数低于 0.7,则该测验问题设计不合理,需要重新设计。本研究中运用统计软件 SPSS19.0 检测问卷的信度,依次 Analyze—Scale—Reliability—Analyze 可得出问卷的整体 Cronbach's Alpha 信度系数和各个维度的 Cronbach's Alpha 信度系数。结果如表 6-1 所示,本问卷的整体 Cronbach's Alpha 信度系数为 0.833,四个维度的 Alpha 系数也均在 0.8 以上,表明本问卷具有良好的内部一致性,信度较高,可作为科学研究之用。问卷信度系数具体见下表。

表 6-1 问卷总信度及各个维度的内部一致性系数

问卷维度	因素1	因素2	因素3	因素4	总信度
Cronbach's α	0.827	0.801	0.816	0.832	0.833

效度检测是测量问卷的有效程度,反映问卷的准确性和有用性。效度越高,则说明测量结果与要考察的内容越符合。一个具有良好效度的问卷,通常其中各维度之间呈中等程度的相关。为验证本问卷的效度,本书采用 Pearson 积差相关模型对问卷结构的相关性进行检验,结果如表 6-2 所示,表明问卷各结构之间的相关系数都在 0.5 左右,说明问卷结构合理,具有良好的效度。

表 6-2 问卷各维度之间的相关情况

	标准	动机	因素	途径
标准	1			
动机	0.462**	1		
因素	0.483**	0.513**	1	
途径	0.496**	0.528**	0.487	1

注:*p<0.05,**p<0.01,***p<0.001

2. 访谈法

问卷调查有助于了解高中生成才观的总体状况，但对于影响高中生成才观的形成与发展的深层因素不易掌控，尤其是难以了解到不同的社会因素是如何介入个体的价值系统并影响其价值选择的。为了更充分、深入地了解影响高中生成才观的各因素，课题组还对7位高中生进行了深度访谈，为本研究提供更为直接的实证材料支持，保证研究结论的可靠性。

四、消费文化背景下高中生成才观的整体特征

本研究采取整群抽样的方法选取样本，将某市第四中学高一、高二、高三全体学生作为研究对象，共发放调查问卷350份，剔除无效问卷8份，回收有效问卷份342份，有效回收率97.7%。研究对象的具体情况如表6-3所示。

表6-3 调查样本的人口学统计

不同类别		人数	百分比
性别	男	168	49.1%
	女	174	50.9%
户籍	城市	157	45.9%
	农村	185	54.1%
年级	高一	114	33.3%
	高二	113	33.1%
	高三	115	33.6%
母亲文化水平	初中及以下	147	43.0%
	高中及中专	128	37.4%
	大学或大专	67	19.6%

通过对问卷调查结果的统计分析，消费文化背景下高中生的成才观总体上呈现出以下特征：

（一）高中生对成才标准的认识更为务实、理性

《国家中长期人才发展规划纲要》（2010—2020 年）中明确规定："人才是指具有一定的专业知识或专门技能，进行创造性劳动并对社会做出贡献的人，是人力资源中能力和素质较高的劳动者。"[①] 这是从国家制度层面上对"人才"做出的规范意义上的界定。这一界定反映了当代社会背景下，国家和社会对所需要的人才的标准。但在消费文化的影响下，人们的主体意识得到前所未有的主张，多元价值共生并存使得价值选择和价值判断越来越成为个人的事情。因而国家的规定未必总是和公众的认识是一致的。另外，为了保证学术研究的严谨性和客观性，本研究采用开放式调查，通过对 50 名高中生进行"你认为什么样的人才算得上是人才"、"在你心目中，人才应该具备什么样的素质"的访谈式问答，结合从学术意义上对"人才"概念的解构，归纳总结出能涵盖高中生成才标准的 10 项具体指标，详见表 6-4。

表 6-4 高中生对成才标准认识的整体情况（百分比）

条目内容	均值 M	标准差 SD	完全同意	比较同意	不确定	不太同意	完全不同意
丰富的知识	3.53	1.054	21.7%	53.5%	12.7%	8.9%	3.2%
具有专业技能	3.46	1.235	19.8%	44.9%	17.6%	8.8%	8.9%
良好的道德品质	3.35	1.147	23.9%	36.6%	23.8%	9.8%	5.9%
对社会做贡献	3.67	1.092	25.4%	44.5%	13.8%	12.9%	3.4%
有胆识、有气魄	3.28	1.216	18.3%	43.7%	14.6%	15.8%	7.6%
有社会影响力	3.19	1.085	14.8%	40.7%	22.3%	16.3%	5.9%
经济实力雄厚	2.79	1.356	9.8%	18.0%	22.9%	27.2%	22.1%
有创造性才能	3.72	1.067	28.4%	42.8%	14.5%	9.2%	5.1%
高学历	3.05	1.153	10.1%	18.3%	24.9%	30.8%	15.9%
地位显赫	2.82	1.273	10.3%	15.8%	23.5%	26.7%	23.7%

成才标准是进行成才评价时所确定的成才规格，即具备怎样的素质结构才算成才。高中生对成才标准的理解体现着其自身的成才目标，蕴含着对未来发

---

① [EB/OL] http://www.gov.cn/irzg/2010-06/06/content 1621777.htm，2010-06-06.

展方向的预期，是高中生学习生活的动力源泉。从调查结果看，高中生对"创造性才能"、"为社会做贡献"、"拥有丰富的知识"、"具备专业技能"、"具有良好的道德品质"的评价较高，而对于"经济实力雄厚"、"地位显赫"的认同度相对较低。从这一结果来看，高中生对成才标准的认识与《国家中长期人才发展规划纲要》中关于人才标准的设定一致程度较高，符合我国"培养德、智、体、美全面发展的社会主义建设者"的教育目的。从均值来看，"具有创造性才能"的认同分值最高，达 3.72 分。其次是"为社会做贡献"，分值为 3.67，"具有丰富的知识"，分值为 3.53。从这一情况看，当下高中生的人才标准更为务实，更为理性，尤为注重创造性能力、知识和社会贡献，反映了消费文化背景下，创造力是最具竞争力的资源，而创造力说到底是文化知识的转化；而彰显自我创造力最有效的途径就是为社会做出贡献，将自我发展和社会贡献相结合，才能真正满足"自我实现"的需要。而且，高中生普遍将"创造性才能"视为人才的第一标准，这是符合人们对人才的精英性假定的，也可能是本世纪以来，我国不断强调创新教育的结果。从消费文化对风格化生活模式和个性差异的强调，也使无论用人单位还是普通公众在认识和看待一个人时，首先考虑的往往是其创新能力。在注重差异性和个性化的消费时代，创新能力也是一种具有无穷增值潜能的第一资本，从这个意义上看，创造性能力依然是人才的第一标准。这与传统生产社会中以"品德"为人才第一标准的人才观显然不同，务实、理性成为当代高中生人才观的最显著特点。

与消费主义价值观所倡导的享受主义、拜金主义不同，高中生对"经济实力"和"显赫地位"的认同度反而较低。"经济实力"和"显赫地位"的分值分别为 2.79 和 2.82，有一半左右的学生对将"经济实力"和"显赫地位"纳入人才标准持"不太同意"或"完全不同意"的意见。由此可见，在高中生的成才评价结构中经济实力和权力地位并不被重视，说明消费文化背景下，高中生的人才观受消费主义价值观的影响并不明显。

此外，从调查结果来看，高中生对高学历的赞同度也偏低。这与高等教育的大众化有直接关系。"高等教育大众化的实现使大学文凭所代表的社会阶层符号效应逐渐减弱。"[①] 随着社会公众整体受教育水平的普遍提升，高等教育由精英化走向大众化，青少年学生也越来越意识到考上大学不是人生的最终目

---

① 杨立军：《家庭社会经济地位对大学专业选择的影响》，《教育评论》2004 年第 10 期。

标，而只是走向未来，实现人生目标的基本门槛和台阶。因此，接受高等教育成为所有高中生的基本需求，而不是作为高于一般普通公众的人才的基本标准。同时就目前的人才录用原则看，"能力"优于"学历"，"学力"重于"学历"等取向使名校的光环渐趋弱化，越来越多的学生不再将取得某高校的相应学历作为自我成功的标示，而将自我能力的培养，综合素质的提升作为更重要的目标来追求。对于高中生而言，尽管他们所面临的第一任务就是考上某理想大学，但从调查结果看，不足三分之一的学生认为取得"高学历"也是成才的标准之一，更多的学生则不太赞同将这一标准作为评价"人才"的指标，对于大多数同学来说，考上理想的大学只是为自己成才创造了条件，并不意味着上大学就成才了。也可以看出，当前的高中生对成才标准的认识比较理性，不再盲目信从高学历，而能力标准越来越受到高中生的重视。

（二）高中生的成才动机普遍强调个人取向和家庭取向

"动机是由一种目标或对象所引导的激发和维持个体活动的内在心理力量，它是大部分人类行为的基础，通过对动机的了解，人们可以对个体行为做出解释和预测。"[①] 高中生的成才动机是由其成才意愿所引起的指向其成才目标的一种心理倾向和态度，是激发和引导高中生向成才目标不断努力的内在驱动力。成才动机是成才观的基本构成。从成才动机的价值判断来看，有积极动机和消极动机。积极的成才动机能指引个体沿着积极健康的方向努力，最终实现其成才目标；而消极的成才动机，尽管也能激发出行为动力，但易于引发消极的行为，导向消极的成才目标而影响其健康成长和发展。因此，了解高中生的成才动机，有助于了解高中生的内在成才驱动力，对于消极成才动机应予以及时引导，以免对高中生的发展产生不良影响。本研究中通过开放式调查，归纳整理出高中生成才动机的 8 种类型，通过调查统计，结果显示如表 6—5 所示：

---

① 池丽萍、辛自强：《大学生学习动机的测量及其与自我效能感的关系》，《心理发展与教育》2006 年第 2 期。

表6-5 中学生成才动机调查（百分比）

条目内容	均值 M	标准差 SD	完全同意	比较同意	不确定	不太同意	完全不同意
为了实现自己的理想	3.67	1.063	32.7%	43.5%	14.8%	6.7%	2.3%
为了生活得更好	3.45	1.231	29.8%	32.4%	23.5%	7.9%	6.4%
为了报答父母	3.53	1.047	28.9%	29.5%	22.9%	10.5%	8.2%
为了服务社会，报效祖国	3.34	1.083	25.6%	28.7%	23.8%	12.8%	9.1%
为了得到别人的认可	3.08	1.119	19.7%	20.3%	29.7%	15.6%	14.7%
为了改变家庭的社会地位	3.37	1.025	20.2%	23.4%	19.8%	16.8%	19.8%
为了出名	2.87	1.091	8.2%	14.1%	27.9%	20.9%	28.9%
为了超越某人	2.63	1.112	9.8%	12.3%	28.7%	25.5%	23.7%

从调查结果看，高中生成才动机中"为了实现自己的理想"、"为了报答父母"、"为了生活得更好"、"为了改变家庭的地位"的认同度较高，超过了"服务社会，报答祖国"，说明高中生的成才动机倾向于自我取向，高中生普遍认为成才对于自我和家庭的作用重于对社会和国家的作用。而"为了出名"和"为了超越某人"这两项得分较低，分别为2.87分和2.63分，大约22%左右的学生认同这两项动机。说明大多数高中生的成才动机比较理性，能从自我和家庭的未来角度确定自己的成才目标，但也有少数同学的成才动机较为功利、狭隘，不利于其健康发展。从这个结果看，消费文化背景下高中生的成才动机呈现出以下特点：

首先，高中生的成才动机突出自我取向。调查结果显示"成才是为了实现自己的理想"得分最高，该条目平均值为3.67，远高于其他选项。说明在市场经济条件下，消费文化所彰显的自我利益、注重个性发展和自我价值等个人本位的价值取向，通过对消费者主体地位的塑造，已深入人心。自我利益和自我发展，成为人们行为的内在动力系统，传统社会本位的高标化的发展目标逐渐被个人取向的、务实的动机选择所取代。而当代高中生生长于社会主义市场经济的高速发展时期，属于典型的90后，消费文化所蕴含的多元价值观深刻地影响着他们的生活态度和价值观念，崇尚自我、个性鲜明、注重自身利益和自我发展，成为年轻一代普遍所认同的价值观，反映在其成才观上，表现为强烈的自我意识、自主精神和自我实现需求。

其次，高中生成才动机中家庭取向居于重要地位。从调查结果可以看出，"成才是为了报答父母"和"成才是为了改变家庭的社会地位"的平均值分别为3.53和3.37。且从所占百分比来看，有高达58.4%的同学同意或非常同意"成才是为了报答父母"，有43.6%的同学比较同意或完全同意"成才是为了改变家庭的社会地位"。反映出当前的高中生普遍认为自己对父母、对家庭负有责任，感恩父母成为当下高中生成才的重要驱动力。这说明以个人主义为主旨的消费文化并没有消弭中华优秀传统"孝道"文化的影响。

"百善孝为先"是中国传统道德的精髓，中国"家天下"的治国伦理也是在家庭伦理基础上延展与繁荣为"忠孝"文化。尽管时代变迁，中国的忠孝形式发生了改变，但感恩父母、孝敬父母、赡养父母始终是中国人的核心品性，已融入中国人的灵魂与血液。作为90后的年轻一代，高中生们虽然生长在经济繁荣、物质富庶、价值多元的消费时代，但并不必然导致孩子自私自利。一方面中国无论核心家庭还是大家庭，都是孩子成长中社会、学校不可替代的教育场所，孩子在与父母、爷爷奶奶或兄弟姐妹的家庭互动中，感受着家人间的关爱与亲情，也体会到作为家庭成员应对家庭和家人担负的责任；另一方面，按照诺丁斯的关怀理论，父母是孩子的关怀榜样，父母在对子女的无私付出与照顾中也将这种关怀品质传递给了子女，使孩子也以关怀的情感和行为去对待父母及身边的人，这是孩子关怀品质形成与发展的逻辑。故而，尽管消费文化倡导自我中心，自我利益之上，但受家庭教育和中国传统文化的影响，大多数高中生都能体恤父母的辛苦，懂得感恩父母的养育之恩，因而将回报父母、改变家庭地位等家庭责任的承担作为自己成功的重要动机，以期通过自己的成才来回报父母。

（三）高中生普遍认为主体作用和非智力因素是影响成才的根本因素

成才目标和成才动机是成才的动力性因素，而这种动力能否转化为有效的行动而最终实现成才目标，还受到诸多其他条件和因素的影响。究竟哪些因素是影响个体能否成才的主要因素，不同的人会有不同的判断。通常人们是以归因方式来确定影响成功因素的。

按照韦纳（B. Weiner, 1972）的观点，归因不是一个独立的过程，归因的研究价值恰恰在于它是上一次行为和下一次行为之间的重要环节。也就是说，对上一次行为的原因解释将会对下一次行为产生重要的影响。归因是人们日常生活中常用的解释和推测行为原因的基本方法，受到个体认知水平、知识经验、社会阅历、内在情绪情感等方面因素的影响，也直接影响着个体的心理和行为选择。高中生对影响其成才因素的归因过程一定程度上反映出其成才观的价值取向。鉴于此，本研究将高中生对影响成才因素的看法纳入问卷设计。通过开放式调查和访谈广泛搜集高中生对成才影响因素的各种看法，然后对其进行归类整理，形成自身素质、家庭因素、学校因素、社会环境因素四个维度，编制出15个题目，其中影响成才的自身素质因素包括智力水平、性格、意志、情绪情感、人际交往能力、理想和自身努力程度，学校因素包括校风、教师素质和学校管理方式，家庭因素包括父母文化水平、家长教育方式和家庭经济状况，社会环境因素包括社会风气和社会政治经济制度。据此调查，结果如表6-6所示：

表6-6 高中生成才影响因素统计

条目内容	均值 M	标准差 SD	非常重要	比较重要	不确定	不太重要	完全不重要
智力水平	4.01	1.014	32.4%	42.9%	16.1%	4.4%	4.2%
性格	4.03	1.105	25.9%	34.8%	18.3%	13.2%	7.8%
意志	4.24	1.061	35.7%	36.3%	18.2%	4.5%	5.3%
人际交往能力	3.97	1.012	30.8%	32.9%	20.3%	8.1%	7.9%
情绪情感	3.89	1.135	25.4%	31.5%	23.8%	9.6%	9.7%
理想	3.91	0.976	27.2%	28.4%	19.8%	13.2%	11.4%
自身努力程度	4.37	1.083	37.6%	43.2%	7.7%	7.3%	4.2%
校风	4.03	1.056	29.5%	30.3%	23.1%	9.2%	7.9%
教师素质	3.56	1.003	27.2%	27.4%	19.8%	13.2%	12.4%
学校管理方式	3.48	0.968	25.8%	29.7%	20.5%	12.5%	11.5%
父母文化水平	3.79	1.063	29.4%	28.8%	19.3%	10.8%	11.7%
家庭经济情况	3.42	1.045	23.3%	21.5%	20.8%	20.5%	13.9%
家长教育方式	3.92	0.897	28.4%	31.3%	15.5%	15.9%	8.9%
社会风气	3.35	1.083	22.9%	23.6%	25.4%	16.2%	11.9%
社会政治经济制度	3.27	1.072	21.7%	23.8%	19.7%	15.8%	19.0%

从各因素的平均值得分情况看，目前高中生普遍认为影响成才的最主要的因素来自本身，其中"自身努力程度"平均值最高。其次，是家庭和学校因素的影响，社会环境因素的影响相对较小。从这一结果看，高中生对于成才因素

的认识显现出以下特征：

第一，普遍强调主体自身因素，认为内因重于外因，突显出较强的责任意识。高中生对成才因素的认识和分析普遍从自我取向出发，率先考虑主体的内在因素，诸如个体的性格、智力水平、意志、兴趣及努力程度等方面因素。由统计结果可以看出，平均分值在 4.00 以上的 5 个条目中，4 个为主体自身因素，其中"自身努力程度"分值最高，达 4.37，即 80.8％的学生认同在影响成才的因素中"自身努力程度"最为重要。"意志"次之，为 4.24 分，"性格"、"智力水平"的得分也都在 4 分以上。学校因素、家庭因素、社会环境因素总体分值低于个人因素，说明高中生在对成才影响因素的认识上，普遍认为内因重于外因。这一认识逻辑不仅符合辩证唯物主义关于事物发展的内因和外因关系的规律和逻辑，也反映出当下高中生较理性、成熟的分析思维能力。依据归因理论，如果把行为的原因归结于个人，则个人应当对其行为结果负责。高中生对影响成功因素的认识状况也反映出高中生具有较强的责任意识和担当精神。当然，也可能是消费社会中消费文化在对人们的日常生活渗透中，其个人本位的思维逻辑和行为取向也潜移默化地融入人们的价值系统，改变着人们的价值标准和思维方式，逐渐由社会本位向个人本位转化，因而在分析和归纳影响成才因素时也自然而然地因循个人本位的模式，使其呈现出个人取向的特点。

第二，普遍重视非智力因素。从上表各条目的平均分值看，意志、性格、情绪情感和理想的分值均较高，普遍在 4 分左右，其中"意志"的平均分值为 4.24，仅次于"自我努力程度"，72％的学生认可"意志"对成才的重要影响。从这一结果可以看出，大部分高中生已经逐渐认识和体验到非智力因素对个体成长成才的重要意义。

非智力因素是心理学概念，指思维、注意力、记忆、观察等智力因素之外的所有心理因素的总称，广义上包括理想信念等观念层面、个性心理品质层面和行为动机层面等方面内容，狭义上的非智力因素仅指动机、兴趣、情感、意志、性格等心理品质层面的内容。从心理学意义上讲，智力因素决定着一个人的认知水平和认知能力，而非智力因素则决定着一个人的事业能否取得成功。对于学生而言，智力因素可能影响着其学业成败，但个体的真正成人与成才更多依赖于其非智力因素，"良好的非智力因素对青少年的成长具有动力、定向、引导、维持、调控和强化六大功能。具体来说，动力功能，即通过动机推进人的活动水平；定向功能，通过固化由认知产生的目的，巩固和强化人活动的目标；引导功能，通过一些稳定的心理取向来实现人对达成某个目标的自我引导；维持功能，稳定人的活动，使之能够坚持完成该活动；调控功能，即可以调解人在活动中的情绪，控制不利因素对人的影响；强化功能，即提高人处于低谷时的心理或生理能量，从而使个体始终保持旺盛的精力、昂扬的斗志和不断进取的精神"①。而高中生对非智力因素的肯定与认同，说明尽管面临"考试指挥棒"的高压，但高中生也普遍意识到智力因素并非成功的决定性因素，非智力因素对自己未来的成功起着更为重要的作用。这一观点与"成才标准"调查中，高中生对"高学历"持较低的认同度是相一致的，说明目前高中生的成才观呈现出多元成才取向的特点。

第三，高中生普遍认为学校风气和家庭教养因素比社会环境因素对个体成才的影响更重要。从家庭因素的均值得分情况看，"父母文化水平"和"家长教育方式"分别为3.79分和3.92分，仅次于自我因素的得分，而学校因素中只有"校风"这一项分值较高，达4.03分，"教师素质"和"学校管理方式"的分值虽比社会环境因素的分值高，但比家庭教养因素的得分显然要低。这说明，就目前的教育情况看，高中生普遍认为学校风气的好坏是影响个体成才的重要因素。而作为教育者，学校教师的素质和管理方式远不及家长的素质和教育方式对个体的影响力大，这一结果与中国人的关系型人格依赖品质和家庭观念浓郁的文化特点相契合。与社会环境相比，高中生的主要生活空间是家庭和学校，其社会化过程也主要是在与家庭成员和学校同辈群体的互动中实现的，因而受社会环境因素的影响较小，且往往是以间接的方式，或通过学校风气或教师和家长的教育观念和行为方式作用于学生的生活世界和观念系统的，因而高中生普遍较认同家庭因素和学校因素，对社会因素的重视程度相对较低。

（四）高中生在成才途径上倾向于自己奋斗，但对实践锻炼重视不够

成才途径涉及的是如何实现成才目标的问题，可以说成才途径是成才目标的实现方式和完成过程，决定着实现成才目标的行为轨迹。选择何种途径直接决定着成才目标达成的难易程度和达成效果。学生对成才途径的选择和认识能反映其成才的价值取向，因而对成才途径的认识和选择是成才观的重要构成部

---

① 李慧：《试论非智力因素对青少年成长的重要性》，《成功（教育）》2011年第9期。

分。本研究中，依据前期的理论分析和开放式调查结果，设计了6种成才途径，分别为：①自己努力奋斗；②依靠别人帮助；③掌握科学文化知识；④掌握专业技能；⑤等待机遇；⑥参加实践活动。通过对高中生的调查，数据处理与统计结果如表6-7所示：

表6-7 高中生成才途径调查统计

条目	均值 M	标准差 SD	完全同意	比较同意	不确定	不太同意	完全不同意
自己努力奋斗	4.21	1.098	38.3%	42.0%	9.8%	7.7%	2.2%
依靠别人帮助	3.32	0.993	6.9%	17.6%	25.5%	28.7%	21.3%
等待机遇	3.25	1.025	5.8%	17.7%	18.4%	27.6%	30.5%
掌握文化知识	4.19	1.078	40.3%	35.6%	13.9%	5.8%	4.4%
掌握专业技能	3.78	1.057	28.4%	30.3%	24.6%	7.8%	8.9%
参加实践活动	3.67	1.003	18.9%	20.6%	27.5%	19.8%	13.2%

从调查结果可以看出，在成才途径的选择上，"自己努力奋斗"和"掌握文化知识"的分值最高，分别为4.21和4.19，而反映依托外在力量或条件的"等待机遇"、"依靠别人帮助"的分值最低。说明当代高中生普遍能够认识到自身的努力程度和自身的知识储备是实现成功最基本的途径，主动奋斗、积极争取而非被动地等待机遇和依靠他人成为当代高中生成功途径选择的突出特点，反映了高中生积极、自我的人生态度。这与消费社会中，公平交易、等价交换、付出与得到的对等关系等消费文化所蕴含的公平价值的濡染是分不开的。同时，注重从自身做起的成功途径选择也与消费文化对个人主体地位的塑造和自主意识的主张是分不开的。

此外，从数据中也可以看出，高中生在成才途径选择方面普遍重视自我努力和自我知识储备方面的准备，但对"参加实践活动"的重视程度较低。这与其所处的年龄阶段和社会化程度直接相关。高中生虽然已不像十二三岁的初中生那样动荡和叛逆，但他们的主体意识和理性分析能力还不够成熟，生活阅历的单一和社会化程度的不足，致使其对社会现实的复杂程度和可能后果，尤其对在实现自我目标过程中可能遇到的困难和问题预料不足，因而在成才途径选择上易于从理论假设或理想意义上考虑，倾向于理想化的途径，对实践锻炼的积极意义认识不够。更重要的是受当前学校应试教育模式影响的结果。高中阶段学生面临巨大的升学压力，而在现行的考试选拔体制下，学科考试成绩作为主要的评价和选拔依据，是否参加社会实践活动并不作为一般高校选拔录取学生的依据。在功利性思维的钳制下，普通高中虽然有社会实践活动的课程计划，但往往形同虚设，很少有实质性地开展活动的，即便有活动，也是象征性地以让学生放松为目的，并没有真正按照基本课程计划落实实践活动目标，造成了社会实践活动在学生生活中的实际缺位。自然会造成学生认识上的缺位。事实上，"实践是人才成长发展的外在条件，人才成长是个体在社会环境中通过社会实践活动不断充实，不断发展逐步实现主客观一致的过程。要想成才，必须投身于社会实践，只有实践才可以造就真正的人才"①。可以说，实践是走向成功的必由途径，也是积累工作经验和人生智慧的最有效的方式，是成人和成才必不可缺的途径。而目前的高中生显然还没有充分理解和认识到实践活动对自己成才的重要价值。

五、高中生成才观的差异性

从高中生成才观的调查结果看，高中生的成才观呈现出一些共同特性，但就不同类型的群体而言，他们在成才观的不同维度上又有一定的差异性。

（一）成才标准维度上性别差异、母亲文化水平影响的差异显著

为了进一步了解高中生对成才标准的认识和理解情况，本研究采用独立样本 T 检验和单因素方差分析的方法，对不同类型的成才标准特征进行比较分析。根据人口学所涉及的变量，本研究从性别、年级、生源地、母亲文化程度几个方面分析其成才观的差异性。根据问卷中所设计的成才标准包括两个维度：能力素质维度和社会地位维度，前者指向自我，包括"具有丰富的知识"、"具有专业技能"、"具有良好的道德品质"、"有胆识、有气魄"、"有创造性才能"几个方面；后者指向社会，包括"对社会做贡献"、"有社会影响力"、"经济实力雄厚"、"高学历"、"地位显赫"几方面。经过 T 检验和单因素方差分析，结果表明，不同年级、不同生源地的高中生在成才标准的认识上不存在显著差异，而不同性别和母亲文化程度不同的高中生其成才标准的评价和认识上

---

① 张然、刘利才：《论邓小平的实践成才观》，《长春工业大学学报（社会科学版）》2013年第1期。

存在显著差异。

1. 男生比女生更为重视社会性成才标准

表 6-8 高中生成才标准维性别差异的 T 检验

因素	男生		女生		P
	M	SD	M	SD	
能力素质	3.92	0.98	3.97	0.92	0.064
社会地位	3.89	0.95	3.76	0.86	0.043

表 6-8 是以性别为自变量，以高中生成才标准的两个维度为因变量进行独立样本 T 检验。从结果来看，男女生对成才标准的认识在社会地位这一因素上差异显著，且从均值得分来看，男生的均值得分（M=3.89）大于女生（M=3.76）。说明男生在确定成才标准时比女生更为重视社会地位方面的需要。这可能与性别刻板印象有关。在传统"男主外、女主内"的性别角色定位固化思维的影响下，男性被赋予更多的社会期望和责任，评价男性成功的标准也更多的考虑其在社会中所获得的认同度；而女性角色更多地被框定于家庭内部，"相夫教子"、操持家事成为其主要责任。即便在"男女平等"的今天，"男权"社会的实质并没有根本改变，"男人更应该出人头地"依然是当今人们的普遍观点。也正是基于这一观点，"女强人"成为对与男性一样成功的女性的贬义性评价，而女博士则被冠以"灭绝师太"、"第三性人"等不雅绰号。这种基于性别差异所形成的角色刻板印象会通过家长、媒体、甚至教师逐渐渗透到学生的评价系统，影响着学生的自我角色定位和未来目标选择。正如波伏娃在《第二性》中所说，一个男女平等的世界很容易看到。但那样并不一定能改变法律、制度、习俗、公众舆论以及整个社会关系，并不能让男女真正平等。① 在这些显在和潜在因素的综合影响下，女同学对成才标准的社会性要求显然弱于男同学。

另外，消费社会中人们的整体生活需求是通过消费活动满足的，而女性作为家庭生活中的主角，也成为最为重要的消费主体，男性的消费需求大多是通过女性代理消费实现的。正如凡勃伦所描述的炫耀性消费，女性的消费性包

---

① [法] 西蒙娜·德·波伏娃：《第二性》，陶铁柱译，中国书籍出版社 1998 年版，第 819—820 页。

装、消费品味、消费水平等也成为凸现男人社会地位的重要符号。在这一背景下"学得好不如嫁得好"也成为一些女生的人生哲学,因此在成才标准上,不求自己有多大的社会贡献和社会地位,只求自己能更好地丰富自己,通过接受良好的教育使自己获得全方位的提升,以为将来找个好丈夫做准备。因此,在一些女学生的心目中,成功的标志就是能嫁给一个事业成功或社会地位显赫或经济实力雄厚的男人。这也是导致女生在成功标准的理解上更重视自我取向的原因之一。

2. 高中生的成才标准因其母亲的文化水平不同而不同

以母亲文化程度为自变量,高中生对成才标准的认识为因变量,进行单因素方差检验,结果表明男女生的成才标准评价存在显著性差异,具体情况见下表:

表6-9 高中生成才标准在母亲文化水平上差异的T检验

因素	初中及以下		高中或中专		大专及以上		P
	M	SD	M	SD	M	SD	
能力素质	3.93	0.84	3.97	0.87	4.01	0.91	0.037
社会地位	3.75	0.85	3.76	0.90	3.87	0.93	0.024

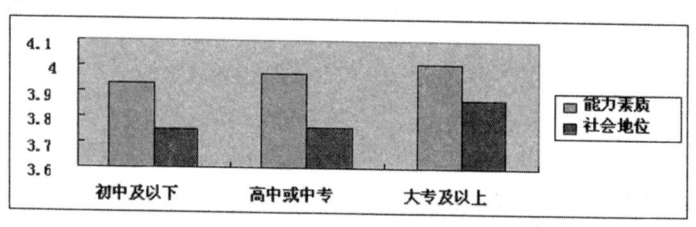

图6-1 母亲文化水平与其高中生子女成才标准的分值关系

由表6-9统计结果可知,母亲文化程度不同的高中生在成才标准的能力素质和社会地位两个维度上均存在显著差异,且从均值得分来看,分值随着母亲文化程度的提高而提高。母亲文化水平为"大专及以上"的,其子女的成才标准的平均分值也最高,其次是"高中或中专"的母亲文化水平,其子女的成才标准分值处于中等,而"初中及以下"文化水平的母亲,其子女的成才标准分值水平也最低。说明子女的成才标准受其母亲的受教育程度影响较大,文化程度越高，则高中生对成才标准的要求就越高。这是因为在竞争日趋激烈的消费社会中，父亲承担更多的是赚钱养家的责任，而母亲则承担更多的管理家庭和教育子女的责任，而母亲的受教育水平不仅直接影响到母亲个人的素质和思想观念，也直接决定着母亲对子女的教养观念和养育方式，进而影响到孩子的人生观和价值观。在孩子的成才标准形成中，目前的文化水平和综合素养决定着其能为其子女提供何种建议和指导，从这个意义上看，一般情况下，母亲的受教育水平越高，就能够为孩子提供更为科学、理性的指导，并能够依据孩子的年龄特点和个性化条件，以符合教育规律的方式为孩子创造多向发展的机会和条件，使孩子对未来的人生充满美好的憧憬和期待，因而其对成才标准的认知相对较高。反之，母亲作为家庭教育的主体如果其文化水平不高，通常在对子女的教养方面更注重的是"养"，而对"教"的方面显然有些力不从心，对孩子的成才要求通常也不高。尤其在当下多元冲突价值并存的时代背景下，她们对孩子在人生观和价值观形成中的合理指导不足，孩子更多地是从母亲的生活态度和行为方式中获得一些濡染和影响，因而这些孩子的成才标准也多是延续或发展父母的生活目标，因而成才标准也相对低于母亲文化水平较高的孩子。

（二）成才动机维度不同生源地学生和不同年级学生差异显著

本调查中，按成才动机的取向标准将成才动机分为自我取向、家庭取向和社会取向三大类。自我取向的成才动机主要包括"为了实现自己的理想"、"为了生活得更好"、"为了出名"、"为了超越别人"；家庭取向的成才动机主要包括"为了报答父母"、"为了改变家庭的社会地位"；社会取向的动机则包括"为了服务社会"、"为了得到别人的认可"。分别以性别、生源地、年级和母亲文化水平为自变量，以高中生成才动机为因变量进行差异性分析。T检验表明，高中生成才动机在性别上和母亲文化水平上所形成的差异不显著，而在生源地和年级方面差异显著。

1. 农村生源学生家庭取向的成才动机明显高于城市学生

从表6-10的调查统计结果看，城乡学生在自我取向和社会取向维度的成才动机上差异不显著，而在家庭取向维度的成才动机上存在显著差异，农村生源学生基于改善家庭生活或经济状况、报答父母方面的成才动机比城市学生更为突出。这与农村学生的生活背景和成长经历有关。尽管目前社会整体经济水平获得了飞速发展,人们的总体生活质量和水平皆有了很大的提高。但与城市相比农村依然属于物质、精神文化均较落后的地方,无论是受教育水平还是思想观念的解放程度,农村都无法与城市相比。封闭、保守、质朴、勤劳、憨厚依然是农村人口的主要特点。生长在这一环境中的农村学生受环境的濡染,获得了与城市学生不一样的品质和情怀。机会的匮乏与出路的狭窄,使读书成为农村学生改变命运的唯一途径。而家长们通过外出打工、种地等繁重而清苦劳作抚养子女并供养其读书学习,期盼孩子通过读书不再重复父母清贫、辛苦的生活模式。因而农村孩子的父母通常对孩子成才的要求不是特别高,只希望孩子能跳出农村,有一份稳定的工作收入。因此,他们虽然对孩子成长为何种人才没有明确的构想和预期,但他们对其子女的成才愿望更为迫切。同时,农村家庭基本是多子女家庭,传统的几代同堂的家庭规模非常普遍,传统"父慈子孝、兄亲弟恭"的"孝悌"文化在农村大家庭中得以延续和发展。长期生活于农村的孩子,淳朴的民风民情也在他们身上印上了质朴的烙印,家庭责任意识明显较强。对于农村孩子来说,成才不仅仅是自己的事,更是家人的事,是报答和回馈父母的重要方式,也是改变家庭生活环境和条件的根本途径。由此激发出的学习和成才动机更为持久。

表6-10 不同生源地的高中生在成才动机上的T检验

因素	城市高中生		农村高中生		P
	M	SD	M	SD	
自我取向	3.63	0.75	3.56	0.82	0.068
家庭取向	3.77	0.89	4.02	0.97	0.032
社会取向	3.51	0.74	3.57	0.73	0.057

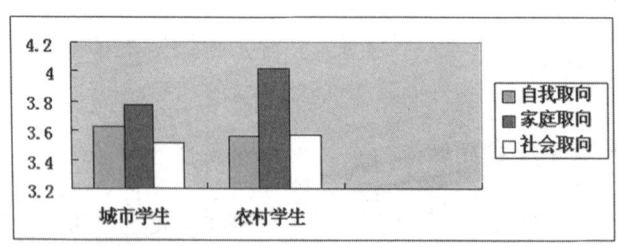

图6-2 不同生源地高中生成才动机图

从图 6－2 可以看出，城市学生的家庭取向成才动机显然也高于自我取向和社会取向，但其强烈程度不仅农村学生高。总体上看生活于城市中的学生，其父母的受教育水平相对高于农村学生的父母，他们多有固定工作和较稳定的收入，经济条件比农村要好。父母为孩子的付出不像农村的父母那样辛苦，而且城市中多为核心家庭，父母对子女在生活上的过分照顾，反而让一些孩子感到压力和逆反；从父母对子女的成才预期看，因为是独生子女，因而父母都期望孩子有个美好的未来，因而对孩子应受何种教育、应从事何种职业、应过什么样的生活等都有较清晰的构想，并按照这一目标为孩子创造条件，使孩子一步一步按照预设的目标前进。对于孩子来说，不需要选择，只要按照父母规划和设置的路线前行即可，这使孩子多少失去了对未来的新奇感。而且在父母的殷切期望中，孩子感受到的不只是父母的爱，还有来自父母的成才压力。因而，城市的孩子源于报答和回馈父母的成才动机要高于自我取向和社会取向的成才动机，但这种动机远不及农村孩子强烈。

2. 在自我取向和家庭取向的成才动机上，高三比高一高二的学生更为强烈

表 6－11　不同年级高中生成才动机的 T 检验

因素	年级	人数	M	SD	P
自我取向	高一	114	3.67	1.023	0.039
	高二	113	3.72	1.008	
	高三	115	3.88	1.021	
家庭取向	高一	114	3.87	0.986	0.042
	高二	113	3.91	0.975	
	高三	115	4.03	1.013	
社会取向	高一	114	3.76	0.957	0.058
	高二	113	3.58	0.963	
	高三	115	3.49	0.972	

由表 6－11 的统计结果可知，不同年级的学生在自我取向和家庭取向的成才动机方面存在显著差异，而在社会取向方面差异不显著。从"自我取向的动机"上看，高三学生的均值得分最高，为 3.88；其次是高二学生，最后是高一学生。这与不同年级学生的特点直接相关。高三学生从年龄上看，在 18 岁

左右,即将成年,其心理趋于成熟,思维水平较高一高二学生更为理性,对于自己未来的成长目标和规划有了更多的思考。而即将迎接人生的重大选择和挑战,也使其对能否实现自我发展目标,能否实现父母的愿望更为忧虑和期待,也因此会更直接地激发其学习动力。而高一、高二的学生,一方面年龄稍小,心理和思维发展水平还不很成熟,尽管渴望成才,但成才的目标还较模糊;另一方面高一高二的学生还没有进入高考的真正紧张阶段,对一些学生看来,高一高二是中考和高考之间的过渡期,因而轻松、自在是其生活的基调,表现在成才动机上不像高三那么强烈。

(三) 成才影响因素认识维的性别和生源地差异显著

根据影响主体的不同,可将高中生成才影响因素归纳为自身能力素质因素、学校教育因素、家庭教育因素和社会因素四类。通过独立样本T检验和单因素方差分析,发现高中生成才影响因素在年级和母亲文化程度上均不存在显著差异,而在不同性别和不同生源地的学生之间存在显著差异。

表6-12 不同性别的高中生对成才影响因素认识的T检验

条目名称	男生		女生		P
	M	SD	M	SD	
自身能力素质因素	3.54	0.59	3.87	0.54	0.021
学校教育因素	3.63	0.74	3.52	0.67	0.062
社会因素	4.02	0.82	3.97	0.68	0.058
家庭教育因素	3.56	0.75	3.79	0.61	0.014

1. 在成才影响因素的认识上,女生比男生更为注重自身能力因素和家庭因素

T检验结果如表6-12所示,不同性别的高中生在自身能力素质因素和家庭教育因素的认识上存在显著差异,女生比男生更为重视自身能力因素和家庭教育因素对成才的影响。一方面,现代社会给女性提供了广阔的发展空间,但由于存在着实质性的性别歧视,使女性要取得事业成功必须付出比男性更多的代价和投入,对女性的综合素质提出了更高的要求。这意味着女性成才之路要比男性更为艰难,需要女性有更深厚扎实的知识储备和专业能力;另一方面,消费社会中人才竞争激烈,高校毕业生的就业问题已成为一个社会性问题,使

女性的就业压力空前增大。要想在人才市场上与男性同台竞争，必须要在能力素质上更胜一筹。因此，作为年轻一代的女学生，她们渴望拥有自己的事业，也更加重视自身的发展，为了在社会竞争中立于不败之地，她们对自我的要求和期待普遍高于男性，因而更为注重自我综合能力的提升，期冀通过自己的努力达成自己的奋斗目标。

同样女生对家庭教育因素的重视程度也明显高于男生。这与女性对家庭比男性有更多的依赖性有关。由于家庭中的主角是母亲，而女生由于和母亲是同一性别，因而母亲对女生所发挥的榜样示范作用和影响作用要比男生所受的影响大。另外，女生感性、敏感的思维特点使其更易于感受到来自于父母的关爱与投入，容易理解父母的良苦用心，并希望通过自己的成才予以回报；而男生与母亲的性别差异使其更倾向于模仿父亲的行为模式，而大多父亲的主要工作与活动范围是在家庭之外的，这使"男主外"的角色观念逐渐植入男生的脑海，成才目标中自然比女生考虑更多的社会性因素，对家庭教育因素的重视程度不如女生那么强。

2. 农村学生对社会因素的重视程度要低于城市学生

以生源地为自变量，以成才影响因素的四个维度为因变量进行独立样本T检验，结果如表6－13所示，城乡学生在自身能力因素、家庭教育因素和学校教育因素方面不存在显著差异，比较趋于一致，而在对社会性因素的认识上存在着显著差异。与农村学生相比，城市学生更为重视社会因素对个体成才的影响。这与城乡学生的社会化水平和对社会的认识和理解程度有关。

表6－13 不同生源地的高中生对成才影响因素认识的T检验

条目名称	城市高中生		农村高中生		P
	M	SD	M	SD	
自身能力素质因素	3.87	0.59	3.54	0.54	0.058
学校教育因素	3.63	0.74	3.42	0.67	0.062
社会因素	4.02	0.82	3.67	0.68	0.023
家庭教育因素	3.65	0.75	3.59	0.61	0.054

城乡差异主要体现在社会二元结构差异上。消费社会中城市中物质生活富庶，公共设施健全，公共资源丰富，文化生活多姿多彩，人们的视野和见识明

显要开阔。尽管人与人之间是一种由陌生人构成的社会,但彼此之间的相互联系与相互依赖性更强,自我发展仅靠自我努力是不够的,还需要借助于更多的外在因素和条件方能实现。因而,在影响成才因素上,充分考虑社会因素的影响。尽管市场经济体制转型带来了整体社会生活质量的提升,但优秀的社会文化成果和经济积累反哺和惠及农村社会的程度还较低,社会环境和社会公共资源相对落后,从社会结构上看,农村依然属于生产型社会结构,自给自足依然是很多农村人的生活模式。因而影响人们生活态度和生活质量的主要是自己和家人方面的因素,对其他方面因素的期待较低,因而农村学生在思考成才影响因素时较少关注社会性因素。

(四) 成才途径维高中生在"通过自我奋斗成才"的选择上有随年级升高而增强的趋势

通过 T 检验,高中生在成才途径的选择上在性别、户籍和母亲文化水平等方面均不存在显著差异,但是在"自我奋斗成才"这一途径上,有随年级升高而增强的趋势。如表 6-14 所示:

表 6-14 不同年级高中生对"通过自我奋斗成才"的认识(百分比)

	完全同意	比较同意	不确定	不太同意	完全不同意
高一	34.6%	39.5%	10.6%	9.0%	6.3%
高二	35.9%	39.8%	10.0%	8.9%	5.4%
高三	38.4%	43.2	8.7%	6.5%	3.2%

在自我意识日益高涨的消费社会中,高中生普遍认可依靠自己奋斗实现成才的路径。但从上表反映的情况可进一步得出,不同年级的高中生在"自我奋斗成才"这一维度上的认识水平是有差异的,总体看有随着年级的升高认可度升高的趋势。这是因为,随着年龄的增长,心智的成熟和知识储备的丰富,高三的学生对自我发展目标的实现方式的思考更为理性、现实和具体,理想化和模糊性的成分远低于高一高二的学生。同时,在备战高考的紧张日子里,高三学生更能直观地体会到失败与成功意味着什么,也更切身地体会到辛勤付出和努力奋斗对于成功的直接意义和特定价值,因而更为重视"自我奋斗"。

六、高中生成才观中的消极倾向

调查研究表明高中生的成才观总体上表现出积极向上的乐观态势,但受消费文化的影响,高中生的成才观中也存在着一些不利于学生健康发展的消极因素。揭示和分析这些消极因素以为引导高中生形成健康向上的成才观提供积极支持。

(一)在成才标准认识上对道德品质标准重视不够

人是道德性动物,道德品质是人之所以成人的基本标志。因而在全面发展的人才培养目标设定中,道德品质位于"德、智、体、美、劳"的人才素质结构之首,是统领其他素质的基础性要素。成才观反映着个体的人才标准,蕴含着其对人才素质结构的理解和看法。在传统生产社会中,道德品质被作为人才的第一标准而备受人们赞同。但在进入消费社会后,市场文化和消费经济使自我利益被置于前所未有的重要地位,社会价值环境的空前自由使社会主流价值观的主导地位被动摇,消费型生活方式的普及和流行使人们对自我利益的关注和重视超过了公共利益和他人利益。人们认识和评价人才的标准也出现了功利化趋向,越来越多的人将赚钱能力、创造经济效益能力视为人才最为重要的标准。在这样的社会文化氛围影响下,"成功人士"的标准不是其如何利他,而是在特定领域中做出了常人难以做出的贡献,创造了多少经济效益。社会贡献的评价标准也主要是经济收益标准,如此以来,创新能力、为社会创造了多少经济效益成为评价人才的重要指标。在这一背景下,高中生普遍将从学校所学的"全面发展"要求视为一种理想化的书面要求,而极少有学生将其视为自己的发展目标,也不会将其纳入人才观。因而在调查中,大多同学都认同"创造力"、"知识"、"能力"能直接带来实利的标准,而对"良好的道德素质"的认同度相对低于前三项,其中 15.7% 的学生并不赞成将道德品质纳入成才评价标准,还有 23.8% 的同学对这一点持"不确定"态度。反映出高中生功利、务实的人才观。这一点在访谈中也有所反映。

访谈1

访谈对象是一名高二男生，属于城市生源。

问：你觉得人才最重要的素质是什么？

答：在我看来，最重要的是要有胆识、敢为天下先，这样的人才能算是人才。

问：比如呢？你认为什么样的人才算人才？

答：比如希特勒吧，我觉得他绝对是一个人才。

问：可是他所做的事情给人类带来很大的灾难呀。

答：对，但是从另一个角度看他确实是人才，也值得我们学习。

问：那你认为丛飞、郭明义这些感动中国的人物是人才吗？

答：他们是道德模范，但不能算是人才吧？我不太确定。

以上观点在当今高中生占有一定的比例。首先，在价值多元的背景下，尚未真正走入社会的高中生人才观较为模糊，没有明晰确切的标准，而在强调差异、强调个性的消费文化的浸润下，他们的人才观也强调"敢为天下先"的独特精神。如果结合价值标准，无疑这也可以作为人才的基本标准之一。但中学生们在人才标准的结构中，有弱化甚至无视道德标准的现象，而对人才标准的把握失去方向。

道德标准是人才的第一标准，缺失良好道德品质的"人才"可能成为危及社会和公众利益的危险人物，如希特勒般给人们甚至人类带来巨大灾难。所以，人才首先是有益于社会的人，而在消费社会中，经济体制的变迁和社会结构的解构与重构，引起整个社会的深刻转型，意味着社会道德环境发生了显著变化，万俊人先生称其为"非常规甚至超常态的加速拐弯阶段"，在这一阶段社会不仅在加速，而且在多方面、多层次，以多方式不断变速"拐弯"，因而具有多维度叠加转型和连续变速转型的共时紧迫效应。[①] 在强调自我利益、强调个性、强调品味与层次的社会情境中，人们陷入了对物欲和名利的不懈追求中，"道德越来越成为个人的事情，道德的包容性空前扩大，社会公共道德的基准线呈现出多样化的趋势"[②]，潜移默化地影响着青少年学生的人生观和价值观，使其在人才的评定标准上显现出重才干、轻道德的特点。

---

① 刘玉生、赖萱萱：《"三个倡导"视阈下青少年道德能力的教育与提升》，《教育评论》2014年第8期。

② 杨淑萍：《消费文化对青少年道德观的影响研究》，《教育研究》2012年第10期。

（二）在成才动机上过于注重自我取向的动机，社会取向动机普遍较弱

动机是由特定需要引起的，满足各种需要的特殊心理状态和意愿，是个体做出某种行为的原因。成才动机是个体朝着自我发展目标不懈努力奋斗的内在驱动力。成才需要是成才动机生成的内在条件。按照马斯洛的需要层次理论，愈是高层次的需要，行为动机就愈强。而人才作为人们普遍认同的社会精英，其成才的一个重要标志即是为社会做出了某方面的贡献，因而人才最高层次的需要——"自我实现需要"所激发的成才动机应是最根本和最持久的动机。然而从对高中生成才动机的调查结果看，"成才是为了实现自己的理想"和"成才是为了以后生活得更好"这两个表现自我取向的动机得分最高，远高于"服务大众、报效祖国"这一社会取向的动机得分，说明高中生的成才动机认同中，存在着重自我需要、轻社会需要的倾向，其成才观显现出自利、务实的特点，这与特定的时代背景直接相关。

90后高中生生长于生产型社会向消费型社会转变的时期，"经济结构调整、分配方式发生变化、利益主体多元化等因素，导致人们的思想观念从大一统逐渐走向信仰的多样化和价值多元化"[①]。这一变化对青少年学生的价值观念形成产生了不小的冲击。市场经济的个人利益至上原则和消费文化强调风格化、个性化的生活方式，使得高中生的成才动机也更为强调个人利益和自我需求，而对于社会需要和国家需要的重视程度相对较低，这也是目前青少年学生公共意识较弱和公共精神缺失的原因之一。当然造成这一结果的原因除了消费社会中个人主义价值观的影响外，还是学校和家庭教育中"重智轻德"取向所产生的消极后果。教育资源配置的不均衡和就业市场中"名校"与非"名校"学历的差别待遇使得孩子从小学就开始了教育竞争，而独生子女政策使多数家长都使出浑身解数为其子女创造接受各种优质教育的机会和条件，以使孩子在各种竞争中立于不败之地。而考试评价制度使得无论学校还是家长及孩子都将教育和学习重点放在学业成绩上，对孩子的评价也是以单维度的学业成绩为主。这种近乎溺爱的教养方式和重智轻德的评价标准也使得孩子逐渐养成了"自我中心"的思维习惯和狭隘的竞争意识，全面发展的教育目标流于口号，相应地人们评价和判断人才的标准也常常是单维的。这自然反映在成才欲望较

---

① 张永芳：《道德困境在德育教学中的求解》，《教育评论》2014年第8期。

强的高中生的成才观上，成才动机以能够体现和反映个体竞争力的自我取向为主，较少考虑成才的社会效用。

（三）成才影响因素的认识上，对社会环境因素和学校教育因素重视不够

调查显示，高中生普遍非常重视自身智力和非智力因素对成才的影响，而对社会环境因素和学校教育因素考虑较少。高中生能够充分认识到个体自身主观能动性的发挥对成才的重要意义，说明高中生的成才观较理性、成熟。但按照辩证唯物主义原理，事物发展中内因是关键，属于动力性因素，外因是条件，属于辅助性因素。但在特定情况下，外因会成为影响事物发展的关键性因素。复杂理论也认为，在事物的发展中，任何因素都可能是决定性因素。在人的发展历程中，能否成才，自身努力程度固然重要，但作为社会人，社会制度环境和社会风气、氛围是人生存与发展的基本环境，也是制约人发展的社会生态因素。尤其对于未成年学生来说，他们正处于成长与发展的关键阶段，无论是其所学习的文化知识，还是处事能力、价值观念、生活态度及生活方式等，都更容易受到环境因素的影响，而这种环境因素也通过教师和家长的教育观念、行为方式及同辈群体的观念与行为而作用于未成年学生群体。但对于还未真正步入社会的青年学生来说，社会仅具有抽象意义，而社会制度、社会风气等距离自己的真实生活世界似乎较远，因而很少能意识到社会环境与自我成长与发展的现实关系，因而很少将其作为影响自己成才的重要因素予以考虑。消费社会属于现代社会向后现代社会转型时期，依据人类学家马格丽特的文明阶段划分，这一阶段人类文明属于互喻文化时代，同龄人的观点更易于影响其价值判断和价值选择，因而他们虽然意识不到社会环境因素的影响，但对于反映同龄人生活习惯和兴趣偏好的学校风气和氛围却比较重视，认为校风是影响其成才的重要因素。而对于学校其他教育因素如教师素质和学校的管理方式的重视程度也较低，某种程度上反映了学生对当前学校教育的低认同度。也因为孩子对学校教育的不信任和对社会环境因素的忽视，导致一些学生由于价值判断不成熟而易于受到社会不良现象的诱惑，形成片面的人生目标，影响其健康成长和发展。

（四）在成才途径上存在理论轻实践的倾向

成才途径是关于个体成才之路如何选择的问题，是成才目标达成的过程，直接影响着成才目标达成的顺利与否。通过问卷调查和开放式访谈，可以看出

高中生在成才途径的选择方面总体呈现积极乐观的态势，绝大多数同学赞同依靠自我奋斗来成才，在具体的成才方式上都比较认可通过努力学习科学文化知识和掌握专业技能成才，对实践活动的重视程度相对较低，不足四成的同学比较赞同将实践活动作为实现成才目标的途径，反映了高中生在成才实现途径上存在着重文化知识轻实践活动的倾向。

科学知识是第一生产力，消费社会时代尤其如此，文化已成为反映和标志商品价值的核心指标。从这个意义上可以说，文化知识已成为社会经济发展最重要的资本，是竞争力之源。然而文化知识只有通过实践活动才能转化为直接的生产力，才能使其发挥"资本"的价值，实现经济效益和社会效益，真正作用于人们的生活实践，成为改善和提升人们社会生活水平的根本力量。因此，知识是成才的基本贮备，但仅有知识而缺乏将其转化为改造现实社会的直接力量的实践能力，依然无法实现成才的目标。实践是检验知识和培养能力的基本方式，是丰富生活智慧、积累人生经验、实现人的社会化的基本途径，是个体成长和发展为社会有用之才的必由之路。而目前的高中生还没有充分认识到实践活动对自己成长和发展的特殊意义和价值，这与长期的知识化教学方式不无关系。就目前我国基础教育阶段的教学模式看，将课程设置分为学科课程和活动课程，前者多是参与升学考试评价的知识型课程，后者是不直接参与升学考试评价的辅助性课程。学校通常按照是否参与考试评价作为是否重视该课程的依据，因而综合实践活动课在中小学基本是停留于教育计划文本上，极少在实际教育教学中实施，尤其是面临高考的高中阶段，更是少之又少。据笔者了解，很多城市高级中学，三年中仅有一次为期一周的实践活动课。而这一周的活动课实际上是学生放松课，既没有课程目标，也没有课后评价，只注重有此课程形式，实际上形同虚设。在选拔式考试的重压之下，无论家长还是老师皆以考试成绩为评价孩子是否优秀的最终标准，久而久之也使孩子形成了"以分数论英雄"的片面人才观。这也是导致"高分低能"现象的根源所在。

七、高中生消极成才观溯因

高中生的成才观是多种因素综合作用的结果，从他们生存的时代背景看，高中生之所以出现消极成才观，是与消费社会特定的经济文化社会背景息息相关的。

（一）消费文化的潜在形塑

人的社会性本质决定了人的成长与发展无法脱离特定的时代背景，不同社会时代会形成不同的社会文化，在社会生活实践中潜移默化地改变着人们的价值观念和生活方式。消费社会中整体社会结构发生了深刻的变化，消费取代生产成为建构人们生活世界的核心方式。反映这一社会变迁的消费文化也成为消费社会中塑造人们精神世界和生活世界的重要力量。而消费文化是一种世俗性生活文化，内容丰富，价值多元，给人们的生活世界带来满足的同时，也给人们的价值观念造成了一定的冲击和困惑。对于青少年来说，这一复杂的社会环境变迁给他们带来了更多的困扰，使他们面临前所未有的艰难选择。

一是大众传媒通过逼真的影像所呈现的美好世界不仅混淆着青少年学生的真实需要和虚假需要，也使他们把成功想象得过于容易和简单。消费社会中，媒体成为创造人的欲念的重要渠道，以"无处不在，无时不有"的普及机制渗透到人们的日常生活的角角落落、方方面面，改变着人们认识和看待世界的视角和立场，不断激发人们滋生出新的欲望。处于媒体技术所创制的虚拟影像世界的包围中的青少年学生，影像世界中所呈现的理想生活状况和完美人物形象对他们充满了吸引力，令他们羡慕不已。而明星真人秀、草根选秀类节目，也创造了很多"一夜成名"的神话，令青少年学生对未来充满了期待，也使他们感受到成功其实并不遥远，只要有机会似乎人人皆有可能成功。这一暗示，不仅使他们易于忽略自己实际情况简单地照搬"偶像"的发展目标，而且也易于使他们低估成功之路上的困难，形成错位的成才观，往往会在自我成长和发展之路上遭受挫折和失败。

二是个人本位的价值观影。市场经济和消费文化都植根于个人主义土壤，个人本位的价值观是其核心价值观，意即个体的内在需要是其价值追求和行为选择的不竭动力。在这种价值观念的影响下，崇尚个性自由、强调自主发展、追求自我价值的实现推动人们不断地积极进取，努力奋斗，同时这种因循商业逻辑和自利原则的文化也消解着人们的公共意识和利他情怀，追逐自我利益不仅获得了社会合法性，而且因缺少完善的制度法律的约束而使人的私欲不断膨胀，进而发展为自私的品格。在消费文化语境中，"以消费模式解决所有问题的消费思维致使几乎所有东西都被贴上了交易的价码"[①]。在经济利益的驱动下，人们渐渐忽略了本应坚守的道德情操和底线，这些很大程度上瓦解着青少年学生从学校中所习得的主流价值观。成才对于他们而言也越来越成为一己之事，满足自我需要、实现自我利益成为高中生成才的终极动力，极少考虑外在因素，即便认为"为社会做贡献"很重要，但也使基于获得社会和公众的认可而赢得声誉和名望，依然是源于自利的目的。如此以来，社会本位的价值观为个人本位的价值观所取代，成为消费社会高中生价值判断和行为选择的第一依据。

三是社会不良风气对青少年精神世界的侵蚀。社会的结构转型带来发展机遇的同时，也带来巨大的挑战，冲击着既有的社会运行模式和社会秩序。消费社会中人们一元化的价值信仰被动摇，丰富的物质文化和精神文化产物以商品的方式走进了千家万户，滋润着人们的生活世界和精神世界，也改变着人们的价值观念和人生态度，使以往神圣的道德要求逐渐趋于世俗化、生活化。但与此同时，消费文化所蕴含的消费主义价值观，由于缺乏有效的监管干预和引导制约机制，使追逐金钱、享乐和无限追逐自我利益等消极价值观得以泛滥，成为消解社会正气、腐蚀社会环境的破坏性因素，不仅扰乱了社会经济秩序，也销蚀着社会公众的道德信心和善良意志，导致整个社会风气的恶化。这种不良社会之风也透过网络、电视、报刊杂志等媒体的呈现影响着青少年学生的价值观念和行为选择，付出与得到的失衡、成功的或然性、坏人可以逍遥法外等等，使青少年学生在学校中习得的主流价值观念因难以找到现实基点而产生深层的焦虑和迷失。因而在成才问题上，他们更多倾向于从自我和家庭利益的角度考虑成才问题，满足自我利益实现需要是其成才的核心动机，社会责任意识相对淡漠。

（二）功利化和短视化的学校育人理念

学校作为专门的育人机构，是青少年学生学习、生活和成长的主要场所，也是青少年学生人生观和价值观形成的重要影响源。传播优秀文化知识，弘扬主流社会文化和积极的价值理念，培养德智体全面发展的富有健康人格的青少年学生是其应担负的教育责任和历史使命。然而在功利主义思想和消费主义价

[①] 杨淑萍：《消费文化对青少年道德观的影响研究》，《教育研究》2012年第10期。

值观的裹挟下,学校教育在某种程度上发生了异化,一些学校的育人理念的出现扭曲,育人的价值取向趋于功利化、短视化,严重制约着青少年学生人格的发展,影响其自我价值判断的形成和发展,使其自我发展定位趋于功利。

一方面,分数取向的教学模式造成片面化的成才取向。消费社会属于知识经济时代,教育在人的成长与成才过程中发挥着导航仪和指向灯的作用,对学生成长和成才发挥着关键性作用。然而在消费主义逻辑和功利主义哲学的冲击下,学校教育渐渐背离了教育的本真,愈来愈趋于功利化。升学率成为学校追逐的首要目标,致使学校的人才培养目标也简化为单维学业目标,学校教育也简化为智育,久而久之,学生所认识和理解的学校教育只是学科知识的学习与考试,学业成绩成了教育评价的唯一标准,也成为判断学生成功与否的基本标准。在这种错误的评价标准影响下,一个成绩好可以遮蔽所有的"不好",易于造成学生狭隘、片面的成才观,不仅制约了学生的发展视野,压抑着学生创造力的发挥和多元化的发展,不利于学生健康的成长成才。

另一方面,教师素质良莠不齐,对学生产生消极影响。"从教育生态学的角度来看,教师是教育生态系统中重要的生态因子,教师的素质与人才的培养质量休戚相关,决定着教育事业的成败,最终影响整个教育生态系统的平衡。"[①] 然而,在消费主义逻辑的驱动下,一些教师的事业目标发生了变化,在教育教学过程中注重的不是学生的综合素质而是其学业成绩,学生的分数、排名成为标示教师教学能力的符号,也是他们超越同事、获得晋升的砝码。为了自我发展,一些教师以反教育的方法对学生施教,甚至出现了一些有悖教师职业伦理的言行举止,不仅损害了教育事业的神圣性,背离了教育的应然育人目标,弱化了学生对学校道德教育主体的信任度,而且也更加强化了学生成绩取向的自我发展定位,同时对学校教师的"人类灵魂工程师"角色产生质疑。正是因为这一点,在学生成才影响因素的调查中,多数学生认为教师对自己成才产生的积极作用很有限,因而对教师作用的认同度相对较低。

(三)片面的家庭教养观念

家庭是孩子成长的第一个环境,父母是孩子的第一任老师,在家庭中获得的观念和习性是根深蒂固的,往往伴随个体终生。因此,父母的人生态度和价

---

① 高艳红:《小学教师素质结构的教育生态学思考》,《教育评论》2014 年第 8 期。

值理念直接影响着其子女认识和看待现实世界的视角，也影响着他们的自我评价和自我目标的确定。"子女总是通过观察父母的言行来理解和认同社会，尤其是理解和认同社会的道德规范。"[1] 尤其在有着"忠孝"文化传统的中国，父母在家庭中的长者权威地位更为突出，因而对子女的影响力更为强大，父母的教育观念和对子女的教育期待都通过其教养子女的方式传递给其子女，引导其子女朝着父母的预设目标成长。而消费社会中，享乐、攀比、炫耀等消费主义文化特质也改变着一些家长的教养观念和教养方式，影响着孩子的成才标准和成才取向。

首先，家长们的功利性教育价值观影响着孩子的成才标准。消费社会是充满竞争的社会，社会浮躁心态和功利哲学也渗透进家庭教育之中，"考高分、进名校"成了大多数家长对子女的共同的期望，在这里"成才"自然而然地等同于"考上一所好大学、找一份好工作"。而判断"好大学"和"好工作"的标准是"名牌学校"和"高收入"职业的经济标准，个人兴趣和偏好完全被置之度外，家长们"期待少年升学科目得满分，却容忍他们在道德、人格、感情的培养部分打低分。"[2] 在这种功利、短视的教育导向下，孩子的成才动机也显现出功利性取向。

其次，家长不合宜的教育方法制约着子女的健康成长。传统的儿童观是建立在儿童与成人不对等的基础上的，认为儿童总是顽劣的、需要被规训和管制的，要使其健康成长就必须按照成人的意志对其进行训练。这是以一种有罪的预设和心态来决定我们对待儿童的态度与行为，认为成人总是比儿童高明。在这样的儿童文化心理支配下，家长总是以一种强制性的不容置疑的方式要求子女按照他们预设的目标努力，子女的抗议招致的是训斥和责备。这种缺乏平等和民主的教养观易于使父母与子女之间形成严重的认知偏差和代际鸿沟，进而影响到子女的自我评价和成才目标的确定。

（四）高中生的不成熟性使其面临复杂情境时难以理性选择

消费文化背景下，处于青年初期的高中生是时尚文化和青年亚文化的创造者和传播者之一，崇尚自由，追求个性，渴望以独特的方式展示自己、实现自我价值是消费文化赋予这一特定群体的时代特性，因而他们易于接受新鲜事

---

[1] 李述永：《家长关怀与少年成长》，华中师范大学 2012 年。
[2] 张素蓉、张明秀：《大学生诚信教育体系探略》，《教育评论》2014 年第 5 期。

物,敢于接受挑战,独立性和自主意识非常强烈,因而有着"敢为天下先"的抱负和勇气;但同时,消费文化中的个人主义、拜金主义、享乐主义等思潮也是他们面临空前复杂的价值环境,这对于尚未真正步入社会的高中生来说,生理年龄的成人化与社会心理的不成熟性使他们陷入价值选择困境,对群体归属感的依赖,易于使他们产生趋同和从众心理,放弃自己的价值坚守,导致其成才观的非理性。

八、消费文化背景下高中生成才观教育

消费社会中,消费文化所倡导和主张的风格化、个性化世界,为人们提供了空前自由的创作领域和自由发挥的空间,使人类世界呈现出更加丰富多彩的形态,在丰裕人们的物质生活的同时,也充盈着人类的精神世界。这种宽松自由的文化氛围使不同文明共存并生成为可能,多元价值并存成为消费时代的一个显著特征,使价值观越来越成为个人的事,价值判断和价值选择成为每一个人必须面对的事。但这并不意味着社会失去了核心价值观、人们没有了统一的价值标准。那些历经不同时代的检验而延承下来的能够反映人类社会性本质的是非、对错、善恶标准是人类无论何时都应秉承和坚持的绝对价值标准,如"月之映于百川",尽管在不同的时代、不同的文化背景下呈现的具体形态有所差异,但究其本质是不会改变的。这种核心价值观是统领和整合一切价值观的核心力量,也是一切其他价值观的生成母体,为以调整不同生活领域关系的价值观提供基本的导向和指引。成才观也不例外,尽管不同个体有不同的成才观,但任何富有个性特色的成才观都应与社会核心价值观相一致,至少不能背离社会核心价值观,这是判断个体成才观是否合理的根本标准,也是成才观教育应遵循的基本原则和教育策略选择的基本依据。当然个体成才观的形成是个体的内在心理机制与外在情境性因素交互作用的结果,参与个体成才观形成过程的各种因素都可能是引起其成才观转向或产生分歧的重要原因,因而,成才观教育必须重视对不同因素的系统整合,使其形成合力,促进青少年学生健康积极成才观的形成与发展。

(一) 为青少年学生创造适宜的成长环境

社会环境是个体成长的宏观环境,依据生态学的逻辑,个体的文化知识、

思想观念、行为习惯等都是个体与外在环境进行的物质和能量交换活动，因而都会打上时代的烙印。价值观也不例外。个体的成才观首先反映的是特定时代对具有何种标准和规格的人才的共性要求，是社会经济、文化的变迁在个体身上的体现和反映。但一方面由于消费社会时代是一个崇尚自由、利益至上、价值多元的时代，价值选择的自由幅度较大，另一方面由于个体具有主观能动性，每个个体对社会要求的认识和理解不同，因而会导致同质不同层的成才观甚至异质性成才观出现，影响到青少年学生的健康发展。鉴于此，要从优化宏观社会环境出发，通过政策引导、教育干预等方式，改善社会宏观教育环境，为中学生健康成长与发展提供优质社会资源。

第一，加强社会主义核心价值观教育，以此统领和整合多元价值观。社会主义核心价值观是社会主义核心价值体系的高度凝练和集中表达，对于促进个体全面发展、引领社会全面进步具有重要的现实意义和深远的历史意义。当前在多元文化背景下，传统价值观失落，工具理性替代价值理性，道德追求和社会责任逐步让位于自利和享乐。实用主义、个人主义、享乐主义以潜隐的方式渗透到人们生活的方方面面，使人们难以招架和提防。未成年的青少年学生尤其难以抵御这种诱惑，加之社会失范现行的频发，极易使青少年学生出现社会价值模糊和行为失范问题。唯有加强对高中生的社会主义核心价值观教育，强化他们对主流价值观的理解和认同，方能使其真正变成他们自己的自觉坚守和追求。当然，教育本身是一种启发和说明的过程，而不是思想强制的过程。任何思想强制式的所谓教育都是背离教育精神的，不仅难以收到实效，而且易于扼杀人的创造性和自由人格。因此，社会主义核心价值观教育，必须改变以往简单灌输的做法，应结合消费社会的特点和高中生的心理发展规律，充分尊重学生作为教育主体的地位，以社会主义核心价值与真实生活世界的关系切入，以学生关注、了解和熟识的真实生活案例为分析对象，采用讨论和启迪的方式，促使学生积极思考社会主义核心价值观对现实生活世界的实践价值和长远意义，正确理解自我成长和发展与社会发展与进步的关系，自觉鄙弃注重自利和享乐的消极价值取向，形成健康合理的成才观。

第二，通过政策主导、公众参与，净化社会风气，营造公平正义的成才环境。在社会转型时期，消费主义文化的泛滥使人们的传统的价值观念和道德底线渐趋模糊，过度追逐私人利益导致的权力异化、诚信缺失、人伦泯灭等不法和不良社会现象严重破坏了社会秩序，侵蚀着社会环境，瓦解着社会的公平正义，动摇着人们的道德信念和社会信心，也使处于价值观形成关键期的高中生很容易产生价值混乱,难以找到足以支撑自己对抗消极社会现象的精神动力。因此,优化社会环境,净化社会风气必须以自上而下和自下而上双管道同步进行,首先通过国家政策主导、法治强力保障,自上而下坚决严厉惩治和整顿社会违法乱纪现象,尤其是权力腐败现象,回归权力的公共性本质,使权力服从和服务于社会公共利益和公共福祉,实现社会的良序发展,保障社会的公平正义;其次充分发挥社会公众的国家主人翁的作用,通过搭建和疏通自下而上的民主参与的平台和渠道,使社会公众的合法权利得以保障,对权力的监督作用充分发挥,使社会不法行为难以有生存空间。同时,通过政策鼓励支持、媒体宣传表彰社会道德榜样、弘扬和传播社会正能量,以重建人们的道德信心,激发人们积极的道德情感,人对于真理的追求源于人内在的情感驱动,情感作为主体活动的内在动力机制对主体能力的发挥影响深远,主体活动的效果受情感状态制约。在健康积极的道德情感和道德心理驱使下,人们才能自觉做出符合社会道德标准的良善行为,公平正义的社会才能真正实现。唯有在公平正义的社会氛围中才能培养出富有公平正义感的人才。

  第三,充分发挥大众传媒的积极导向作用,正确引领青少年学生的精神世界。现代信息社会是一个网络媒体主导人类生活世界的时代。对于青少年学生来说,他们同时生活在三个世界中:现实世界、虚拟世界和书本世界。不同的生活世界因循不同的规则,对人的精神塑造作用也是不同的。书本世界为青少年学生呈现的世界和现实生活世界不尽相同,是一种理想生活状态的呈现,虚拟世界所呈现的世界是一种虚化的想象世界,是一种身体退隐的生活圈,而现实生活世界是一种真实生活情境,是一种需要身体参与的、在场的、亲历的世界。相对而言,网络媒体所塑造的虚拟世界对于在现实生活世界和书本世界均难以摆脱父母和老师的管束、充分展现自我的中学生来说,是最具吸引力的世界。因为真实生活世界过于复杂、辛苦,书本世界过于理性、刻板,而虚拟世界虽源于真实生活世界却是比真实生活世界更精彩的影像化描摹与呈现,可以缩短时空距离,将多种美好情景集中于一个画面,给学生带来的不只是感官的刺激,更是为他们所憧憬和展望的美好未来提供了模板;同时网络世界所提供的便捷的满足需要的方式,不仅建构了一种新型的生活秩序和生活方式,也使青少年学生毋需受制于成人,可以更自由充分地展示自我,满足自我的不同需要。因而网络媒体所构造的虚拟世界是最受学生追捧和喜爱领域。然而一方面媒体网络所创造的影像世界往往是过于理想化的虚设而使其距离现实生活世界比较远,对中学生来说只具有参照价值而不具现实可行性,另一方面虚拟生活世界所呈现的不同生活方式反映的是不同的价值观念，对学生具有暗示作用，所呈现的消极生活方式也可能成为青少年学生追逐和效仿的对象。而且网络媒体所提供的信息量非常之大，其中所传递的健康信息会鞭策青少年积极上进，而消极负面信息则容易将青少年引入歧途。因而，要使网络媒体充分发挥积极导向作用，必须优化媒体环境，净化媒体信息，使其真正发挥对人的精神生活的积极引领作用。所以，一方面要通过法律和制度手段，加强对媒体网络的有效监管，强化媒体人的社会责任意识，使网络媒体成为丰富和充盈人们精神生活的最佳途径；另一方面，健全网络信息的过滤制度，严格筛选和甄别网络信息，坚决抵制低俗节目和虚假信息的传播，提升媒体信息的可信度，使其成为社会优秀文化成果和正能量的传播主体，并据此引导和重建人们的精神世界，为青少年学生的健康成长提供充满正能量的生活样板和价值引导。

（二）充分发挥学校教育在学生成才观形成中的主导作用

学校是学生成长的主要场所，也是学生价值观养成的重要基地。可以说，有什么样的教育就会塑造出什么样的学生。学校的办学理念、校园环境和教育方式等都是学校教育的力量来源，尤其在消费文化充斥的时代，学校教育力量对于学生积极成才观的形成有着非同寻常的意义。

首先，学校教育要坚持立德树人的本真，以主流社会价值观引导学生成才方向。消费社会中在利益驱动和功利性价值观的诱导下，学校教育偏离了立德树人的教育本真，重智轻德的教育取向形成了片面发展的人才观，致使素质教育的目标流于口号和形式，严重阻滞了青少年学生的全面发展。因此，学校教育必须扭转功利性教育模式，在尊重学生差异性的基础上，为所有学生创造多种发展可能的机会和平台，改变单维度的学生评价指标，支持并引导学生积极参加社会实践活动，在实践中提升其社会认知能力和行动能力，增强社会责任感。"教育不是一个私人的世界，而是一个共同的世界，教育就是培养一个人参与公共生活的品质。"[①] 因而教育培养的人才是具有社会责任感和公共责任意识的社会精英，自私自利、专横跋扈、为所欲为的人，即便文化知识和专业能力再出色也不能算是人才，反而是对社会存在潜在威胁的危险分子，而且知识能力越强，其潜在的危险性越大。所以说道德素质是人才的第一标准，也是

---

① 许军国：《从校园文化视角看立德树人》，《中国教育学刊》2014年第4期。

最根本的标准，道德教育也因此是教育的本体目标或最高目标，忽略这一教育根本，难以培养出真正的人才。

其次，改进学校教育方式，注重学生的个性化发展。正如世界上不存在完全相同的两片树叶一样，世界上没有完全相同的两个人，因而那种按照统一模板标准化要求培养学生的教育模式是一种千人一面的教育模式，易于导致学生个性的丧失和创造力的不足。学校教育与社会和家庭教育的最大不同在于学校教育是以有目的、有组织、有计划地对学生进行从生理到心理、从知识到能力、从观念到行为的全方位的塑造、引导和提升，促使个体按照既定方向和目标成长和发展，对学生的成长与成才发挥着导向和统领的作用。因此学校教育应创新教育方式，一方面改变一元化的教学方式，创新课堂生活，还课堂给学生，使不同的学生都能真正参与其中并都能从课堂中有所收获；另一方面改变单维化的学生评价方式，建构多维立体全面地评价指标体系，使每个学生的优点和长处都能得到关注和认可，以增强每个学生的成才信心和勇气。

此外，加强教师队伍建设，充分发挥教师对学生成才观的导引作用。教育不仅是促进个体知识能力的增长和提升的过程，更是以心灵唤醒心灵的过程。正是从这个意义上说，教师是人类灵魂的工程师，担负着启迪人性、塑造心灵的使命和职责。可以说教师是学生成长和发展中不可替代的重要他人，对学生价值观和成才取向发挥着榜样作用。但消费社会中，消费主义价值观也使得部分教师丧失了自己的职业操守，简单地将教书育人作为一种谋生的手段，以简单、粗暴的方式管制学生，将成绩作为评价学生的唯一标准，差别对待学业成绩不同的学生，不仅导致学生片面成才观，也易于导致师生关系紧张，某种程度上弱化学校教育在学生心目中大额权威地位。教师是学生的心灵导师，这意味着教师在教育教学过程中，既要向学生传授学问之道，又要传授做人之道；既传授各科学业，又要传授立身基业；既解其读书之惑，又要解其成长之惑。[①] 使教学过程成为学生获得丰富情感体验和心灵感悟的过程，使学科知识增长的过程同时成为学生健全人格养成的过程。这需要教师不断提升自身素质，首先要树立"以人为本"的学生观，改变成绩取向的学生评价标准，尊重和关爱每一位学生，尤其是善于发现每一位学生的优点和潜能，为其未来发展创造机会和提供有效参考；其次，树立全面发展的育人理念。教师作为学生成

[①] 李晓蓉：《新课程理念下思想政治教师基本素质及其培养》，《中国成人教育》2007年第20期。

长的指导者和引领者，应树立全面发展的教育理念，当然这不等于要求所有的学生齐头并进，而是在尊重个体差异性的基础上，促进不同学生依据自己的实际情况在各个方面都能获得相应的进步与提升；同时教师通过自身建设，不断提升自我素质，以一个真正师者的人格魅力和权威为学生提供积极的人生榜样，从而引导学生的成才方向。

（三）提升家长的教育能力，引导子女树立正确的成才观

家庭是天然的教育机构，家长的道德观念、言行举止会潜移默化地影响其子女的成长。根据弗洛伊德的人格结构理论，作为理想人格的超我是个体在幼年时期受其父母和老师等权威影响的结果。可以说家庭在个体的成长和发展中起着重要作用，对个体所产生的影响是根深蒂固的，往往会伴随其一生，深刻地影响着其人生道路的选择和成长目标的确定。从这个意义上可以说，有什么样的家庭，就会有什么样的子女。尤其在社会深刻转型时期，父母的成才观念和教养方式对子女的成才起着至关重要的作用。消费社会中，人们的物质生活极大改善和中国独生子女政策导致家长"望子成龙"的成才心理空前膨胀。而消费主义价值观随着人们的生活方式的改变而逐渐改变着人们的价值观念，经济利益驱动下家长易于形成片面一维化的成才观，影响着子女的成才取向和自我创造力的发挥。因此高中生的成才观教育不能忽视家庭的教育力量。

首先要帮助家长端正成才观，摒弃盲目攀比的面子心理，还子女自我发展方向的自由选择权。受社会浮躁心态和面子文化的影响，不少家长陷入了功利主义的泥潭难以自拔，偏执于对名校、名企的追求，认为拥有权力和高薪方能显赫于人前，才算成才。这样权钱取向下的成才观是一种狭隘的成才观，易于造成对子女目标定位的不客观，不仅会限制孩子的判断视野，也会因不切实际而打击孩子的自信心，挫伤孩子实现成才目标的积极性。还有的家长对子女的规划和未来的发展没有明确的方向，而是只要比别人的孩子强就行，孩子的成就成为其炫耀自己和与人攀比的特殊符号，因而强调比较优势，被动地被他人成才观牵制而朝着别人设定的方向发展，也是一种忽视个体实际的、模糊的成才观。这种成才观一般只考虑到孩子上何种层次的大学，专业和未来的职业之路较少顾及，因而是一种短视、功利性成才观，不利于孩子成才目标的确定和自我发展方向的规划，难以对孩子产生引导作用。因而，提升家长在孩子成才过程中的引导作用，就得转变家长盲目、片面的成才观，通过家长学校、家访、家长俱乐部等平台，发挥学校在这方面的积极作用，以全面发展的人才观

扭转家长片面人才观，使其能够公正客观地依据子女的实际情况，尤其是子女的优势和长处，在尊重子女意见的基础上，共同设定其子女的成才方向和发展目标。这样的成才目标因充分考虑到孩子的实际情况，充分征求和听取了孩子的意见，而更易于激发孩子的成才动力，更富可行性，更易于实现。

其次，要不断提升家长的教育能力，以更为科学民主人性化的方式涵养孩子，为孩子创造自由民主的家庭氛围。家长的教育能力很大程度上影响着亲子交往的质量。在我国，"望子成龙、望女成凤"已经成为一种强大的社会意识，深刻地影响和左右着家长的观念和行为选择。"几乎每一位学生的人生规划和价值取向都渗透着父母从小灌输的望子成龙和金榜题名的企盼，这些观念深深浸润在学生的脑海中，影响着学生的价值观。"[①] 于是，在这种盼子成才的心态影响下，很多家长陷入了"给孩子有保障的未来"的固化逻辑中，将自己的意志强加给孩子，为孩子设计成长的方向和道路，结果遭致孩子的反感和抗拒。教育应该顺应孩子的天性，正如《中庸》中所说的"天命之谓性，率性之谓道，修道之谓教"，即教育要尊重孩子的天性，应该根据孩子的天性采取不同的教育方法。但事实上很多家长固执地认为孩子的选择总是错的或是幼稚的，并且试图决定孩子的生活方向和成长模式，殊不知"没有谁能代替别人的成长，没有谁有资格指挥别人成长的方向，天性本身有其成长的方向"[②]。因此，改变家长的教养子女理念和方式，尤其要转变在亲子交往中，家长权威代言人的心理定位，把孩子当作独立平等的主体，民主协商、真诚沟通、换位思考，尊重孩子的决定，引导孩子正确成长。有调查显示，"学生心目中的优秀家长"所应具备的优秀品质排在前三位的是"不把自己的意见强加给孩子"、"不干涉孩子的正常娱乐"、"能随时代发展更新教育思想"。可见，尊重孩子、理解孩子、不强求孩子是民主社会中家长最应具备的教养品质。同时，家长要不断提升自己的综合素质，为孩子做出积极表率。父母是子女的第一任老师，也是子女的终身老师，子女的很多习惯和品质都是从父母家庭生活模式中沿袭而来。所以说家长的榜样作用是一种深远的教育力量，孩子在与父母家人的共同生活中，通过观察模仿父母的言行举止而形成自己的一些观念认同和行为习惯，并以之指导和调整自己的人际交往关系。因此，父母要想孩子有一个积

[①] 魏爱婷：《高中生成才观的转变与综合素质提高的实验报告》，《学园》2013 年第 20 期。

[②] 金生鈜：《教育：思想与对话》，教育科学出版社 2005 年版，第 156 页。

极健康、文明达礼、乐观向上、奋发进取的人生态度和价值观念，就必须注重自身文化素质和综合修养的提升，树立终身学习观念。那么家长可以通过多种学习平台丰富自己的文化知识，与时俱进，不断充实自己的精神世界，很好地处理家庭问题和各种社会关系，并且自觉传承和发扬中华民族优秀伦理传统，自觉地践行社会主义核心价值观，踏实、认真、努力地生活和工作，在功利化社会中为孩子提供充满正能量的行为榜样，引导孩子成长为一个不仅有益于家庭和自己，更有益于社会和他人的人，这才是成才之本。

（四）高中生要具有坚定的成才信念与明确的成才目标

从高中生自身来说，要不断提升自己的认知水平，充分发挥自己的主观能动性，坚定成才信念，客观、理性地确定成才目标，并使其转化为无限成才动力。按照辩证唯物主义主义哲学观点，内因是事物发展的内在动力，外因是事物发展的条件。意即任何外在条件的功能都唯有借助个人主观能动性的发挥才能真正得以生效。因此，社会因素、学校因素和家庭因素都是影响个体成才观的关键性因素。但这些因素能否产生其功效，在多大程度上影响到个体成才观的形成和实现，归根结底取决于高中生的主观能动性发挥程度，取决于高中生的思维水平及与外在因素的互动能力和反思与回馈能力。因而涉及到高中生自身素质和综合能力。因此，重视对高中生自身能力建设更是成才观教育的内在要求。

1. 高中生要有坚定而理性的成才信念

高中生是青年初期，从生理上和思维发展水平上看，这一群体已基本成熟，接近成人水平，因而有了自己较独立的认知和判断标准和选择能力。对于人才的把握也有了较清晰的标准，因此这一阶段的学生能够按照人才的标准对自己的成才方向有所预设。但由于个体的个性特点和思维品质差异，不同个体在成长道路上，受家庭、社会和学校教育的不同影响，而形成一种较稳固的思维方式和选择模式，比如依赖性选择，这些学生在自我发展方向的确定和选择上，总是不自信，拿不定主意，总希望获得父母、老师或同学的帮助，因而在自我成才方向上总是受制于人，可能忽视了自己真正的才能，导致成才之路较为艰难、痛苦。还有的学生受面子文化、攀比意识、符号价值的驱使，简单地将社会他人的标准或家长的标准作为自己的标准，盲目从众，比如近几年影视歌明星成为时尚文化的符号，名利双收，使越来越多的高中生选择了艺术之路，不顾及自己的实际条件而随波逐流，而屡屡失败的经历也使很多孩子的自信心严重受挫。因此，高中生要有坚定的自我成才信念，尤其在倡导个性化发展的今天，每个个体都是一个与众不同的独立存在，要善于发现和寻找自己的兴趣、偏好及优势，据此客观、理性地确定自己的未来发展之路。唯有确认自己所确定的目标是自己所喜欢的和所擅长的，才能真正激发出努力的热情和行动的力量，朝着自己的目标勇敢奋进。

2. 高中生要有正确的成才方向

在消费文化的复杂语境中，是非对错标准似乎也在渐变，曾经极为明晰的价值标准也变得模糊起来。这对高中生的成才取向造成了不小的困扰。追求自我利益曾经被指责为违背集体主义价值观原则的个人主义，今天却获得了社会合法性，尊重个人利益成为一项社会普遍价值；曾经讲利他、讲奉献、讲以牺牲自我利益成全他人利益的高尚品质和精神境界，现在讲互惠、讲自利与利人的对等关系等，市场经济竞争原则、有偿服务、公平交易等原则被沿用于人际交往和人际关系的处理，甚至用于非常事件的处理中，引发了对道德规范与社会伦理的再思考。这种变迁对于涉世未深的高中生来说无疑是一个巨大的挑战。如何能在复杂的消费社会环境里做到"出淤泥而不染"，是对个体价值判断水平和选择能力的鉴别与考验。对每一个高中生而言，坚定的道德信仰和崇高的人生理想是增强其价值辨别力和判断力的核心指针。正如美国诗人惠特曼所说："没有信仰，就没有名副其实的品行和生命，没有信仰，就没有名副其实的国土。"[①] 对个人而言，理想信仰是支持其行动的强大精神支柱和力量源泉，高中生的理想信仰有助于其自觉抵制消极思想观念的侵蚀，增强其价值辨别能力，并以道德信仰和崇高的人生理想指引自己的人生目标和发展方向，避免自我发展目标的偏向或错位。

3. 高中生在注重文化知识学习的同时要加强实践锻炼

高中生应将理论知识学习与实践相结合，在实践中将知识转化成能力，同时积累人生经验、磨砺成长意志、积淀生活智慧，探索成才之路。高中阶段是人成长与发展最快的阶段之一，知识与能力都在这一阶段将得以飞速发展。因

---

① 杨雪、冯晶、张立臣：《思想政治教育的"泛娱乐化"现象分析》，《教育评论》2014年第1期。

此，知识学习与实践培养相结合是教育应遵循的基本原则。但在当下功利性教育取向支配下，无论学校教育还是学生都更为重视知识教育和学习，而对实践能力相对比较忽视，导致出现"高分低能"的状况。因此，学校一方面要重视对高中生基础文化知识的教育和做人的引导，不断提高学生的文化知识素养和道德水平；另一方面为学生创造更多的实践机会和平台，使学生在实践中获得综合能力的提升和发展。对于学生来说，一方面要珍惜高中的学习时光，努力学习科学文化知识，不断扩充自己的知识内存和文化涵养，丰富自己的文化精神生活，为实现自己的人生目标奠定知识基础；另一方面要争取更多的实践机会，广泛参与各种社会实践活动，有意识地培养自己的社会实践能力，提升自己的社会化水平和应变能力，使知识通过实践转化为智慧与能力，真正成为创造力的源泉，激励自己朝着既定人生目标不断奋进。

  总体来看，对于个体而言，立志是成才的先决条件，目标是成才的动力源泉，合理的知识结构和实践能力是成才的基础和途径。成才观应反映和包含这些基本要求，包含了个体成才的品德、知识、才能、学力、胆识等要素。而这些要素的结构与功能发挥是个体内在因素与家庭教养方式、学校教育导向和社会环境影响的互动结果。社会环境构成了青少年成长与成才的外在环境，也是学校教育的宏观环境，因此社会环境是制约高中生成才观形成的重要外部力量；学校教育因其作为一种有目的、有计划、系统性的培养人的活动，在中学生成才观的形成中起主导作用；家庭作为高中生发展的重要影响源，对高中生成才观的形成有着潜移默化的影响；个体的主观能动性是人身心发展的内在动力，对其成才观的形成起着决定性的因素。因而，在高中生成才观形成中，要注重整合多方教育资源，使其形成健康积极教育的合力，将成才观教育与价值观塑造相结合，充分调动高中生的主观能动性，帮助和引导高中生形成健康、理性、积极的成才观，以指导高中生的实际行动，在复杂的多元文化价值背景下，激励高中生朝着自己个性化的人生目标努力前进。

第七章 消费文化背景下女大学生的婚恋观

婚恋观是个体对恋爱、婚姻问题的基本认识和看法,决定着个体对待恋爱、婚姻问题的态度和家庭生活中的角色定位。说到底,反映的是特定社会对婚姻家庭生活中男性和女性所扮演的角色的一种预期。因而婚恋观作为一种主观见之于客观的价值观念,必然受到特定社会文化环境和社会意识的影响,打上时代的烙印。女大学生作为社会知识精英,其婚恋观直接影响着她们在未来家庭生活中的角色意识和角色责任的承担,影响着其未来家庭生活的幸福与否。而家庭生活幸福不仅是女大学生们知识才能发挥和自我价值实现的动力源泉,而且也是促进整个社会文明和谐发展的重要条件。

一、女大学生婚恋观遭遇消费文化

婚恋观虽然是个体对恋爱、婚姻问题的基本认识和看法,但正如价值观总是植根于特定社会土壤一样,婚恋观的形成也必然受到特定社会历史发展阶段人们所形成的价值观的影响。传统生产社会中由于男女性别社会分工的差异所导致的"男主外女主内"的社会角色定位始终主宰着人们的婚恋观。随着现代科学技术的进步和社会文明程度的提升,社会生产力水平的大幅提升,开始进入消费社会时代,消费取代生产成为建构人们生活世界的支柱活动。由此所引发的经济领域革命波及到社会生活的各个领域,不仅使社会分工越来越精细,社会产业结构发生巨大变化,而且带来社会结构的重新分层,使人们的生活理念、价值标准和思维方式都发生了深刻的变化。传统依托亲情、人情法则所调节的熟人性质的社会关系逐渐被由制度、法律等刚性的规范所调节的陌生人关系所取代。消费社会、市场经济使陌生人之间的彼此依赖性空前增强,消费成为解读和理解社会生活世界、建构人际关系的核心话语。而反映消费社会这一结构变迁的消费文化,也成为消费社会中塑造人们的精神世界、改变人们价值理念、思想意识和生活观念的重要力量。

消费文化既是消费渗透的文化也是文化渗透的消费,前者指的是传统意义上作为人类文明智慧结晶的文化成果,如今也可以通过明码标价而成为市场上可交易的商品;后者是指传统意义上仅仅作为生产之中介环节以满足生产需要的消费活动,突破了经济学含义而富有了文化内涵,所消费的商品和消费活动本身都具有了特定的文化意义。消费文化正是通过这样一个双向的运行过程,使消费成为一种人们建构生活世界和文化价值秩序的社会机制。在消费文化的塑造下,人们的主体意识得以张扬,独立、自由、平等意识深入人心。生产型社会中所形成的男女固化的社会角色定位逐渐被打破,女性获得了更为广阔的社会发展空间和机会,这使越来越多的女性不再满足于"主内"的家庭角色,希望获得更广阔的社会舞台,能够展示自我,实现自我价值。当然,也有一些女孩子将不断提升自我文化素养和知识水平作为一种自我投资,希望藉此为自己争取到物质条件更为富足优越的丈夫人选,以过上养尊处优的生活。正如马克思所说,消费社会是一个一切都可以标上价码拿到市场上交易的时期。在这一背景下,不仅物质性的东西是可以买卖的商品,精神文化成果同样可以买卖,就连富有能动性的人,也成为人才市场的一种商品。在这种商品思维逻辑的支配下,婚姻、家庭也可能演变成交易的产物。"学得好不如嫁得好"已成为当下一种虽具有讽刺戏谑意味但也是一些女性婚恋观的真实写照。女大学生作为当代女性精英,她们的婚恋观不仅反映出自己对待恋爱、婚姻问题的态度和看法,也是所有年轻女性的榜样和表率,同时也影响着女性对家庭和工作关系的处理,进而影响着未来社会职场的性别结构和分工取向。因此研究消费文化视域下女大学生的婚恋观,了解她们对婚恋问题的理解及所持的观念、态度,分析形成特定婚恋观的内在根源,不仅有助于引导她们形成积极健康的婚恋观,实现家庭生活的幸福和谐,更有益于男性女性在社会分工中的平等、科学,从而实现社会整体和谐发展与进步。

二、女大学生婚恋观的调查

女大学生的婚恋观是女大学生价值观在恋爱、婚姻问题上的重要体现,是女大学生对待恋爱、婚姻问题的内在评价尺度和价值判断标准,直接影响着女大学生的婚恋行为及其对在未来家庭生活中所应扮演角色的认定。本研究通过问卷调查法，从恋爱、婚姻、家庭三个层面，恋爱动机、恋爱态度与方式、对恋爱双方角色关系的认识、择偶标准、婚恋自主性、家庭角色预期、婚恋幸福感、贞操观等八个维度调查了女大学生的婚恋观。调查对象选取了某市六所高校的 350 名女大学生，共发放问卷 350 份，回收的有效问卷为 300 份。其中包括研究生 82 人，本科生 218 人；文科 167 人，理科 57 人，工科 71 人，其他专业 5 人；生源所在地为城市的 160 人，农村 67 人，城镇 73 人；独生子女为 170 人，非独生子女 130 人。

三、女大学生婚恋观的现实特征

爱情是人际吸引最强烈的形式，是身心成熟到一定程度的个体对异性个体产生的具有浪漫色彩的高级情感，是人间最美好的情感之一。按照斯滕伯格的理解，爱情包含了亲密、激情、承诺三元素。恋爱、婚姻、家庭都是以爱情为基础而衍生出来的爱情存在形式，在不同的形式中，爱情三元素所占据的比例和受重视的程度存在差异。婚恋观就是反映人们对待爱情、婚姻、家庭的态度及看法，是人们在婚姻恋爱生活中所秉承的观念和产生的行为倾向。受个体的个性品质、家庭结构以及社会环境等因素的影响，不同的人会形成不同的婚恋观。本研究通过对女大学生婚恋观的调查，揭示消费社会中女大学生婚恋观的实际状况，并对当代女大学生的婚恋观进行规范性分析，为女大学生形成积极、健康的人生观和婚恋观提供教育引导。

（一）恋爱动机基本指向婚姻爱情，但也存在排解空虚和从众取向

恋爱动机是个体产生恋爱需要的内在心理意愿和是婚恋观的核心，反映个体婚恋的价值取向，也是男女形成恋爱关系的内在动力。恋爱动机不仅标示着个人的恋爱目的，而且影响着个体的恋爱态度和恋爱模式的选择。理论上看，爱情应是最纯粹的恋爱动机，是基于自然而然的两性吸引而渴望彼此互为伴侣，相守一生所产生的一种强烈而普遍的建立亲密人际关系的欲望，这是人类的本性之一。但在现实生活情境中，个体的恋爱动机总是受到诸多因素的影响而出现个性化特点。通过对女大学生恋爱动机的前期开放调查，总结出四种具有代表性的恋爱动机，进行调查，结果如表 7—1 所示。

表7-1 恋爱动机调查表

恋爱动机	1	2	3	4	5
我认为恋爱是结婚的前奏,是在寻找一生的伴侣。	56.3%	34.3%	4%	3.7%	1.7%
我谈恋爱是因为内心空虚,想寻找感情寄托。	6.3%	5.3%	13%	35.7%	39.7%
如果周围的同学都有男朋友,那我也会努力寻找。	5%	26%	18.3%	37.3%	13.3%
我希望我的恋爱对象以后能够成为结婚的对象。	45%	39.3%	12.7%	1.3%	1.7%

注:"1"、"2"、"3"、"4"、"5"分别代表"完全符合"、"基本符合"、"不确定"、"基本不符合"、"完全不符合"

调查结果显示,90.6%的女生认为恋爱是结婚的前奏,旨在寻找一生的伴侣;11.6%的女生承认自己谈恋爱是因为内心空虚,想寻找感情的寄托;84.3%的女生希望恋爱对象以后能够成为结婚的对象;31%的女生是因为周围同学都有男朋友才产生谈恋爱的愿望。这些数据说明绝大多数的女大学生将恋爱的结果指向婚姻,将婚姻视为恋爱的最终目的,而并非将恋爱视为排解内心空虚的方式,这反映出当代女大学恋爱动机总体上呈现出积极、健康的态势。但其中也不乏非爱情性恋爱动机,超三成的女生是因为周围同学都有男朋友才找男朋友的,攀比心理或从众心理是驱使她们恋爱的动因,也有少部分同学谈恋爱是为了排解内心的空虚和无聊。这一结果和当代女大学生所处的生理年龄及其成长环境直接相关。一方面,通常女大学生正处于二十多岁的青春芳龄,对爱情婚姻充满了向往与期待,因此,她们的恋爱动机大都直指婚姻殿堂;另一方面,良好的教育、积极健康的校园文化环境,使女大学生认同并形成了符合主流价值观的恋爱动机。虽然女大学生已经是独立成熟的个体,但由于她们成长的环境比较单纯,缺少社会经验,在面临特定个人问题时需要一定的指导和建议。而学校集体生活使有着共同成长经历的女大学生们更容易彼此分享经验,遇到困惑时更倾向于从同伴的经验中获得启示或指导。因此有的同学在恋爱动机上难免会存在从众心理,受到同学的影响。同时,在当下的社会环境中,女大学生进入大学之后,学习生活不像中学阶段那么紧张,生活丰富多彩,自由时间充裕,这使部分失去了像"考大学"这样的奋斗目标的学生难免产生迷茫和空虚,不知该做些什么,于是恋爱成为她们藉以排解空虚和无聊的校园生活的重要内容。但这种非爱情驱动的恋爱动机会易于导致其恋爱态度和恋爱方式的功利化,可能使其对恋爱对象的选择不够慎重、认真。

（二）恋爱态度及方式上纠结于矜持与主动追求幸福之间

恋爱态度是指个体对待爱情和恋爱对象的内在感受和情感意向。恋爱方式指恋爱双方确定恋爱关系的方法和途径。女大学生的恋爱态度与恋爱方式是女大学生恋爱观的重要内容，在恋爱态度及方式上的差异反映了女大学生内在价值观的差异。

表7-2 恋爱态度及方式调查表

恋爱态度及方式	1	2	3	4	5
如果遇到意中人，我会主动去追求对方。	10.3%	25.7%	28.3%	25.7%	10%
我认为女生过于主动会让对方不在意自己。	21.7%	47.7%	16.7%	12.7%	1.3%
我认为家人或朋友介绍是首选的恋爱途径。	8.3%	22%	15%	33%	21.7%
我可以接受通过网络寻找恋爱对象的方式。	8.3%	10.7%	12.7%	37.3%	31%
我认为恋爱是一种缘分应顺其自然不必刻意寻找。	41.3%	46%	8%	3.7%	1%

从恋爱态度及方式的调查结果看，69.4%的女大学生认为，如果女生过于主动会让男方不在意自己；87.3%的女大学生认为恋爱是一种缘分，应顺其自然不必刻意寻找；在恋爱方式上，68.3%的女大学生不能够接受通过网络寻找恋爱对象的方式。这一结果说明我国女大学生在恋爱态度上大多较为保守，仍然信守传统恋爱文化中"男追女"的固化模式，事实上这也是性别不平等意识在恋爱问题上的体现。对于女大学生来说，尽管她们属于社会精英群体，但在性别观念上，她们依然深受传统文化中女性固化角色的影响，接受"男强女弱"的角色定位，因而在婚恋问题上女性能否得到男性的认同和尊重依然是她们率先考虑的标准，说明评价女性的标准依然源于男性而非女性本身。尤其是在消费文化的熏染下，一些女大学生已将寻找伴侣作为一种投资性活动，一方面以文化修养涵育自己的气质，另一方面以精心的保养和衣饰来包装自己，使自己既有传统女性的内涵又有现代女性的时尚，以赢得心仪男性的青睐，实质上是一种女性从属于男性的依附性恋爱观。

虽然大多同学认同女性被动的恋爱关系模式，等待被选择是多数女大学生的恋爱态度，但作为现代知识女性，从内心情感来说她们也渴望打破这一模式，希望自动出击，认为幸福要靠自己去争取。调查中36%的同学赞同"如果遇到意中人，我会积极、主动的追求对方"的观点，28.3%的同学不确定，这说明部分女大学生已经不满意于女性总是处于被选择的地位,在恋爱问题上居于主动地位,这些同学的自主意识更为明显,认为男女应该真正平等,无论爱情还是职业。部分同学纠结于传统的女性被动的恋爱模式和现代男女平等的恋爱模式之间,不知如何选择,反映出消费社会中复杂多元的价值观对女大学生的婚恋观造成了困扰。这一点在恋爱方式上也有所体现。例如,尽管绝大多数女大学生在恋爱态度上趋于保守,希望男性主动,但在恋爱方式上一半以上的女大学生并不认为家人或朋友介绍是首选的恋爱方式,她们更渴望自由恋爱,所以近九成的同学认为恋爱是一种缘分,应顺其自然而不应刻意强求。当然,也有19%的女大学生认同通过网络寻找恋爱对象,这一选择反映了部分女大学生在恋爱问题上不愿墨守陈规,更倾向尝试新的方式。总体来看,当代女大学生在恋爱问题上既受传统文化的制约,又不拘泥于传统模式女性被动化的地位,超过一半的女大学生不赞成有着"父母之命、媒妁之言"印迹的"介绍式"恋爱,近五分之一的学生接受网恋,这些都反映出当代女大学生在婚恋观念上徘徊和纠结于传统与现代价值观之间。

(三)恋爱双方角色关系中显现出"男强女弱"的不对等性

恋爱双方角色关系是指在恋爱关系存续期间男女彼此所处的地位及所承担的责任。恋爱过程中双方所形成的角色关系是决定恋爱能否顺利进行的关键性因素。随着时代的发展与进步,男女平等已成为判定现代社会文明程度的重要指标。恋爱中男女双方的角色关系也在悄然发生着改变。何种角色关系是女大学生较为认同的恋爱角色关系,映射着女大学生的价值观。据此,对女大学生进行了调查,调查结果如表7-3所示。

表7-3 恋爱双方角色关系调查表

恋爱双方角色关系	1	2	3	4	5
我认为谈恋爱时的花费女生也应该承担一部分。	56.7%	39.7%	1.7%	1.3%	0.7%
如果条件允许,我愿意承担大部分的恋爱花费。	6.7%	16%	18.7%	46.3%	12.3%
我认为谈恋爱时女生应该得到更多的保护和关爱。	34.3%	51%	9%	4.7%	1%
我会为了恋人而改变自己的人生计划。	12.7%	30%	29.3%	19.7%	8.3%
我希望恋人能够完全按我的意图办事。	4%	22.3%	12.5%	52%	9.3%
当与恋人各执己见时,我会始终坚持自己的想法。	9.3%	33.7%	30.7%	24.7%	1.7%

从恋爱中双方的角色关系来看，85.3％的女生认为谈恋爱时女生应该受到男士的保护和关爱；在恋爱花费上，96.4％的女生认为谈恋爱时女生也应承担一部分，但仅有22.7％的同学对"如果条件允许，我愿意承担大部分的恋爱花费"持肯定态度；61.3％的女生不支持"恋人能够完全按照我的意图办事"，而认同"为了恋人改变自己人生计划"的女生有42.7％。从这一数据来看，绝大多数女大学生的恋爱角色定位比较传统，仍趋于以男性为重心的不对等角色认同，在恋爱中仍将自己定位于较依附于男性的"弱势"一方。这种"男强女弱"的角色定位不仅是传统文化形塑的结果，也与长期以来女性在文化建构中的主体性缺失有关，男权文化为主体的社会文化氛围将男性的判断标准普遍化为全社会的标准，引导和主宰着社会的主流价值。在男权文化氛围中，男性的价值标准比女性的价值标准更易于被认可和接受，故而女性在现实中更容易放弃自己的坚持而向男性标准妥协。女大学生尽管有了较强的平等自主意愿，但在实际生活中她们很难超越这种"男强女弱"的性别文化制约，而现实中一些比较坚持自我的较独立的所谓"强势"女性，往往在婚恋问题上不太顺利或失败的居多，这无疑也给当前的女大学生提供了反面警示。在这种男性文化居于强势地位的社会中，女大学生在恋爱角色定位中多数表现出了弱势心理，无论物质上还是精神上都更为强调男性的主人地位。

当然，消费社会属于后现代社会阶段，对独立自主意识、个性化特征和差异性的强调，也影响着女大学生的自我认同和价值判断。作为女性中的优秀群体，女大学生们也强调自我价值和独立意志，在婚恋问题上也有自己的信念和底线，因此，43％的女大学生认为与恋人发生争执时，不会轻易让步，会坚持自己的观点。近三分之一的女大学生认为自己不会为了恋人而改变自己的人生计划。显然这与传统女性"以夫为天"的角色不同，女大学生们有了自己的独立人格和理想信念，当自己的理想信念或意见遭到恋人的反对时，女大学生们通常不会轻易妥协。在与个别女大学生的深度交谈中，她们也谈到现在的社会是一个功利化的社会，在这种社会背景中恋爱也往往不是自己一个人的事，也不一定仅仅是感情上的事，需要考虑很多非感情因素，因此，有时候也会不得已做出妥协，但这并不表示放弃自己的想法，只是暂时的一种妥协而已。可见，当代女大学生们虽多数接受了"男强女弱"的角色定位，但在某些方面有了自己的新的理解和坚持，有自己的原则和底线，并非一味地让步或妥协。尽管也有一部分女大学生认为自己在恋爱关系中应居于主动角色地位，觉得自己恋人应该按照自己的意愿来做，但60％的女生比较理性，她们对自己可以改

(四) 择偶标准较为理性、务实，物质条件被纳入择偶标准

择偶标准是人们选择配偶时指向配偶的基本要求和条件，反映当事人的主观心态和要求。[①] 择偶标准是确定恋爱对象的重要依据，是人们在内心所勾勒出的爱人"形象"。女大学生作为高级知识分子，她们通常自我定位较高，所秉持的择偶标准也反映了她的自我定位水平和价值标准。有研究指出，从大学生择偶标准的性别差异来说，女性大学生更为偏向于家庭基础、高学历、高经济基础、高社会地位等社会性因素；而男性大学生则偏向于容貌的吸引力、身材的婀娜多姿、年龄比较小、贤妻良母等个人因素。[②] 这也是"男主外、女主内"传统家庭角色意识在当今大学生婚恋问题上的反映。

就女大学生择偶标准的调查结果（表7-4）看，94.3%的同学赞成将人品因素视为选择配偶的首要条件；54.6%的同学支持选择能力很强但家境贫寒的人作为结婚对象的观点，22%的同学不支持这一观点；56.7%的同学不赞成出于物质生活的需要而和不喜欢的人结婚，22.6%的同学认同出于物质生活的考虑而和不喜欢的人结婚。这些数据反映了当代女大学生在择偶标准上普遍较理性，人品因素依然是女大学生最为重视的。同时，与传统生产社会相比，物质条件被纳入到择偶标准之中，成为女大学生选择结婚对象时比较重视的条件之一，反映了女大学生务实性的婚姻观。

表7-4 择偶标准调查表

择偶标准	1	2	3	4	5
我愿意选择能力很强但家境贫寒的人作为结婚对象	15.3%	39.3%	23.3%	16.7%	5.3%
我认为个人品质是选择结婚对象的首要考虑因素	61.3%	33%	3.4%	2.3%	0
我会出于物质生活的考虑而和不喜欢的人结婚	2.3%	20.3%	20.7%	31%	25.7%
我希望找一个比自己优秀的人作为结婚对象	38.7%	48.7%	7.3%	4%	1.3%
我可以接受学历比我低的人作为结婚对象	18.3%	32.7%	18.7%	22.7%	7.7%

毫无疑问，消费文化构成了当代青少年成长的宏观环境，深刻地影响着青

[①] 杨瑞娟、陈绍军:《硕士研究生择偶观的实证研究》，《青年探索》2008年第9期。

[②] 李春秋、曹慧、张建新、史占彪:《大学生择偶偏爱性别差异与一般社会信念的关系》，《中国临床心理学杂志》2007年第3期。

少年的价值观。① 女大学生的婚恋标准也不可避免地受其影响出现物质化取向。但从调查结果看，大多数女大学生在择偶时能够坚持人品和能力标准优先。尤其当物质需求与爱情发生冲突时，多数学生不会为了贪图物质享受而降低自己选择结婚伴侣时的人品和能力标准；但那种只注重人品、能力因素完全不考虑物质条件的择偶标准也并非普遍现象。当代女大学生对人生伴侣的选择更为注重精神品质和能力素质，反映了女大学生们作为当代知识分子更为重视精神生活。与此同时，她们又并非纯粹的理想主义者，因而大多数女学生在坚持配偶的人品和能力素质前提下，也考虑其家庭条件和收入状况，反映了消费社会中女大学生务实化的择偶标准，人品、能力、物质条件兼具的伴侣是女大学生心目中的理想人选。

在对伴侣的地位认同上，87.4%的学生赞同"选择一个比自己优秀的人结婚"，这说明了当代女大学生在择偶观上仍摆脱不掉"男强女弱"观念的束缚，但仍有51%的女大学生可以接受学历比自己低的人作为结婚对象，说明有半数的女大学生对"男强女弱"的婚姻模式有所动摇，可以接受"女强男弱"的伴侣关系，性别平等意识有所体现。这与女大学生的受教育经历直接相关，由于受过高等教育，多数女大学生能以发展的眼光和理性的标准来评价自己和结婚对象的未来，大多不会太注重眼前的利益和成就，而更为关注彼此的生活前景和未来发展可能，因而急功近利的相对较少。当然，被誉为"女性第二次人生转折"的婚姻对于女大学生来说有着比男性更为特殊的人生意义，往往寄托着女大学生更多的向往和追求。根据社会交换理论的观点，人是一种理性的动物，强调一切人际交往或社会互动的过程，都是社会交换的过程。婚恋过程也不例外，婚恋双方都是理性地希望通过"交换"有形的或无形的资源而实现"互利互惠"，这种交换多数是无意识或下意识的选择。婚恋中任何一方作为互动主体都要为互动过程和互动对象付出一定的代价，同时又要从互动过程中获得一定的收益，如物质的或精神的奖励等。尤其对于家境过于优越或家境过于贫寒的同学来说，婚姻无疑是维持或改变其人生境况的重要机会，所以结婚对象的显在和潜在的条件都要充分考虑，物质条件自然是要考虑的，但只有少数同学会将物质条件作为择偶的首要条件。

---

① 杨淑萍：《消费文化对青少年道德观的影响研究》，《教育研究》2012年第10期。

(五) 婚恋自主性意识较强，但遭遇家人反对时往往难以坚持

婚恋自主性是指个体在恋爱婚姻过程中的主体意识和自主能力状况，是婚姻自主权的体现。女大学生的婚恋自主意识不仅是其受教育的结果，也是其家庭影响的结果。

表7-5 婚恋自主性调查表

婚恋自主性	1	2	3	4	5
我认为结不结婚、与谁结婚是个人自由，由自己决定。	35.3%	42.7%	7.3%	12.7%	2%
当父母极力反对我选择的结婚对象时，我会忍痛割爱。	8.7%	38.7%	32%	17.3%	3.3%
如果一直找不到理想的对象我宁愿独身也不凑合。	26.7%	37.3%	19%	12%	5%

从表7-5所示的调查结果看，78%的女生比较认同结婚是个人的事，应由自己来决定；64%的女生认为找对象不能凑合。说明在婚恋问题上女大学生普遍具有较强的独立自主意识，有自己明确的要求和标准，当对方达不到自己的择偶标准时，六成以上的同学宁愿选择独身也绝不委曲求全。表明女大学生婚姻自由自主意识较强，但当父母极力反对自己的选择而自己又无法说服父母时，47.4%的同学还是会顾忌父母的感受而放弃自己的选择，32%的同学不确定自己会作何选择，仅有20.6%的同学会坚持自己的主张。这一结果说明女大学生虽然有自己独立的婚姻价值观和较强的自主意识，但在与父母意见相左时，七成以上的同学会受到父母意见的影响，近一半的同学会为了父母改变自己的选择。这一方面反映了女大学生比较善解人意，多数同学能理解和体恤父母的良苦用心，为了减少对父母的伤害，她们宁愿选择自我牺牲；另一方面也反映了女孩子对家人具有较强的情感依赖，因而家人的观点总是能影响到自己的独立判断。

这一结果也反映了女性感性的一面。从心理学的角度看，女性的感性思维通常要优于男性，同样男性的理性思维显然比女性发达。因而，在面对多种选择可能时，男性主要是通过对各种选择可能带来的相应后果的权衡比较中，做出更为合理的选择，而女性则往往从自己的情感偏好出发做出选择。尽管女大学生作为现代知识分子，其文化素养较高，理性思维水平普遍优于其他文化水平较低的女性群体，但在某些情况下，感性思维依然是其处理问题的主导性思

维习惯，在涉及情感问题时尤其如此。在悠远深邃的"百善孝为先"的家庭伦理文化的熏陶下，孝敬和爱戴父母家人是为人子女的基本责任，即便是强调自我中心的西方消费主义规则文化的进入，某种程度上弱化了亲情法则，但中国传统忠孝文化已然沁入了民族文化体系和民族性格之中，融入人们的思维品质。因此，女大学生在面对父母坚决反对的择偶对象时，会据理力争，但如果无法说服父母，多数同学会选择亲情，顺应父母而放弃所爱。这也是中国传统伦理文化对女大学生濡染与塑造的结果，是传统家庭伦理在当代女大学生婚恋观上的投射。

（六）普遍能够接受传统家庭角色模式，但期望在家庭责任承担中夫妻平等

家庭角色预期是指女大学生对未来自己与丈夫在家庭生活中所扮演的角色及其所承担的角色责任的一种预先设定。女大学生的家庭角色预期包括女大学生对传统家庭角色模式的态度、对夫妻间关系的理解、对家庭、工作、事业关系的认识及对养育子女和赡养老人关系的处理意见等。合理的家庭角色预期不仅将决定着夫妻双方在家庭生活中的职责分担，也是和谐夫妻关系和优质家庭生活品质的保障性因素。

表7-7 家庭角色预期调查表

家庭角色预期	1	2	3	4	5
我认为"男主外，女主内"是理想的婚姻模式	11%	24.7%	15.3%	36.3%	12.7%
我认为丈夫的社会地位或收入比妻子高有利于家庭和谐	25.3%	54.7%	11.7%	6.3%	2%
即使丈夫的收入足够，我还是愿意工作	61%	28.7%	3.3%	5.3%	1.7%
如果家庭条件允许，我会为了家庭需要而放弃事业	12%	23%	21.3%	30.7%	13%
我认为孩子对于家庭很重要，我愿意生儿育女	36.3%	43.7%	13.3%	4%	2.7%
我认为出色的女性不一定是"贤妻良母"	20%	44.7%	12%	19%	4.3%
我认为事业对于女性十分重要，是自我价值的体现	41.3%	47.7%	8%	3%	0
如果条件允许希望婚后单独居住不与父母住在一起	38.7%	37%	11%	11.3%	2%

表7-7的调查结果显示，35.7%的女大学生基本支持"男主外、女主内"的传统家庭角色模式，而对这种家庭模式持反对意见的同学占调查对象的49%。这一结果说明随着独立意识和自主意识的增强，越来越多的女大学生已

不满足于"相夫教子"的家庭角色定位。89％的女生认同事业对于女性的重要价值，89.7％的女生赞同"即使丈夫的收入足够生活之用，还是愿意工作"的看法。反映了女大学生有较强的自我实现需要，而这种自我实现已不仅限于家庭之中，她们渴望获得更大的发展平台和更广阔的人生舞台，因而挣脱家庭束缚，渴望与男性拥有同等的社会地位和职业生活，是现代女大学生谋求性别平等、实现自我价值的内在需要。这使家庭中妻子依附于丈夫的角色模式正在被打破，更多的女大学生希望通过工作和事业谋求在家庭中和丈夫的平等地位。当然，观念是社会文化长期塑造的结果，并非一夕之间可以彻底颠覆。所以，80％的女大学生支持"丈夫的社会地位或收入比妻子高有利于家庭和谐"，80％的女生认同"孩子对于家庭很重要，愿意生儿育女"。说明绝大多数女大学生还是比较接受"男高女低"的传统家庭角色模式和所应承担"生儿育女"的既有家庭角色责任。但64.7％的女生认为出色的女性未必是"贤妻良母"，75.7％的女生不希望"婚后和父母住在一起"，说明女大学生所期望的家庭角色模式虽有传统家庭角色模式的印记，但又有所突破，如坚持核心家庭取向等。反映了现代女大学生有较强的自我意识，"贤妻良母"不再是女大学生家庭角色目标，六成以上的女生不会为了家庭而放弃事业。将事业视为自我价值的重要体现是当今女大学生家庭角色预期的显著特点，也是男女平等意识的彰显。

尽管女大学生尝试突破传统家庭模式中女性附属于男性的刻板角色，谋求在家庭中的独立平等地位，但在现实生活中，女大学生仍难以完全摆脱根植于传统文化的女性家庭角色定位根深蒂固的影响，丈夫、孩子在绝大多数女大学生的心目中仍然重于自己。80％的女大学生认可丈夫的社会地位和收入理应高于妻子，三分之一多的女生觉得为了家庭可以放弃自己的事业。可见，尽管"男主外、女主内"的传统家庭角色模式并非多数女大学生的理想家庭角色模式，但她们在短时期内也无力改变这种家庭模式。这种传统的家庭角色模式可能会成为制约女大学生社会创造力发挥的主要因素之一。

（七）婚恋幸福感是女大学生最重视的幸福体验，但在何种爱情模式更易于获得幸福感上存在分歧

幸福是一种由某个目标的实现或某种需要得到满足而产生的一种愉悦快乐的心理和情感体验，是人们孜孜以求的生活境遇和精神目标。由于幸福是一种主观感受与体验，因而不同的个体因需求的差异或对特定目标及需求的渴望程度不同，因而目标或需求的实现所带来的幸福感受自然不同。女大学生的婚恋幸福感是影响女大学生婚恋态度和婚恋行为的重要因素之一，也是影响女大学生的人生态度和生活信心的重要因素。

表 7-8 婚恋幸福感调查表

婚恋幸福感	1	2	3	4	5
我认为感情生活美满是女人最大的幸福	37%	46%	8.3%	5.7%	3%
我认为与爱我多一些的人结婚能够生活得更加幸福	30.7%	52%	10.7%	4.3%	2.3%
如果必须在爱与被爱中选择，我愿意选择去爱，而不是被爱	6.3%	18.7%	29.5%	35.5%	10%
我认为离婚对于女人来说是不幸的	23%	27.7%	22.3%	20%	7%
我认为没有孩子的女人不是完整的女人	31.7%	30.7%	14.7%	14%	9%

对于天生感性的女性来说，感情生活的成功与否往往是她们衡量自己人生幸福与否的核心指标。对于很多女性来说，即便学历再高、学识再丰富，如果感情生活不顺利，那么她们往往认为自己的整个人生都是失败的。女大学生也不例外，与才干、事业等相比，她们更为重视自己的感情婚姻生活。这也是为什么拥有硕士研究生学历的某些女学生却最终选择放弃自己的事业而做一位全职太太。对于很多受过高等教育的女性知识分子来说，当事业和家庭相冲突时，选择自我牺牲的女性远远多于男性。从本次调查结果来看依然如此，绝大多数的女大学生将自己的人生幸福寄托于爱情与家庭，如83%的女生认同"感情生活美满是女人最大的幸福"，62.4%的女生同意"没有孩子的女人是不完整的女人"，50.7%的女生认为离婚对于女人来说是不幸的。家庭婚姻生活的幸福与美满是女大学生幸福感的主要来源。尽管当代女大学生拥有先进的科学知识和前卫的生活理念，自我价值实现成为知识女性的普遍追求，但就幸福指标来看，爱情、婚姻家庭等私人生活领域的目标所带来的幸福感显然超越了其社会事业方面的成就所带来的幸福体验。这一方面是"男强女弱"的社会文化惯性作用结果；另一方面也是社会舆论长期以来过度夸大女性的身体弱势所造成男女"天然不平等"观念作祟，"温婉"、"顺从"、"小鸟依人"等被确定为理想恋人或妻子的形象特征，而在事业上不让须眉的精干、历练、强势、知性女人却普遍被定位于"女强人"、"男人婆"的消极形象。在这种貌似"社会普遍价值标准"的框架下，女性事业上的成功难以给她们带来预期的幸福感，反而会使她们以另类的形象被孤立于"男人"和"女人"之间，受到异样

关注，产生挫折感。在如此社会氛围中，更多的女大学生情愿将自己塑造成社会所认可的小女人形象，将自己的幸福目标定位于小家，而不愿冒险将事业成功纳入幸福的范畴，这是造成当代女大学生幸福观褊狭的根源。

对于何种爱情模式更易于获得婚恋幸福感，女大学生们又存在分歧。82.7%的女大学生认为被爱是一种幸福，因而赞同与更爱自己的人组成家庭更容易使自己获得幸福感；而25%的同学认为爱的体验是自己付出之后的幸福感，如果一定要在爱与被爱之间进行选择，宁愿选择与自己更爱的人在一起，觉得那样更易于获得幸福感。前者依然是一种传统依附性的婚恋观，将能否赢得对方的爱视为婚姻幸福与否的重要标准。与前者相比，后者更强调女性的主动性和独立性，认为自己主动付出的爱才是幸福的重要来源，反映了现代知识女性主动、独立的一面。

（八）传统性贞操意识有所动摇，部分女大学生更为看重爱情取向的贞操

贞操观本质上是一种性观念，是评价男女双方忠贞于彼此、忠贞于婚姻的重要价值标准。贞操观是我国传统两性道德关系的重要价值标尺。[①] 随着社会文明程度的提高和社会开放程度的加深，人们的思想观念不断得以解放，传统的婚姻价值观逐渐受到质疑。尤其西方开放式婚姻价值理念的传入在某种程度上加剧了我国传统婚恋观的颠覆。司空见惯的婚外情、婚外恋现象不仅加剧了婚姻家庭的不稳定性，而且消解着人们对婚姻家庭的期望和信心，潜移默化地改变着人们的婚恋观，尤其是贞操观，也催生了婚恋问题中的一些新事物，诸如试婚现象。据调查，目前在校大学生的婚前性行为并非罕见。女大学生作为当代社会精英，其贞操观反映着她们从爱情和婚姻的层面上对两性关系的认识和理解，也透射出他们对传统贞操观的态度和看法。

调查结果见表7－9。从调查结果看，36%的女生认为性行为应建立在爱情的基础上，只要感情成熟了，可以接受婚前性行为；31.4%的女生认为如果婚前发生性关系自己不会更加依赖对方；如果丈夫有婚外情，41%的女生出于家庭稳定的目的愿意原谅丈夫。说明当代女大学生对婚前性行为和忠贞婚姻问题的认识较为开放和理性，不再单纯地以两性关系标准来考量婚姻，更多地立

---

① 薛晓阳、陈家麟：《高等师范院校学生婚恋问题研究》，《高等师范教育》2000年第5期。

足感情本身来看待婚姻家庭问题。这不仅是因为知识女性思想观念较为开明，也是当今社会开放多元的价值文化环境熏染的结果。

表7-9 贞操观调查表

贞操观	1	2	3	4	5
如果感情到位，我可以接受婚前性行为。	10.7%	25.3%	21.3%	20.7%	22%
如果婚前发生性关系我会更加依赖对方。	10.3%	25.3%	33%	19.7%	11.7%
我认为婚前性行为只会对女生造成伤害，不利于感情发展。	16.3%	34.3%	22.7%	19.7%	7%
我认为婚外恋是对婚姻的背叛，完全不能接受。	47.7%	31%	14%	5%	2.3%
如果发现丈夫有婚外情，我会为了家庭而给他改过的机会。	9%	32%	29.3%	20.3%	9.3%

当然，女大学生不再以性忠诚作为婚姻忠诚的唯一标准，并不是说女大学生不在乎性行为。事实上50.6%的女生认为婚前性行为会对女方造成伤害，也不利于感情的发展，因而对婚前性行为保持谨慎的态度。但绝大多数女生坚持婚姻的感情取向，与性关系上的背叛相比更不能忍受感情上背叛，所以78.7%的女生完全不能接受婚外情。可见，从贞操观的视角看，当代女大学生对贞操问题有了新的认识和理解。婚姻和家庭的意义决不仅限于"贞操"，还涉及诸多的法律和道德问题，夫妻感情和对家庭的责任感是当代女大学生理性处理婚姻家庭问题的立足点。这一方面是消费社会中，社会生活的风格化使得传统相似的家庭生活模式呈现出多样化的趋势，私人领域和公共领域的分化使越来越多的人注重隐私权的保护和个性化生活方式的选择。爱情、家庭作为私人生活领域的个人问题也越来越富有个性色彩而脱离了众人的关注真正成为自我的事情；另一方面在物质充斥的消费社会中，人们越来越多的欲求都通过具有符号价值的物质商品来满足，导致人们精神世界的贫瘠和困乏，而爱情是慰藉心灵最美好的情感；同时消费社会中，交易原则、买卖意识等市场法则被随意地移用之人际关系领域和精神世界范畴，导致感情异化，爱情买卖、婚姻交易等现象的频发，在销蚀着人与人之间的信任和情感的同时，也使人们比以往更为迫切地渴望真挚的爱情和友情。在这样的环境中，年轻的女大学生们尤为如此。与丰裕、富足的物质生活相比，作为知识分子的女大学生们更为注重精神需求的满足，因而她们更在意情感本身。

贞操反映的是个体对爱情的忠诚程度，性爱是爱情的自然升华，是爱情的高级阶段。因此36％的女大学生认为只要感情成熟，基本可以接受婚前性行为，而不必拘泥于婚姻形式。当然也有一半的女大学生不认可婚前性行为，认为这种行为只会对女性造成伤害。这种伤害主要指的是将给女性的未来家庭生活带来纷扰和不安全感。正如波伏娃在其著名的《第二性》中深刻地指出："女人并不是生就的，而宁可说是逐渐生成的。在生理、心理或经济上，没有任何命运能决定人类女性在社会的表现形象。决定这种介于男人与阉人之间的、所谓具有女性气质的人的，是整个文明。只有另一个人的干预，才能把一个人树为他者。"[①]女性在社会与家庭中的角色、地位是人类社会发展过程中逐渐被赋予的，而并非自我选择的或主动生成的，是由居于社会主导地位的男性所强加于女人的。尽管时代变迁至今，性别平等已受到社会的普遍关注，但从现实社会状况看，由于受传统"男强女弱"性别文化的影响，真正能赢得与男性平等地位的女性少之又少，同时获得与男性同等成功的女性往往被视为社会另类而备受精神歧视，尤其在婚姻家庭中，往往因其素质、能力优于大多男性而被男性排除在择偶对象之外。女性附属于男性的文化传统使贞操仅指向女性，女性一旦出现不贞行为，意味着其失去了女人的资格，将终身背负耻辱，在家人面前抬不起头。但这一标准对于男性几乎没有任何约束力。正是这种歧视性贞操观致使中国女性普遍对性贞操格外重视，远远超过了感情本身。女大学生尽管更为看重感情，但惧于社会舆论和对婚前性行为可能带来的可怕后果的承担，多数选择信守传统贞操观，认为婚前性行为可能对女生带来巨大伤害，也容易使恋人看轻自己而不再珍惜自己。可以看出，传统贞操观对女大学生婚恋行为的影响是根深蒂固的。

而女大学生对于恋人的贞操要求也显然高于其他女性群体。从调查结果看，约80％的女大学生不能容忍婚外恋，认为那是对婚姻的背叛，不该原谅。反映了女大学生对感情生活品质的高要求。但对于婚外情行为的处理普遍较为理性，约三分之一的女生认为可以为了家庭给其改过机会，另三分之一的女生认为无论何种原因都无法谅解这样的背叛；还有三分之一的女生认为应根据视情况而定。可以看出，女大学生对男性背叛行为不像传统社会女性那样柔弱，选择一味妥协和忍让，她们通常有自己坚守的婚姻原则和底线。在与部分女大学生的深度交谈中了解到，女大学生们对于恋人或爱人的背叛行为通常更强调

[①] [法] 西蒙娜·德·波伏娃：《第二性》，陶铁柱译，中国书籍出版社1998年版，第309页。

爱情成分。如果是因为感情转移而出现性出轨,多数女生认为不可原谅,即便有孩子也选择分手;但如果不是感情出轨而仅是受到某种诱惑或失误所致的性出轨,女大学生们多数选择宽容,给与其改过的机会。可以看出,女大学生们在贞操意识上,对感情上的贞操要求远高于对性贞操的要求。

四、女大学生婚恋观折射出的问题

从以上分析中可以看出当代女大学生的婚恋观既具有现代知识女性自主、理性、勇敢、自信、前卫等特点,又因无法彻底挣脱"男强女弱"社会文化传统的束缚与羁绊而具有一定的保守性和妥协性。这种游离于传统与现代之间的婚恋观使女大学生在处理现实婚恋问题时,将面临着更多的矛盾与冲突。

(一)女大学生的婚恋要求既受消费文化的濡染,也受传统文化的束缚

女大学生作为当代知识女性,处于青春妙龄,对于爱情有着超于普通少女的更强烈的渴望和更美好憧憬,尤其在消费文化的影响下,恋爱、婚姻不仅是一种基于情感需要而建立的亲密关系,也成为标示女大学生身份、地位的符号,女大学生所选择的恋人喻示着自己的品味和位阶。在这种文化的濡染下,女大学生通常对自己的恋人和未来的配偶有着更高的期望和要求,在选择恋人或人生伴侣时也更为谨慎;作为受过高等教育的当代社会精英,她们比一般的女性更为优秀、理性,恋爱目的也更为明确,基本指向婚姻;恋爱动机多数能坚持爱情取向,但也会顾及物质条件,因而比较务实;作为当代知识女性,她们有着比一般女性更强的独立自主意识,恋爱的态度、方式及恋爱中的自我角色定位都具有独立、前卫、个性化等现代女性的特质。

与此同时,女大学生们又无法完全摆脱传统文化中"男强女弱"的性别定位的束缚。虽然现代社会中民主意识、公平原则深入人心,但实质意义上的性别平等还任重道远,世俗社会中人们依然认同女性依附于男性的家庭模式。在这个意义上讲,高等教育更多是为女性提供了提升自我竞争的机会,增加了被选择的机率。尤其对于一些生活条件较差的女性来说,恋爱婚姻无疑也是其改变身份、地位和生活境况的一个重要途径。在这种固化思维模式的包裹中,女大学生们难以摆脱世俗观念中女人在社会角色定位中的刻板印象,也压制着她们的独立自主意识。一些女大学生为了赢得更好的伴侣,不得不放弃自己的个

性与追求，竭尽全力地将自己塑造成受男性欢迎的小女人形象，按照男性社会对"贤妻良母"或"理想妻子"的角色品质要求自己、改造自我。实质上她们是以男权文化所赋予女性的固化形象标准去要求自己，迎合对方理想伴侣的期望。这种理想与现实的冲突使女大学生在恋爱对象的选择、恋爱过程中自己的态度、方式和所扮演的角色等方面都充满了矛盾与纠结，面临着是坚守自我标准、勇于突破传统还是改变自我、顺应传统的艰难抉择。在理想与现实的比照中女大学生的恋爱观既具有现代知识女性的理性、主动、前卫的特征，也具有因无法摆脱传统文化强加于女性的刻板印象的无奈，因而在现代与传统之间徘徊，她们所期待和渴望的理想爱情在传统观念与现代意识的冲突中往往难以真正实现。

（二）女大学生的高婚姻期望值在现实中遇冷

现代消费社会是一个以职业的社会地位和薪级评价个体能力的时代。在这样的背景中，女性获得了更多的立足社会和展示自我的机会。况且，消费社会是一个社会生产水平几近饱和的社会，消费成为促进社会经济发展的支柱性活动。精细的分工和生产技术水平的日趋发达，市场上越来越成熟、完备的商品几乎能够满足人们所有的需求。这一变化一方面使越来越多的人们从日常劳作中解放出来，有了更多的享受生活的时间和机会；另一方面物质生活的满足也使人们滋生出更多、更高级的精神需求。不断丰富自己的文化内涵、提升自我素质、实现自我价值也成为消费社会中人们的普遍诉求。受过高等教育、具有较高文化水平和综合素质的女大学生们，是引领女性文化的特定群体，她们的思想观念、装束打扮及行为习惯等都标示着女性文化的发展趋向，为其他女性的自我定位和生活方向提供了参照样板。与其他女性相比，女大学生们作为现代女性的代表，更为强调自己的独立性，有着更高的精神追求和职业理想，对婚姻存在着更高的期望值。对于她们而言，事业是她们社会价值的体现，婚姻家庭则是她们的精神港湾。可以说事业和婚姻家庭在她们的人生目标中占据着几乎同等的地位。她们有知识、有能力、有信心、有勇气创造美好的社会生活，对自己的婚姻质量也充满了更高的期待。在社会物质文明日趋发达、价值观念日渐多元的社会环境中，多数女大学生能够鄙弃物欲的诱惑，执著于以爱情为基础的婚姻观，希望通过自己的知识能力构建自己的理想婚姻殿堂。然而世俗文化针对女性所铸就的婚姻门槛与女大学生的婚姻观却相去甚远，男强女弱的家庭结构模式仍是社会普遍认同的家庭模式，"婚姻家庭是女人最大的事业"仍是社会对婚姻中女性角色的基本定位。将婚姻家庭置于事业之上甚至以婚姻家庭替代事业的观点使一些女大学生不得不在婚姻家庭与事业之间进行艰难的取舍,因而令她们对婚姻望而却步。

同时,由于女大学生更为追求婚姻的感情基础,注重婚姻的质量,因而在婚恋对象的选择上自然更看重其人品学识。按照社会交换理论的逻辑,婚姻也是一种交换,择偶过程其实就是一个交换过程。[①]即人们根据所拥有的社会地位、知识、容貌、个性等资源进入择偶过程,并依据彼此所掌控的资源情况评价自己和潜在的配偶,以选择理想的结婚对象。[②]受传统男强女弱择偶梯度的影响,女性通常倾向于选择学识、职业、能力、地位等在自己之上的男性为结婚对象,一方面可以体现男性的权威,有助于家庭的和谐,另一方面也有助于减轻女性的生活压力而在心理上获得安全感和依赖感。传统意义上男性的这种保护者角色主要以权力和体能为后盾,消费社会里则主要体现为其社会地位和经济能力。受这种梯度择偶标准的影响,尽管女大学生有知识、有能力、有涵养,但大多男性依然不愿意选择学士、能力优于自己的"女强人"为伴侣,以免自己大男人的权威和"面子"受损。面对这种社会境遇,"男人要求越飞越高,女人只求安全落地",使多数女大学生最终妥协与让步,倾向选择学识能力至少不低于自己的人为结婚对象,以免因自己的强势而影响家庭的稳定与和谐。同时,作为高级知识分子的女大学生们,其高等教育背景及其潜在的社会经济地位使她们可以选择的优于自己的结婚对象范围较小,而且,通常女性的学历越高,择偶的范围就越窄,如此一来,高学历"剩女"已成为一个社会性问题。曾有人将适婚年龄的青年男女按照学历、社会地位、经济能力等标准划分为A、B、C、D四类,A类为最优秀,属于高学历、高社会地位、高薪职群体;B类其次,属于学历水平较高,社会地位尚可,有中等收入水平的群体;C类属于中等受教育水平,社会地位和收入水平均一般的工薪阶层,D类则属于受教育水平、社会地位和收入水均较低的草根人群。人们普遍接受的婚姻模式通常是A男B女,B男C女,C男D女的梯度搭配,这种搭配被认为

[①] Lichter, D. T., F. B. LeClere and D. K. McLaughlin 1991, Local Marriage Markets and the Marital Behavior of Black and White Women, *American Journal of Sociology*, Vol 96 (4).

[②] Bryan Strong, Christine DeVault 1992, *The Marriage and Family Experience*, St. Paul: West Publishing Company.

是最理想稳定的婚姻结构，D男A女则成为主要落单人群。而A女作为女性中的优秀群体，不可能轻易地选择与自己各方面要求相差甚远的D男为伴侣，在这种境遇中，相当一部分女大学生执著地守望在婚姻的大门之外，宁愿孑然一身也不愿委曲求全，盲目进入婚姻的围城。这种坚定的守望映射出女大学生独立、自主、自信、个性和勇于挑战传统的婚姻观。

（三）女大学生的新型家庭角色预期易于受挫

家庭是婚姻的产物，夫妻作为家庭的创造者和守护者在家庭中扮演着相应的角色并承担着相应的职责。传统文化中"男主外女主内"的家庭角色模式赋予女性相夫教子的家庭角色职责，贤妻良母亦被誉为丈夫和子女的"匡护者"。[1] 女大学生作为当代的知识分子，是集现代知识理念、开明思想态度、独立人格、优美性格和智慧于一身的现代女性，对于家庭有着美好的期待与向往，家庭责任感较强，对于家庭角色模式及其责任有着新的理解和诠释。她们愿意承担为人妻、母的某些传统责任，但不愿做丈夫的附属品；她们主张在家庭中的平等地位，愿意与丈夫共同承担家庭内外事务，共同养育儿女，共同创造幸福美好和谐的家庭生活，与丈夫一起担当起家庭的匡护者责任。这与传统家庭妇女的角色既有相同之处（如生养儿女），也有明显的不同（打破了男主外女主内的传统家庭分工模式）。虽然女大学生普遍坚持事业和家庭并重的价值追求，但更多的女大学生还是将其幸福感定位于婚姻家庭，因而她们在经营夫妻感情、守护家庭幸福、协调家庭关系、化解家庭矛盾和危机等方面均有着积极的态度和过人的智慧。当家庭与事业之间出现冲突时，一些女大学生还是愿意牺牲自己的事业以成全自己的家庭。

同时女大学生们有开明的家庭生活理念和自己对家庭生活的特定期待，因而大多情况下她们虽能够遵循社会习惯履行"主内"的职责，但在履行家庭责任的方式上不守旧，有自己的设想。比如，女大学生们都认为应该孝敬老人，但不认同孝敬老人就是守在身边照顾。多数女大学生并不赞同"四世同堂"的大家庭生活模式，而是希望以核心家庭的方式拥有自己独立的家庭生活。尽管几代人同吃同住的传统大家庭结构有益于"上慈下孝"的传统家庭美德的传承与发展，但会抑制个体的自由，造成不同代人生活上的不方便。因为传统大家

---

[1] 刘延红：《女性解放与贤妻良母——冰心笔下女性形象的启示》，《扬州大学学报（人文社会科学版）》2009年第7期。

庭结构，是一种老人取向的家庭生活模式，是以晚辈遵从长辈在家庭生活中的权威地位和生活习惯为准则的家庭生活方式。在这样的家庭生活中，晚辈的需要显然得不到平等的尊重和关注。这与现代消费社会倡导的个性、自由、民主、平等、独立等现代价值观念是相悖的。女大学生们作为现代社会的精英，不仅有着现代化的生活理念和生活方式，有着较高的现代生活预期，而且是现代社会生活方式的倡导者和实践者。这种高标准、高追求、现代化的生活理念不仅体现在她们的职场生活和社会交往中，也反映在其对家庭生活模式的预设中——她们多数并不赞同牺牲自己的生活需要来满足老人的需要，不希望子女和老人之间互相迁就，而是希望老人和子女都能过上如自己心愿的生活。基于这一家庭生活取向，多数女大学生赞成与老人分开住的核心家庭模式，使老人和子女各自都有自己独立的生活空间，都可以自由地选择自己喜欢的生活方式。但在生活实践中，女大学生们的这种家庭生活构想也会因遭到长辈的反对而最终让步，选择放弃。在如何孝敬老人方面，女大学生们普遍认为传统的"父母在，不远游"的观念已不符合当代人的生活理念，也极其不现实，她们多数倾向通过为父母买房买车、雇佣专职保姆照顾其生活起居、尽可能改善父母的生活条件，为父母创造各种享受生活的物质基础、逢年过节回家探望父母等方式表达自己的孝敬之心，尽自己的赡养义务。显然这种消费化的、物质化的情感表达方式，忽略了情感意义上的关照和体谅，导致家人之间亲情的淡化和理解的缺失，造成婆媳关系的紧张或冷漠。

在消费社会中，婚姻家庭也是女人的身份和脸面的象征，而消费主义价值观的盛行也导致了感情买卖的现象，使婚姻家庭的稳定受到威胁。婚姻家庭生活不仅是女大学生的精神港湾，更是她们人生幸福感的主要来源。因而她们比一般女性更为注重感情生活质量，也更为珍惜和在意婚姻家庭生活，在这个充满物欲和功利的世界中，希望从美满的婚姻家庭生活中获得心灵的宁静与满足。况且"女主内"的传统家庭角色定位，使女性被赋予了几近全能的家庭责任，是家庭稳定和谐的主要责任人，一旦家庭出现问题，将会殃及女性的整个人生。基于此，多数女人一旦成家，便会依照社会所赋予自己的角色责任而扮演起家庭主妇的角色。女大学生也不例外，调查发现绝大多数的女大学生认为成家后就会尽其所能地爱护和守卫自己的家庭。但与一般家庭主妇不同，女大学生们更为注重婚姻中的情感因素，渴望建立在爱情基础上的平等夫妻关系和家庭生活，感情意义上的彼此忠诚是她们所追求的婚姻贞操观。所以，在开放、自由的社会环境中，一些女大学生虽已不再将性贞操视为忠诚于爱人和婚姻的唯一标准，但多数女大学生不能接受婚外情，认为这种行为是对感情的背叛。出于对家庭的负责和声誉的压力，一些女大学生认为可以原谅丈夫偶尔的身体出轨，但绝不能容忍其感情上的出轨。显然与传统家庭妇女更在意家庭形式上的完整相比，女大学生更注重家庭实质上的完整。感情是家庭存续的根基，家庭稳固和谐的感情基础是女大学生滋生家庭责任感、勇敢地担负起家庭匡护者责任的动力源泉。然而在消费社会中，有时感情也会沦落为有价码的商品，这使一些女大学生对信守的家庭观产生困惑与质疑，影响着她们对婚姻家庭生活的信心与勇气。个别女大学生觉得既然难以得到专一、持久的感情，那不如转而求其次，以经济物质条件上的标准代替情感上的标准，以能否提供优越的物质生活作为婚姻的先决条件，导致其婚恋观的去感情化。

五、女大学生婚恋观的教育干预

总体而言，消费文化背景下，女大学生的婚恋观理想化色彩较重。然而现实与理想之间的鸿沟易使她们在处理实际恋爱婚姻问题时陷入失望与无措，进而影响其对婚恋问题的准确判断。因此对女大学生婚恋观进行世俗化干预与现实性引导是增强女大学生婚恋自主性与婚恋自信心，增强其婚恋幸福感的必要路径。高等学校在这一方面应有所作为。

（一）开设女性教育课程，增强女大学生的独立平等意识

尽管男女平等作为一项人权已被纳入世界各国的法律制度，但在世俗生活世界中，"男强女弱"的世俗观念束缚着女性的思维和观念，将其禁锢于家庭内部，影响着女性人权和自我价值的充分实现。女大学生是受过高等教育，有知识、有能力、有涵养的社会精英，有着更为广阔的社会舞台和创造社会价值的空间，是具有创造性能力的人才。但在性别歧视的社会中，女大学生们也往往不得不照着男性对女性的预设标准改变自己，以迎合社会对女性"弱者"形象的设定，以使自己受到男性的青睐。但这种压抑自我个性和聪明才智来被动地受男性选择的定位使女大学生们内心充满了矛盾和不甘，也易于使她们的学识才华被埋没，造成人才资源的浪费。要改变这种状况首先必须将女性从男权社会的禁锢中解放出来，建构女性独立自主的社会地位和与男性平等自由的话语权。

性别角色不是天然的，而是人类社会发展进程中逐渐生成的，是社会分工在性别上的反映。随着科技的进步和人类思想的不断解放，精细化的社会分工不再是以人力标准而行的，而是按照科技水平划分的，即只要掌握了特定的专业知识和能力，不分性别皆可从事同类工作。这意味着现代社会文明中，性别平等已成为社会必然，男人和女人应该拥有同样的社会地位，也必然拥有同等的受教育和从业机会。尽管将女人禁锢于家庭生活的传统文化习惯依然阻碍着女性解放的步伐，但男女平等已成为一种社会发展的必然趋势。女大学生作为女性中的优秀分子，不仅承担着传播先进文化理念的职责，也承载着推动男女性别平等、改变女性"弱者"社会地位的使命。可以说，女性越独立，对爱情和婚姻就越自信，自主选择权就越大。女大学生的思想观念和行为方式对于所有的女性具有榜样作用。因此学校教育中，应当开设女性教育课程，唤醒女大学生的独立自主意识，鼓励女大学生勇于追求自己的理想；以男女平等的理念引导女大学生形成正确的社会性别意识，养成女大学生平等、自立、自尊、自强、自主的主体意识，以增强女大学生在婚恋问题上的自信心和主动性，瓦解"男强女弱"的性别歧视文化对女大学生婚恋观的桎梏，培养女大学生的婚恋自信和尊严，使女大学生不再简单地将恋爱、婚姻及家庭生活的成功与否作为评价自我人生成败的唯一标准，在对待婚恋问题上能够做到积极而不盲目，主动而不随意，理性而不功利，自由而不放纵。

同时，女性教育课程应针对全体大学生开放，使更多的男同学正确认识和理解女性的权利和自由及其女性在社会发展中的重要地位和贡献，尤其是一些女性杰出人物所获得的成就是一般男性所无法企及的。通过从理论与实践双维层面使男学生更加理解女性，从而更加尊重女性，逐渐摒弃"大男子主义"思想，认同并接受男女性别平等观念，并勇于挑战传统，在生活实践中身体力行地践履男女平等，以为女性最大限度地发挥自己的优势与潜能创造条件。据笔者观察了解，目前在婚姻家庭中能够实现"A男配A女"模式的，几乎都是高级知识分子，一般硕士及其以上的受教育水平的男士较容易突破"男强女弱"的思维定势，可以接受"男女平等"或"女高男低"的婚恋模式。说明受教育水平越高的人，更能够站在类群体的高度理性地认识和分析男女性别平等的社会价值和生活意义。因此，对大学生进行女性文化教育，增进男女大学生之间的相互了解和信任，以实质性地推进男女平等。

(二) 通过专题讲座普及婚恋知识，增强女大学生的婚恋自信心和自我保护意识

女大学生与一般女性相比，受教育时间长，文化知识水平较高，但接触社会机会较少，社会化程度较低，对社会问题的复杂性预料不足，缺乏应对社会现实问题的经验和策略、技巧等。因此，女大学生们对婚恋问题的构想较为理想，往往将爱情与婚姻相等同，婚恋动机较为单纯；对未来家庭生活的设想较为简单。尤其在消费文化裹挟中，婚恋问题不仅仅涉及到男女之间情感生活本身，其附带的意指价值将属于私人情感世界的婚恋问题转化为一个链接各种社会关系、展示自我身份、地位的链条、纽带，涉及更多世俗化、功利化的内容。这使涉世不深的女大学生在面对恋爱、婚姻等现实问题时，显得力不从心，往往容易轻信或误判而导致身心受伤。因此，学校应针对大学生即将面对的婚恋问题，采取专题讲座方式，向大学生普及基本的婚恋知识，包括爱情、婚姻、家庭的本质特点及价值意义，性健康知识和婚恋道德、婚恋心理、婚恋问题及合理应对等方面内容，使大学生正确认识和理解爱情、婚姻、家庭的关系及意义，树立健康、道德的性爱意识和婚恋责任感，能以积极、理性、文明、负责的心态和行为对待和处理婚恋问题，理智地应对婚恋过程中可能出现的波折和挫折，谨慎地对待婚前性行为，以整体提升大学生尤其是女大学生在婚恋过程中的自我保护意识和自我保护能力。

(三) 开辟婚恋专线或专栏，为不同的女大学生提供针对性的咨询指导

婚恋问题是大学生群体所面临的共性问题，同时由于恋爱婚姻是发生在不同个体之间的关系问题，因而它又是个性化的问题。不同的个体对情感的偏好不同，所遇到的婚恋对象和婚恋情境是个别的，所碰到的婚恋问题是个性化的，因而需要有针对性地疏导和指引。因此，学校除了需要对大学生群体普及健康的婚恋观和婚恋知识外，还应该利用校园广播、校园网络等平台，开设婚恋专栏节目等，针对大学生尤其是女大学生在婚恋问题上可能面临的共性问题展开专题讨论和分析，如爱情与婚姻的关系，恋人之间的相处之道，独生子女时代如何处理两个家庭之间的关系，如何构建和谐的婆媳关系等等，引起女大学生们对消费社会中爱情、婚姻和家庭问题的深入思考，促使其形成理性、健康的婚恋观。同时应通过设置专门的恋爱咨询中心，聘请婚恋问题专家学者，通过开设咨询热线、面对面咨询等方式，为在爱情上遭遇困惑或疑虑的大学生

及时提供个别辅导或个性化的指导，消除女大学生在追求爱情中有过多的功利附加，使大学生们能以纯净而自然的心态认识和看待恋爱问题，归还爱情的本真意蕴，实质性地帮助大学生形成健康、美好的婚恋观，增强大学生处理婚恋问题的实际能力，引导大学生们合理有效地应对和处理恋爱中的问题，真正从爱情中获得幸福体验。

（四）以积极健康的校园文化充盈和陶冶女大学生的心灵与情操，抵御消费主义文化对其婚恋观的侵蚀

在消费社会中，消费主义文化以激发人们的无穷欲望为手段，将消费取向全方位渗透进人们的生活世界，使所有的东西都存在交易的可能。同时消费文化使所有的东西除了本体意义之外，被赋予了更多的象征意义和符号价值。这种变化不仅带来了人们生活方式的根本变化，消费不仅成为人们满足自己需要和建构人际关系的主要方式，也成为人们建构生活目标和评价社会价值的核心标准。时尚、流行、实用、金钱等成为人们评价和判断个体身份地位的重要指标，即便是爱情、婚姻也不例外，被一些人当作身份、面子的象征，视为获得实际利益和有效资源的交换物。在这样的社会背景下，部分女大学生形成了畸形婚恋观，将感情、婚姻当作改变命运的跳板，致使恋爱、婚姻背离爱情而异化为交换工具和获取金钱物质享受的手段，使其难以体验真正的爱情，导致情感世界的沙化。要抵御消费主义价值观对女大学生婚恋观的消极影响，需要以健康、积极、进步的文化成果丰富和充盈女大学生的精神世界，以建设优秀的校园文化濡染大学生的心灵，陶冶大学生的情操，培养女大学生们独立自主的人格意识，帮助女大学生们摆脱"弱势"性别的刻板印象和"男性至上"的歧视性婚恋价值取向，养成其积极乐观、健康向上、自立自强的人生态度，引导她们跳出狭隘的私人生活立场而能站在更为广阔的社会立场认识自我价值和社会地位，从而能以更为理性、乐观、积极的心态来迎接爱情，应对各种婚恋问题，不仅从婚恋中获得幸福，同时从自我发展中获得成功的体验，实现自己的生命价值。

参考文献

[1] 包金同、杨树龙：《成才导论》，中国经济出版社1990年版。

[2] 陈坤宏：《消费文化理论》，台北：扬智文化事业股份有限公司1996年版。

[3] 程新征：《中国农民工若干问题研究》，中央编译出版社2008年版。

[4] 池丽萍、辛自强：《大学生学习动机的测量及其与自我效能感的关系》，《心理发展与教育》2006年第2期。

[5] 杜明书：《试析大学生成才途径的选择》，《承德民族师专学报》1996年第2期。

[6] 高亚春：《符号与象征》，人民出版社2007年版。

[7] 胡树祥：《大学生思想道德修养导论》，武汉大学出版社1995年版。

[8] 胡敏中：《理性的彼岸：人的非理性因素研究》，北京师范大学出版社1992年版。

[9] 金生鈜：《教育：思想与对话》，教育科学出版社2005年版。

[10] 向洪：《人才学辞典》，成都科技大学出版社1987年版。

[11] 王宁：《消费社会学——一个分析的视角》，社会科学文献出版社2001年版。

[12] 袁振国、田慧生：《中国进城务工农民随迁子女教育研究》，教育科学出版社2010年版。

[13] 郑和钧、邓京华，《高中生心理学》，浙江教育出版社1993年版。

[14] 郑祥福、叶辉等：《大众文化时代的消费问题研究》，中国社会科学出版社2008年版。

[15] 陈川雄：《大学生成才的动力和条件》，《思想教育研究》1996年第2期。

[16] 陈美芬：《外来务工人员子女人格特征的研究》，《心理科学》2005年第6期。

[17] 邓中福：《浅谈影响中学生消费观念的因素》，《科教导刊》2010年第8期。

[18] 方巍:《多元价值观背景中的人生意义与实现》,《当代青年研究》1995年第5期。

[19] 方仪:《大学生成才动力系统之研析》,《南京艺术学院学报(美术与设计版)》2005年第2期。

[20] 房兆侠:《社会实践是大学生成才的重要途径》,《河北体育学院学报》2001年第1期。

[21] 何玲玲:《契机与挑战:社会转型期青年成才观之嬗变与启示》,《中国青年研究》2009年第11期。

[22] 贺志燕:《当下大学生成才观的调查与分析》,《黄冈师范学院学报》2008年第2期。

[23] 黄光云、黄茂:《影响当代大学生成才动力因素的调查与分析》,《学术论坛》2013年第12期。

[24] 黄明喜:《论王安石的陶冶成才观》,《华东师范大学学报(教育科学版)》2000年第1期。

[25] 黄小燕:《小学农民工子女家庭教育问题初探》,西南大学2006年6月。

[26] 高艳红:《小学教师素质结构的教育生态学思考》,《教育评论》2014年第8期。

[27] 金更兴:《外来农民工子女教育"边缘化"危机及其治理》,《甘肃农业》2006年第8期。

[28] 敬志伟:《树立科学的消费观》,《中共青岛市委党校学报》2008年第1期。

[29] 姜晶、徐辉:《对"影响大学生成才因素"的调查分析》,《湖南农机》2007年第5期。

[30] 雷万鹏:《新生代农民工子女教育调查与思考》,《华中师范大学学报(人文社会科学版)》2013年第9期。

[31] 李德龙、郭学旺:《加强青年学生的成才观教育》,《求是》2011年第12期。

[32] 李红兵、文艺:《中国"第二代城市移民"的教育问题》,《成都电子机械高等专科学校学报》2006年第1期。

[33] 李军、郑林:《大学生成才观教育与德育载体创新》,《安徽警官职业学院学报》2010年第1期。

[34] 李荔歌:《大学生成才动力源及其有效途径分析》,《开封大学报》2010

年第 4 期。

[35] 李娜：《对当代中学生成才标准的探讨》，《中华少年》2013 年第 11 期。

[36] 李晓蓉：《新课程理念下思想政治教师基本素质及其培养》，《中国成人教育》2007 年第 20 期。

[37] 李兴虎：《试论大学生成才的动力结构》，《川北医学院学报》1989 年第 1 期。

[38] 刘济良：《论消费文化对青少年价值观的消极影响及其教育对策》，《信阳师范学院学报（哲学社会科学版）》2002 年第 3 期。

[39] 刘利才：《试论毛泽东的实践成才观》，《四川师范学院学报（高教研究专号）》1993 年第 6 期。

[40] 刘茂艳、陈庆良：《大学生的自我意识与成才》，《宁波大学学报（教育科学版）》2001 年第 2 期。

[41] 刘尚明、李玲：《论确立绝对价值观念—兼论对价值相对主义与价值虚无主义的批判》，《理论探讨》2011 年第 3 期。

[42] 刘玉祥：《社会实践是大学生成才的重要途径》，《华东石油学院学报（社会科学版）》1987 年第 2 期。

[43] 刘玉生、赖萱萱：《"三个倡导"视阈下青少年道德能力的教育与提升》，《教育评论》2014 年第 8 期。

[44] 戚世均：《当前大学生成才观存在的问题》，《人才瞭望》2001 年第 11 期。

[45] 屈卫国、钟毅平：《初中生农民工子女心理压力及应对方式研究》，《中国临床心理杂志》2008 年第 6 期。

[46] 任凤琴：《消费文化语境下学校教育民主之反思》，《当代教育科学》2009 年第 19 期。

[47] 沈年耀：《进城农民工子女教育问题现状及对策》，《特区经济》2007 年第 8 期。

[48] 石人炳：《美国关于流动儿童教育问题的研究与实践》，《比较教育研究》2005 年第 10 期。

[49] 石文典等：《国内外消费研究述评》，《重庆理工大学学报（社会科学版）》2010 年第 2 期。

[50] 宋广文：《当代大学生成才问题的调查与分析》，《山东青少年研究》1996 年第 1 期。

[51] 孙敏江：《江泽民青年成才观初探》，《长沙民政职业技术学院学报》2005年第4期。

[52] 谈宜曙：《当代大学生的成才观》，《教育与现代化》1988年第3期。

[53] 唐有财：《新生代农民工消费研究》，《学习与实践》2009年第12期。

[54] 魏爱婷：《高中生成才观的转变与综合素质提高的实验报告》，《学园》2013年第20期。

[55] 王博：《减轻学生学业负担的政策工具选择与体系设计》，《中国教育学刊》2014年第4期。

[56] 王芳：《市场经济条件下大学生的成才观及其教育导向》，《华东理工大学学报》1995年第3期。

[57] 王丽文、杨磊：《大学生消费观误区及其教育引导》，《剑南文学（经典教苑）》2013年第2期。

[58] 王丽坤：《当前大学生价值观世俗化倾向研究》，《教育评论》2014年第2期。

[59] 王庆銮：《大学生思想政治教育中的心理契约嵌入》，《教育评论》2014年第7期。

[60] 王益峰、黄燕：《农民工随迁子女财富观培育的现实困境与出路》，《继续教育研究》2012年第1期。

[61] 夏科家：《在大德育视野下关照大学生成才观》，《思想·理论·教育》2004年第6期。

[62] 徐静缪、杨彬：《中职学生择业成才观调查分析》，《教育发展研究》2007年第17期。

[63] 许军国：《从校园文化视角看立德树人》，《中国教育学刊》2014年第4期。

[64] 徐璐：《浅析合理消费观的建构》，《内蒙古电大学刊》2009年第4期。

[65] 闫守轩、朱宁波：《"过度教育"的表征、归因与救赎》，《中国教育学刊》2012年第8期。

[66] 姚昌义、王秋梅：《高职高专教育是青年成材的重要途径》，《兰州学刊》2001年第6期。

[67] 杨金江、陈智鑫、冯迪：《影响大学生成长成才因素分析及对策》，《经济研究导刊》2013年第3期。

[68] 杨瑞霞：《中学生成才动机分析及应对策略》，《中华少年》2013年第

11 期。

[69] 杨雪、冯晶、张立臣：《思想政治教育的"泛娱乐化"现象分析》，《教育评论》2014 年第 1 期。

[70] 杨淑萍：《消费文化影响下青少年道德观的特点分析》，《教育科学》2012 年第 2 期。

[71] 杨淑萍：《消费文化对青少年道德观的影响研究》，《教育研究》2012 年第 10 期。

[72] 杨淑萍：《中学生的金钱观研究》，《教育科学》2013 年第 2 期。

[73] 杨立军：《家庭社会经济地位对大学专业选择的影响》，《教育评论》2004 年第 10 期。

[74] 余璇、陈晓端：《消费文化语境下教师角色的嬗变》，《辽宁师范大学学报（社会科学版）》2007 年第 3 期。

[75] 张航：《美国解决外来人口和乡村流动儿童教育问题的作法及启示》，《华北电力大学学报（社会科学版）》2010 年第 4 期。

[76] 张洪涛：《高职学生成才途径刍议》，《教育与职业》2008 年第 3 期。

[77] 张然、刘利才：《论邓小平的实践成才观》，《长春工业大学学报（社会科学版）》2013 年第 1 期。

[78] 张青：《美国乡村流动儿童的教育及其经验借鉴》，《外国教育研究》2007 年第 4 期。

[79] 张素蓉、张明秀：《大学生诚信教育体系探略》，《教育评论》2014 年第 5 期。

[80] 张永芳：《道德困境在德育教学中的求解》，《教育评论》2014 年第 8 期。

[81] 钟发亮：《新形势下加强大学生成才观教育的若干思考》，《思想理论教育导刊》2012 年第 11 期。

[82] 周文霞：《职业成功标准的实证研究与理论探讨》，《经济与管理研究》2006 年第 5 期。

[83] 周辉、陈垠亭：《论王阳明的德性成才观》，《信阳师范学院学报（哲学社会科学版）》2013 年第 2 期。

[84] 庄汉山：《人际关系对大学生成才的影响》，《青年探索》1995 年第 4 期。

[85] 中央教科所教育发展研究部课题组：《中国进城务工就业农民子女义务教育研究》，《华中师范大学学报（人文社会科学版）》2007 年第 2 期。

[86] 白杨青：《大学生成才观特征及相关对策研究》，重庆大学 2010 年。

[87] 陈亮：《贫困大学生消费结构与消费观研究》，西南大学 2010 年 10 月。

[88] 曹良辉：《培养高中生正确消费观的途径研究》，内蒙古师范大学 2011 年。

[89] 褚洪娇：《中学生成才观及其引导策略研究》，西北师范大学 2012 年 5 月。

[90] 恒铁军：《初中生消费现状与教育对策研究》，辽宁师范大学 2011 年 6 月。

[91] 侯琳琳：《延边地区初中生父母期望、自我效能感与成就动机关系的研究》，延边大学 2013 年。

[92] 姜柳：《当代大学生消费观研究》，吉林大学 2010 年 10 月。

[93] 李述永：《家长关怀与少年成长》，华中师范大学 2012 年。

[94] 刘胜：《新生代农民工消费方式与身份认同研究》，南京理工大学 2010 年 6 月。

[95] 欧杨：《成就动机和归因对非英语专业大学生英语成绩的影响》，西安外国语大学 2012 年。

[96] 秦浩：《城市化进程中城市农民工子女就学政策价值取向研究》，华东师范大学 2011 年。

[97] 孙永丽：《外来务工人员子女融入城市的心理学研究》，华东师范大学 2007 年 5 月。

[98] 陶雪梅：《高职学生成才观及其引导策略研究》，西北师范大学 2013 年。

[99] 王若秋：《小学高年级学生消费问题研究》，东北师范大学 2011 年 3 月。

[100] 王卓梅：《新生代农民工身份认同与符号消费研究》，中南大学 2010 年 5 月。

[101] 王聪：《吉林省大学生成才意识的研究》，长春理工大学 2009 年。

[102] 杨小艳：《进城农民工子女社会适应现状及原因分析》，湖北大学 2007 年。

[103] 曾永强：《农民工子女教育边缘化问题研究》，湖南师范大学 2008 年 5 月。

[104] 张静：《校园文化对大学生成才的影响》，河北农业大学 2013 年 5 月。

[105] 张兆伟：《新生代农民工的符号消费与社会认同研究》，山东大学 2008 年 4 月。

[106] 朱晓弘：《浙东沿海地方性高校学生消费观研究》，华中师范大学 2008

年10月。

[107] 邹根生:《当代中学生消费观剖析》,上海师范大学2008年。

[108] 鲁洁:《在学习中找到通向生活的道路》,《中国教育报》2002年第9期。

[109] [英] 安东尼·吉登斯:《现代性的后果》,译林出版社2000年版。

[110] [英] 劳伦斯·斯滕伯格:《青春期》上海科学院出版社2007年版。

[111] [英] 迈克·费瑟斯通著:《消费文化与后现代主义》,刘精明译,译林出版社2000年版。

[112] [英] 西莉亚·卢瑞著:《消费文化》,张萍译,南京大学出版社2003年版。

[113] [英] 迈克·费瑟斯通著:《消费文化与后现代主义》,刘精明译,译林出版社2000年版。

[114] [英] 西莉亚·卢瑞著:《消费文化》,张萍译,南京大学出版社2003年版。

[115] [美] 多萝西·罗吉斯著:《当代青年心理学》,张进辅、张庆林译,湖南人民出版社1988年版。

[116] [美] 威廉·格拉瑟:《没有失败的学校》,首都师范大学出版社2010年版。

[117] [美] 赫伯特·马尔库塞:《单向度的人:发达工业社会意识形态研究》,重庆出版社1998年版。

[118] [美] 戴尔·卡耐基:《语言的突破》,武汉大学出版社2010年版。

[119] [美] 拿破仑·希尔:《成功学全书》,黑龙江科技出版社2010年版。

[120] [美] 罗伯特·斯莱文著:《教育心理学:理论与实践》,姚梅林等译,人民邮电出版社2004年版。

[121] [美] 乔治·泽瑞尔著:《后现代社会理论》,谢立中等译,华夏出版社2004年版。

[122] [美] 艾伦·杜宁著:《多少算够——消费社会与地球的未来》,毕聿译,吉林人民出版社1997年版。

[123] [美] 赫伯特·马尔库塞著:《单向度的人——发达工业社会意识形态研究》,刘继译,上海译文出版社2008年版。

[124] [法] 让·鲍德里亚著:《消费社会》,刘成富译,南京大学出版社2001年版。

[125] [法] 尼古拉·埃尔潘著：《消费社会学》，孙沛东译，社会科学文献出版社 2005 年版。

[126] [德] 米歇尔·鲍曼著：《道德的市场》，黄承业译，中国社会科学出版社 2003 年版。

[127] [德] 赫尔穆特·施密特著：《全球化与道德重建》，柴方国译，社会科学文献出版社 2001 年版。

[128] 《马克思恩格斯全集》第 4 卷，人民出版社 1973 年版。

[129] Chaudhuri A, Morris B H. The chain of effects from brand trust and brand affect to rand performance：the role of brand loyalty. *Journal of marketing*，2006，65.

[130] Daniel Thomas Cook . *The dichotomous child in and of commercial culture Childhood Copyright*♂ 2005 *SAGE Publications*. London，Thousand Oaks and New Delhi，Vol 12（2）.

[131] Holbrook M B, Consumption experience，customer value，and sub－jective personal introspection：an illustrative photograph icessay. *Journal of Business Research*，2006，59.

[132] Ge Xiao. *The Chinese Consumers' Changing Value System，Consumption Value and Modern Consumption Behavior*. The Faculty of Auburn University，2005（08）.

[133] Klaus－PeterWiedmann. Luxury consumption in the trade－off between genuine and counterfeit goods：What are the consumers'underlying motive and value－based drivers. *Journal of Brand Management*.

[134] Nigel Nicholson and Wendy De Waal－andrews. Playing to win：Biological imperatives，self－regulation，and trade－offs in the game of career success. *Journal of Organizational Behavior*，2005.

[135] O'shaughnessy, J. (1987). *Why people buy*. London：Oxford University Press.

[136] Park, Whan. C, Jawarski. B, eta. "Strategic Brand Concept－Image Management." *Journal of Marketing*，1986，50.

[137] Pintrich（Eds.）*Advances in motivations and achievement* Vol. 10. P1－49. CTJAI press.

[138] Rokeach M. *The Nature of Human Values*. New－York：Free

Press, 1973.

[139] Ryan, T. A. International behavior. *New York: Ronald press.* 1970.

[140] Sheth, J. N., Newman, B. I., & Gross, B. L. (1991a). Why we buy what we buy: A theory of consumption values. *Journal of Business Research*, 22.

[141] Solinger, Dorothy J., *Contesting Citizenship in Urban China: Peasant Migrants, the State and the Logic of the Market*, Berkeley: University of California Press, 1999.

[142] Tse, D. K., Wong, J. K., & Tan, C. T. (1988). *Toward some standardized cross-cultural consumption values.* Advances in Consumer Research.

[143] Tse, D. K., & Francis, J., Walls, J. (1994). Cultural differences in conducting intra- and inter-cultural negotiations: A Sino-Canadian comparison. *Journal of International Business Studies.*